Telefonate mit Denise

Jana Henschel & Denise Cline

Telefonate mit Denise

Eine Transsexuelle erzählt ihr Leben

Schwarzkopf & Schwarzkopf

Inhalt

»HAST DU EIGENTLICH SEX?«

Darf ich dir noch eine sehr persönliche Frage stellen?«, frage ich, als sie abgenommen hat. Sie lacht, es klingt gutmütig. »Schön, dass du dich noch mal meldest«, sagt sie, sie hat meine Stimme längst erkannt. »Du kannst mich alles fragen, das habe ich dir doch schon gesagt. Also, schieß los: Was willst du wissen?«

»Ja … also … hast du mit Joseph ganz normalen Sex?«

Ein kurzes Schweigen steht zwischen uns in der Leitung. »Mist, zu intime Frage«, schießt es mir durch den Kopf, da spüre ich am anderen Ende schon ihr versonnenes Lächeln. »Und ob«, antwortet sie. »Aber vielleicht sollte ich dir das lieber mal beim Kaffee erzählen.«

Wir lachen. Ich fange umständlich an zu erklären. »Weißt du, unser Interview neulich war viel zu schnell zu Ende. Als der Artikel über dich erschienen ist, hatte ich plötzlich so viele neue Fragen. Am liebsten würde ich deine Geschichte noch mal ganz von vorn hören.«

Es ist erst ein paar Tage her, dass ich bei der Frau in dem tief ausgeschnittenen roten Baumwollkleid und ihrem Ehemann im pfälzischen Schifferstadt zu Besuch war, um etwas über das Leben einer Transsexuellen zu erfahren. Wir saßen bei 38 Grad in ihrer Gartenlaube und schwitzten. Der Ventilator surrte leise, als sie uns aus einem Glaskrug eisgekühltes Wasser einschenkte, während mein Blick ständig auf ihre sorgsam lackierten Nägel fiel. Auf diese Hände, die immer große Hände bleiben würden.

Dann aufwärts zu den wohlgeformten Brüsten, die selbst in zwanzig Jahren fester sein würden als meine. Auf ihre rotgefärbten schulterlangen Naturlocken, die sie sich von Zeit zu Zeit mit dem Mittelfinger aus der Stirn strich. Und schließlich hinab zu ihren sorgsam eingecremten Beinen, die sie in eleganter Wartepose übereinanderschlug, sobald ich mit entschuldigendem Blick auf mein leeres Glas Richtung Klo verschwand, um im Badezimmer heimlich ihre zahllosen Parfumfläschchen, Lippenstifte, Puderpinsel und Haarspangen zu studieren.

Dieser Nachmittag hatte sich wie ein Einbruch in eine verbotene Welt angefühlt, die ich für einen Job kurz betreten und schnell wieder verlassen musste. Doch jetzt, wo der Auftrag erledigt war, kamen immer mehr Fragen hoch. Und einige waren übermächtig laut: Hielt so ein sanfter Mensch wie Denise eine Verwandlung vom Mann zur Frau wirklich so gut aus, wie es schien? Was fühlte Mike in Wahrheit, als er damals mit zehn heimlich die Röcke seiner Oma trug? Wie ging es ihm, als er mit Mädchen nicht klarkam, aber auch in der Schwulenszene keine Liebe fand? Wie erkannte er, warum er so litt? Was mit ihm los war? Woher nahm er den Mut, den schweren Weg dieser Angleichung an sein weibliches Seelenleben zu gehen? Wie hielt er die Hänseleien seiner Kollegen aus, als er das erste Mal im Rock zur Arbeit kam? Wie den Schmerz, als ihm ohne Narkose der Bart weggelasert wurde? Und wie diese Mischung aus Angst und Hoffnung, als man ihn nach jahrelanger Suche endlich zur Penis-Amputation in den OP-Saal schob?

Konnte sich so ein Mensch wirklich je in seinem neuen Körper ganz zu Hause fühlen? Ohne sich doch nur wie ein kastrierter Mann vorzukommen, der zwar ohne umzuknicken in Pumps laufen konnte, sich aber nie ohne das Gefühl schminkte, lediglich seine wahre Identität zu vertuschen? Und konnte so ein Mensch, der früher selbst ein attraktiver Kerl mit Waschbrettbauch gewesen war, heute als Frau wirklich den gleichen wilden Sex mit einem Mann haben wie andere Frauen auch?

Denise schluckt, als all diese Fragen auf sie einstürmen. Ach, vielleicht war es doch nicht gut, sie noch einmal damit zu belästigen. Weil sie sonst nie zur Ruhe kommt, weil der schwere Weg, den sie gehen musste, immer wieder von vorn beginnt. Sicher sehnt sie sich danach, dass man sie endlich einfach nur leben lässt. Als ganz normale Frau...

»Kein Problem, ich werde dir gern alles beantworten«, sagt sie da schon in die Stille hinein. Sie räuspert sich, ihre Stimme klingt bedrückt. »Weißt du, ich hab eine Menge hinter mir und wenige Menschen, denen ich mich anvertrauen konnte. Am Anfang konnte ich nicht reden, weil ich nicht wusste, was los war. Dann wollte ich reden, aber ich traute mich nicht. Und als ich redete, hatte ich das Gefühl, keiner versteht mich. Also habe ich wieder geschwiegen.«

»Und jetzt? Jetzt bist du bereit?«

»Und wie. Es ist schön, dass du dich dafür interessierst. Aber wenn du wirklich die ganze Geschichte wissen willst, dann lass uns auch ganz von vorn anfangen.«

»Okay! Ich rufe dich morgen Abend um acht an?«

»Das passt. Bis dann.«

WANN HAT ES ANGEFANGEN?

Nach dem dritten Klingeln ist sie dran. »Ja, Denise hier«, ruft sie fröhlich, »ich hab schon auf dich gewartet.« Es klingt, als freue sie sich, dass es jetzt losgeht. Dass so etwas wie eine Aufarbeitung ihrer Leidensgeschichte beginnt, die ein halbes Leben gedauert hat. Nur: Wo beginnt so eine Geschichte? Wo ist in diesem Fall »ganz vorn«? Vielleicht ja bei dem verkorksten Mutter-Tochter-Verhältnis, das Denise mal andeutete. Also quasi im Mutterleib, in dem Moment, als sich die Eltern gerade trennten und das Kind nicht unbedingt zum günstigsten Zeitpunkt kam. Oder kurz nach der Frühgeburt, als Denise die ersten vier Wochen im Brutkasten lag und dann ein Jahr lang ins katholische Heim musste, weil die Mutter sofort wieder arbeiten ging. Könnte auch sein, dass diese Geschichte mit der Frage beginnt, ob sich die Mutter vielleicht heimlich eine Tochter gewünscht hatte, als sie sich mit ihrer Schwangerschaft arrangiert hatte. Mit der Überlegung also, ob die Transsexualität von Denise ihre Wurzeln in der Seele hat, irgendwo ganz am Anfang, als sie entstand.

Denise zögert. Über solche Fragen hat sie nie nachgedacht. Es gab immer eine andere, schwierigere Frage: »Wer bin ich eigentlich?«

Aber das Thema Kindheit tut ihr weh, das spürte ich schon, als wir uns kennenlernten. Sie holt tief Luft. »Meine Liebe, du wirst nicht transsexuell, weil die Mutter dich weggibt oder weil sie dich vielleicht falsch erzieht«, sagt sie nüchtern, fast ein bisschen ärgerlich. »Nimm's nicht persönlich, aber da wird so viel Unfug gedacht. Weißt du, Transsexualität liegt tief in einem Menschen drin, das ist auch nichts, was man sich einredet.«

Dann muss ihre Geschichte wohl doch später anfangen. Vielleicht irgendwo zwischen Kindergarten und Schule, damals in Schönebeck in Sachsen-Anhalt. Wo genau, das weiß nur sie.

»Sag mal, Denise, wann hast du zum ersten Mal gespürt, dass mit dir was nicht stimmt?«

»Du meinst, dass ich irgendwie krank bin oder pervers?«

Ist das jetzt ihr Humor? Spannung liegt in der Luft. Sekunden nur, in denen schlagartig klar wird, wie viel Fingerspitzengefühl nötig sein wird, um hier die richtigen Fragen zu stellen, ohne Denise zu beleidigen. Ein empfindlicher Spagat für jemanden, der so einen Leidensweg als alles andere als normal empfindet – während sie sich ihr halbes Leben lang nach nichts mehr sehnte als nach Normalität. Hat sie doch bei ihrer jahrelangen Suche nach sich selbst vor allem unter den Menschen gelitten, die ihr ständig das Gefühl gaben, unnormal zu sein. Mehr noch: merkwürdig zu sein, etwas versponnen, tief gespalten, egozentrisch, ja, vielleicht sogar pervers.

Als ich mich für meine tollpatschige Frage entschuldigen will, beginnt sie zu lachen. »Das war nur Spaß«, sagt sie, ihr Tonfall hat etwas Kesses bekommen. »Ich hab mich längst daran gewöhnt, dass die meisten Leute denken, bei mir im Kopf wäre etwas defekt«, versucht sie mich zu beruhigen. »Aber ich weiß schon, was du wissen willst: Du suchst den Moment, ab dem ich mich weiblich fühlte. Aber das ist verdammt schwer zu sagen.«

In meinem Kopf tauchen Bilder auf. Ein kleiner Junge, der heimlich Röcke anzieht. Oder sehnsüchtig auf Mamas Lippenstifte schaut, kaum dass sie sich damit anmalt. Dessen Blick neidisch über ihre Stöckelschuhe im Flur gleitet, wann immer er an ihnen vorbeikommt. Auch bei Denise hatte es so angefangen. »Viele Transsexuelle erzählen immer, dass sie schon als Kind lieber die Klamotten des anderen Geschlechts anziehen wollten. Sag mal, Denise, wie ernst ist so was denn? Ich meine: Wolltest du wirklich schon als kleiner Junge lieber ein Mädchen sein?«

»So genau wusste ich das damals natürlich nicht«, sagt sie. »Aber meine ganze Gefühlswelt, die war schon eindeutig weiblich, auch wenn mir das alles erst viel später klar wurde. Meine Mutter meinte neulich, ich wäre schon als Kind sehr zart und ängstlich gewesen, hätte schnell geweint, war von meinem ganzen Wesen her eher ein Mädchen. Ich weiß noch, dass ich ihr schon als kleiner Knirps stundenlang beim Schminken zuschauen konnte und immer ein bisschen neidisch war, wie hübsch sie ihre Nägel machte, wie nett sie sich frisierte und ihre Haare färbte. Ich machte ihr viele Komplimente, denn sie sah so schön aus, sie war wie ein Idol für mich. Auch als ich in die Schule kam, konnte ich Stunden damit zubringen, fremde Frauen auf der Straße anzuschauen oder die Mädchen aus meiner Klasse zu bewundern. Die hatten so hübsche Zopfhalter …«

»Tausend kleine Momente, aber kein Erlebnis, kein Zeitpunkt, an dem deine Transsexualität angefangen hat?«, versuche ich es noch mal.

Selbst durch das Telefon bemerke ich ihr Grinsen. »Es gab jedenfalls keinen Stichtag, an dem es schnipp machte und ich wusste, was mit mir los ist. So ist das bei uns Transsexuellen nicht. Das ist ein langer, langer und sehr, sehr schmerzhafter Prozess, bis du es überhaupt erkennst. Und dann dauert es noch mal ewig, bis du dich traust, es dir einzugestehen.«

Sie nimmt einen Schluck Wasser. »Entschuldige, ich muss viel trinken, in letzter Zeit kriege ich leicht Blasenentzündungen«, sagt sie. Ich will gerade nachfragen, ob das eine Folge ihrer Geschlechtsangleichung ist, da spricht sie weiter. »Du, vielleicht gibt es doch ein Schlüsselerlebnis. Ich muss vier Jahre alt gewesen sein, als wir im Kindergarten Fasching feierten. Mein größter

Wunsch war es, als Rotkäppchen zu gehen. Das habe ich meiner Tante Birgit* anvertraut, die es meiner Mutter erzählte. Die dachte sich nichts dabei und ging los, um mir das Kostüm zu kaufen. Als sie damit nach Hause kam, riss ich es ihr aus der Hand, zog es sofort an und lief stolz zum Spiegel. Die spöttischen Blicke meines Vaters bemerkte ich nicht, ich hörte ihn nur abends mit meiner Mutter in der Küche tuscheln. Als ich am nächsten Tag vom Kindergarten heimkam, war das Kostüm weg. Dafür brachte meine Mutter abends ein Cowboy-Kostüm mit nach Hause. Sie sah meine traurigen Augen, doch sie zuckte nur mit den Schultern und machte so ein Gesicht, als ob sie sagen wollte: ›Keine Diskussion mehr.‹ Ich spürte, dass es falsch wäre, jetzt um mein Kostüm zu kämpfen. Also ließ ich mir nichts anmerken. Am nächsten Tag habe ich mich als Cowboy verkleidet und bin artig in den Kindergarten marschiert. Aber ich war total traurig, das sah man sogar auf dem Foto, das damals gemacht wurde. Schade, dass ich es nicht mehr habe. Wenn du das sehen könntest, würdest du meine Gefühle sofort verstehen. Alle Kinder haben stolz in die Kamera gelacht. Nur ich nicht. Ich guckte unglücklich nach unten. Abends habe ich die Bettdecke über den Kopf gezogen und geheult.«

Vielleicht hat ja tatsächlich genau da ihre Suche nach sich selbst begonnen. Dieser stärker werdende Wunsch nach langen Haaren, wo Denise genau wusste, dass die Eltern sie irgendwann doch wieder unerbittlich zum Friseur schicken würden. Auch die Tatsache, dass sie sich so überhaupt nicht für Spielzeugautos interessierte. »Schon mit vier habe ich am liebsten Puppen angezogen und frisiert. Bei uns im Haus gab es einen Puppenwagen, mit dem ich oft gutgelaunt durch die Gegend gerast bin. Keine Ahnung, ob der von meiner Schwester war oder von den Kindern der Nachbarn. Aber wenn ich den benutzen durfte, war ich glücklich.«

»Siehste, da kam schon das Mütterliche in dir durch«, sage ich und versuche mich zu erinnern, wie ich mich fühlte, wenn ich früher Puppen anzog. Mütterlich – eindeutig.

»Ich weiß nicht«, entgegnet Denise. »Das ist auch immer so ein Klischee. Nicht jeder Junge, der mit Mädchensachen spielt, wird später schwul oder transsexuell. Es ist Neugier, so was auszuprobieren, um sich zu entdecken. Das hat ja nicht gleich was mit Neigungen zu tun. Ich finde es sogar gefährlich, wenn Eltern ihren Kindern so was verbieten, sie sollten jeder Entwicklung Freiraum geben.«

Klingt da gerade etwas Verbitterung in ihrer Stimme durch? Wünscht sich da jemand die Toleranz, die er selbst für sein Anderssein nie bekam? Nicht mal mit vier?

»Sag mal, Denise, hattest du eigentlich eine schöne Kindheit?«

»Es gab schöne Zeiten. Aber einiges war auch ziemlich beschissen.«

»Warum?«

»Bei mir war alles so kompliziert. Kurz nach der Geburt hat mich meine Mutter in so ein katholisches Heim gebracht. Ich war dort 14 Monate lang von Montag bis Freitag, sie holte mich nur am Wochenende heim.«

»Warum?«

»Okay, Jana, wie viel Zeit hast du?«, fragt sie, und für einen Moment klingt sie resigniert. »Lass es mich kurz machen: Meine Mutter hätte eigentlich schon ganz gern ein Kind gehabt, aber die Scheidung von meinem Vater war längst beschlossen. Die beiden lebten nur noch pro forma zusammen. Und dann kam ich, der nun so gar nicht mehr in ihr Leben passte. Mein Vater nahm mich zuerst nicht als Sohn an. Meine Mutter hat Mitte der Sechziger an der Werkzeugausgabe im Traktorenwerk Schönebeck gearbeitet. Durch die Trennung war sie gezwungen, dort gleich nach der Entbindung weiter Geld zu verdienen. Das hat sie mir jedenfalls später so erklärt. Vielleicht hoffte sie auch, mit meinem Vater doch noch mal zusammenzukommen. An die Zeit im Heim erinnere ich mich nicht, da war ich zu klein.«

»Aber du warst über ein Jahr dort. Man sagt, im ersten Lebensjahr bilden sich bei einem Kind Gefühle wie Selbstbewusstsein und Vertrauen.«

»Phhhh, Vertrauen …« Hörbar stößt Denise Luft durch die zusammengepressten Lippen aus. »Es gab viele Situationen, in denen ich mich als Kind abgelehnt und verletzt gefühlt habe. Weißt du, so ein Urvertrauen zu Menschen, die ich liebe, das kenne ich kaum. Ich habe meine Probleme nie mit anderen besprochen. Ich habe sie allein gelöst, war immer viel auf mich gestellt. Ich habe auch viel allein gespielt, ich wusste sogar, wie man Gummihopse zwischen zwei Laternenpfählen macht.«

»Ja, Moment noch, mit 14 Monaten haben dich deine Eltern wieder nach Hause geholt. Was war dann?«

»Ein paar Jahre war es sogar ganz okay, mein Vater blieb tatsächlich bei uns, wir waren eine richtige Familie. Wir wohnten in einem Mehrfamilienhaus mit meiner Tante Birgit. Bei uns waren immer viele Kinder, mit denen ich im Sommer auf dem Hof in einer alten Wanne badete oder stundenlang durch die Gärten lief. Das war schön. Doch die Spannungen zwischen meinen Eltern wurden bald wieder schlimmer. Sie stritten sich, Türen flogen, meine Mutter war ständig mit ihren Sorgen beschäftigt. Am Ende trennten sie sich doch.«

»Da warst du wie alt?«

»Fünf. Meine Mutter brauchte Zeit, um sich auf eigene Füße zu stellen. Sie wollte erst mal ihr Leben regeln, eine Wohnung für uns suchen. Parallel arbeitete sie drei Schichten. Das war alles viel für sie. Ich kam zu meiner Uroma, die in Magdeburg lebte. Erst nur an den Wochenenden, schließlich ganz.«

»Ganz schön hart für ein Kind. Gerade, wenn es mit seinen Eltern warm geworden ist, wird es wieder rausgerissen und in eine neue Umgebung gebracht.«

»Stimmt, obwohl ich ja freiwillig zu meiner Uroma, ach, ich nenne sie eigentlich nur Oma, wollte. Bei ihr habe ich mich immer so wohl gefühlt wie sonst nie. Es war die schönste Zeit meiner Kindheit.«

»Warum, hat sie dir heimlich Trostschokolade gekauft und dich Westfernsehen gucken lassen?«

»Nee, bei ihr war es einfach so gemütlich, so warm und herzlich. Da habe ich mich geborgen gefühlt. Es gab einen geregelten Ablauf. Sie hat mir meine Lieblingsgerichte gekocht. Wenn ich vom Spielen heimkam, roch es schon im Treppenhaus nach Hefeklößen mit Blaubeeren oder nach Bohnensuppe oder nach Eierpfannkuchen oder nach Kohlrouladen ... Wenn mir dieser Duft entgegenströmte, rannte ich die letzten Stufen ungeduldig hoch und lief in die Küche, um mich an sie zu schmiegen und zu gucken, wie weit das Essen ist. Dann habe ich schnell den Tisch gedeckt. Sie gab mir jedes Mal einen liebevollen Stubser, damit ich das Händewaschen nicht vergaß, bevor wir zusammen aßen. In solchen Momenten war ich ihr immer so dankbar. Aber da war noch etwas anderes. Ich habe sie auch als Frau sehr bewundert. Sie war eine schöne Dame, sehr gepflegt. Sie hat immer gut geduftet. Das fand ich toll. Abends habe ich ihr oft die Lockenwickler gereicht, wenn sie sich die Haare eindrehte.«

»Ich sehe richtig vor mir, wie ihr vor dem Spiegel sitzt ...«

»Ja, bei ihr war alles so vertraut, bei ihr spürte ich zum ersten Mal so was wie Liebe. Ob sie mir mal schnell einen kleinen Kuss auf die Wange gab oder mich in den Arm nahm, es tat mir einfach gut. Wir guckten oft zusammen *Pinocchio* im Fernsehen, meinen Lieblingsfilm. Nachts durfte ich in ihrem Bett schlafen. Dann drückte sie mich, und ich presste meine kleine Wange an ihr weiches Gesicht. Beim Einschlafen hielt ihre Hand mich sanft. Das war so wärmend, das hat mich sehr geprägt.«

»Hat deine Mutter dir nie solche Liebe gegeben?«

»Ach, sie hat mich bestimmt auch geliebt. Aber körperlich konnte sie mir das nicht so zeigen. Vielleicht hat sie es ja auch nicht gelernt, weil ihre eigene Mutter schon sehr früh starb, da war sie erst zehn. Mir fehlten Umarmungen, mir fehlte ihre Wärme. Nur bei meiner Oma konnte ich mich richtig fallen lassen und empfand die Liebe, nach der ich mich so sehnte. Bei ihr hatte ich immer das Gefühl: Hier kann ich so sein, wie ich bin.«

»Musstest du dich bei deiner Mutter denn verstellen?«

»Irgendwie schon, das ist schwer zu beschreiben. Ich war ein sehr weicher, mädchenhafter Junge. Zu Hause hab ich mich schon manchmal gefühlt, als ob irgendwas mit mir nicht richtig wäre. Ich hab oft geheult. Meine Mutter sagte dann nur: ›Jetzt reiß dich mal zusammen, du bist doch ein Junge.‹ Bei Oma fühlte ich mich normal. Sie sagte nie: ›Das macht ein Junge nicht‹ oder ›Du bist doch kein Mädchen‹. Bei ihr hab ich mich nie verstellt.«

»Das klingt aber wirklich, als ob du bereits damals mit deiner Geschlechterrolle gehadert hättest.«

»Gehadert wäre vielleicht zu dem Zeitpunkt noch zu viel gesagt, aber in meinem Unterbewusstsein war es wohl schon drin. Am wichtigsten war aber, dass mich meine Oma nie angebrüllt oder bestraft hat, wenn ich Dummheiten machte. Es war, als ob ich etwas Neues bekommen hätte, was bisher gefehlt hatte. Zuneigung, Verständnis, ein Zuhause. Heute empfinde ich immer noch für sie wie ein Kind für seine Mutter.«

»Bist du für immer bei deiner Oma geblieben?«

»Nein, insgesamt drei Jahre.«

»Ja, und was dann?«

»Gerade, als ich bei ihr ein richtiges Gefühl von Zuhause entwickelt hatte, da riss mich meine Mutter wieder zurück. Ich war inzwischen acht, als sie mich holte. Sie hatte eine Übergangswohnung für uns gefunden: ein Zimmer, nass und kalt, kleine Küche, Plumpsklo auf dem Hof. Eher eine Bruchbude. Es war fürchterlich. Mit jedem Tag habe ich mich mehr nach Oma zurückgesehnt, nach meinem wahren Zuhause. Erst recht, als meine Mutter mit mir noch mal umzog und ich wieder in eine andere Schule kam. Wieder mal neue Freunde suchen. Wieder neue Klassenkameraden für mich gewinnen und mich bei den Lehrern neu beweisen. Ich fand das sehr anstrengend und fühlte mich noch einsamer als vorher. Die neue Wohnung war nicht besser, dort gab es auch nur ein Außenklo, und ich gruselte mich jede Nacht vor den Mäusen und Ratten, die die Wände hochliefen.

Trost fand ich nur am Wochenende. Dann durfte ich oft zu meiner Oma zurück. Und jetzt, liebe Jana, wird es für dich bestimmt spannend. Zu der Zeit nämlich fing das mit meinem kleinen, aufregenden Geheimnis an.«

»Oh, lass mich raten …«

»Heute nicht mehr, ich muss schlafen. Das erzähle ich dir beim nächsten Mal.«

OMAS RÖCKE

Schieß los, was ist das jetzt für ein Geheimnis?« Ich hatte unser drittes Telefonat kaum abwarten können, war von der Arbeit direkt nach Hause gehetzt.

»Also, es hat in der Wohnung meiner Oma angefangen, das mit dem Verkleiden«, sagt Denise und lässt sich geräuschvoll auf ihr Sofa fallen. Das wird spannend, denke ich und gieße mir ein Glas Rotwein ein. »Wie alt warst du damals?«

»So zehn, glaube ich. Ich kann es dir gar nicht genau sagen. Ich weiß nur noch, dass ich mich irgendwann verdächtig auf die Mittagszeit freute. Immer, wenn wir zusammen gegessen hatten, legte sich meine Oma nämlich zu einem Mittagsschläfchen hin. Dann kam meine Zeit. Ich schlich zu diesem großen rustikalen Eichenschrank, der in ihrem Flur stand und die Wand zum Schlafzimmer bildete. Schon früher war ich oft auf diesen Schrank geklettert, um mich zu verstecken. Doch erst jetzt hatte ich entdeckt, was für Schätze darin lagerten. Ich musste die Türen vorsichtig öffnen, sie knarrten leicht. Auf gar keinen Fall durfte ich Omi wecken. Nur wenn sie schlief, gehörte diese eine Stunde mir. Hinter den mächtigen Schranktüren lag mein Entdeckerreich. Links Fächer voller Pullover, Büstenhalter und Strumpfhosen. Rechts eine Kleiderstange, auf der über einen ganzen Meter die schönsten Kleider, Mäntel und Röcke hingen. Darüber eine Ablage für die Hüte, die sie so gern trug. Am Anfang nahm ich die Sachen nur heraus, sah sie an, hängte sie wieder zurück. Aber irgendwann wurde mein Wunsch zu stark: Ich zog sie an und lief damit zum Spiegel ...«

Denise' Stimme wird nachdenklich, als versuche sie zum tausendsten Mal zu ergründen, woher diese Neugier damals wohl kam. »Ich weiß nicht, warum ich das tat«, spricht sie weiter. »Es war wie eine Spiellaune. Als Frau kann ich mich damals noch nicht gesehen haben. Glaube ich. Oder doch? Dieser Schrank jedenfalls wurde zu meinem Geheimplatz. Auch, wenn ich allein sein wollte. Dann krabbelte ich hinein und zog die Türen zu.«

»Das Wichtigste hast du vergessen: Was hast du gefühlt, als du im Rock vor dem Spiegel standest?«

»Weiß nicht so genau. Neugier? Faszination? Ich fand das Verkleiden toll, dann war ich weniger unglücklich und musste nicht ständig darüber nachdenken, woher das Unglücklichsein kam. An einem Tag aber passierte was total Verrücktes.«

»Erzähl schon!«

»Das klingt jetzt total bescheuert. Als ich mal wieder im Rock vor dem Spiegel stand, hab ich überlegt, was aus mir wohl im Jahr 2000 mal wird. Das Jahr 2000, das war so weit weg, aber es hatte etwas Magisches für mich.«

»Und?«

»Ich spürte in mir ein tiefes Vertrauen, dass dann irgendwas passieren würde, wonach es mir besser ginge. Keine Ahnung, was das sein sollte, aber diese Sicherheit war da. Das findest du jetzt vielleicht albern. Aber rate mal, was im Jahr 2000 war!«

»Hm, lass mich rechnen ...«

»Es war das Jahr, in dem ich meinen Namen Mike gegen Denise eingetauscht habe.«

»Das glaub ich nicht, das wäre ja ... also ... das hieße ja ..., du hättest übersinnliche Kräfte. Ich weiß nicht, ob man das so ernst nehmen kann, Denise.«

»Na ja, merkwürdig ist es auf jeden Fall.«

»Hast du als Kind eigentlich eher Frauen oder Männer bewundert?«

»Eindeutig Frauen! Heute fällt mir das mehr auf als damals. Zum Beispiel habe ich immer gerne diese Musiksendung *Disco* geguckt. Eines Tages wurde dort Amanda Lear angekündigt. Ich saß wie gebannt vor dem Fernseher. Mein Herz klopfte bis zum Hals. Es war nicht nur dieses Lied *Follow Me* von ihr, das ich so klasse fand. Es war die weibliche Figur mit dieser rauen, tiefen Stimme, die mich faszinierte. Erst recht, als das Gerücht herumging, sie wäre mal ein Mann gewesen. Das fand ich umso spannender. Ob da schon was bei mir war?«

»Du hast es vielleicht wirklich ganz tief in dir gespürt.«

»Ich weiß es nicht. Aber ist es nicht ein Zeichen, dass ich so viele Idole hatte, die anders waren?«

»Wieso so viele, wen denn noch?«

»Boy George von Culture Club fand ich toll und Pete Burns von Dead or Alive. Beides Typen, die sich anders als normale Männer anzogen, die nicht so dem Klischee entsprechen wollten. Das fand ich mutig und toll. Und richtig bewundert habe ich in den Achtzigern auch Divine und Sylvester. Ein paar Jahre später kam noch RuPaul dazu ...«

»Äh ... wer?«

»Sag bloß, die kennst du nicht«, johlt sie und schickt dann ihren Charme hinterher. »Würde ich vielleicht auch nicht kennen. Aber in meiner Szene sind das ganz bekannte Promis. Na warte, noch ein paar Telefonate mit mir, dann kennst du solche Namen auch.«

»Dann waren das also alles Transsexuelle?«, frage ich, während ich den Namen RuPaul möglichst geräuscharm bei Google eingebe. »Ui, hübsch«, entfährt es mir, als die ersten Bilder aufploppen. Gerade kann ich noch verhindern, dass mir ein »Hätte ich gar nicht gedacht ...« hinterherrutscht.

Kann ja durchaus falsch ankommen, so ein unbedachter Spruch.

»Nein, Hasi«, erklärt Denise freundschaftlich. »Das sind Dragqueens oder Transvestiten. Ich weiß schon, für die meisten Menschen gibt es da keinen Unterschied. Aber wir wollen auf keinen Fall in einen Topf geschmissen werden. Weil Dragqueens nur Männer sind, die sich für die Bühne in eine Frau verwandeln, aber privat Männer bleiben, wenn auch oft schwule. So ähnlich ist das bei Transvestiten, sie treiben es beim Verkleiden allerdings nicht so doll. Ich als Transsexuelle hingegen fühle mich als Frau und wollte auch körperlich eine Frau werden. Das ist ein großer Unterschied.«

»Hilfe, wir kommen gerade total vom Thema ab«, rufe ich in den Hörer. »Obwohl: Sehr interessant sind diese Unterschiede schon. Weißt du, was ich spannend finde? Dass du bereits als Kind diese Faszination für Menschen gespürt hast, die nicht so geschlechtertypisch waren.«

»Ja, wenn die in irgendwelchen Westzeitschriften oder im Fernsehen auftauchten, fing das bei mir an zu kribbeln. Aber warum das so war, das konnte ich damals alles noch gar nicht einordnen.«

»Hast du versucht, denen nachzueifern?«

»Im Gegenteil. Ich fing schon vor meiner Pubertät an, mich krampfhaft wie ein Mann zu verhalten.«

»Echt?«

»Ja, mit elf, zwölf Jahren habe ich so oft doofe Sachen mitgemacht, um auch ja mit den Jungs aus meiner Schule mitzuhalten. Ich wollte nicht auffallen oder als Weichei gelten, davor hatte ich regelrecht Panik.«

»Was waren das für Sachen?«

»Rauchen war so eine typische Situation. In der DDR gab es damals die Zigarettenmarke ›Karo‹. Die war in meiner Schule total beliebt, unter anderem, weil sie wenig kostete. Die war nicht nur ohne Filter, sondern auch stark. Ich ekelte mich vor dem

Geschmack, aber um dazuzugehören, musste man eben genau diese Marke mitrauchen. Eines Tages stand ich mit drei Klassenkameraden zusammen, die qualmten. Nur ich hatte keine Zigarette. Da kam einer auf die geniale Idee, mir seine rüberzureichen. Alle schauten mich an und grölten: ›Na los, du wirst uns doch nicht weismachen wollen, dass du noch nie eine geraucht hast.‹ ›Quatsch‹, sprach ich mit angestrengt tiefer Stimme, die sich anhören sollte wie die eines Westernhelden, aber nicht mal halbstark rüberkam. Dann nahm ich einen tiefen Zug.

Aufgewacht bin ich zu Hause. Ich fragte, was los sei, meine Mutter erinnerte mich daran, dass ich mit dem Rauchen angefangen hatte und umgefallen war. Wie peinlich. Nicht, weil sie das jetzt wusste. Wie sollte ich mein Versagen nur meinen Klassenkameraden erklären? Meine Strategie war: Lass dir nichts anmerken. Ich lief noch breitschultriger herum, wechselte einfach die Zigarettenmarke und rauchte insgesamt 25 Jahre.

Genauso verkrampft ging ich mit dem Thema Stimmbruch um. Alle meine Klassenkameraden und Freunde waren schon mittendrin, nur ich nicht. Damals machte mich das richtig traurig. Ich hatte eine höhere Stimme und versuchte sie mit aller Gewalt männlicher wirken zu lassen. Bescheuert, denn heute würde ich alles dafür geben, niemals in diesen Stimmbruch gekommen zu sein …«

»Merkwürdig, dass du damals in so vielen Dingen männlicher sein wolltest. Und was es dich später für Kraft gekostet hat, diese Männlichkeit wieder abzulegen …«

»Eben. Weißt du, mein Habitus wirkte alles andere als männlich. Ich war eher zierlicher, schlanker. Ja, ich hatte damals schon einige Merkmale, aus denen man hätte schließen können, dass aus mir mal eine körperlich-biologische Frau werden würde. Genauso, wie ich hätte Verdacht schöpfen können, als ich die Mädchen aus meiner Klasse beneidete, wenn sie sich für die Schuldisco hübsch machten und die Blicke der Jungs auf sich zogen. Damals hatte ich immer nur einen Kloß im Hals und wusste nie warum.«

»Vielleicht hätte es dir in dieser Phase geholfen, vielleicht wäre dein Weg sogar ein ganz anderer gewesen, wenn das Verhältnis zu deiner Mutter enger gewesen wäre, wenn du dich bei ihr hättest aussprechen können. Warst du sauer auf sie, wenn sie nicht für dich da war?«

»Mit dem Aussprechen, da hast du sicher recht. Vielleicht hätte ich einfach von mir aus zu ihr gehen müssen, aber ich habe mich nicht so angenommen gefühlt. Die merkwürdigen Gefühle meinem Körper gegenüber wären trotzdem die gleichen geblieben. Allerdings bin ich schon sicher, dass mein kompliziertes Leben zumindest einfacher verlaufen wäre, wenn ich ihre Unterstützung gehabt hätte«, sagt Denise nachdenklich. »Dann hätte ich meine Veranlagung vielleicht eher erkannt, und mir wäre vieles erspart geblieben.« In dem Moment bekommt ihre Stimme einen Tonfall, als winke sie ab. »Aber es sollte wohl genauso laufen. Und um auf deine Frage zurückzukommen: Ich bin ihr nicht mehr böse, heute liebe ich sie trotzdem, auch wenn sie mir damals sehr gefehlt hat. Ich habe gelernt, keinem die Schuld zuzuschieben.«

»Ganz schön großzügig. Ich weiß nicht, ob ich das so sagen könnte ...«

»Weißt du, Jana, das kann ich auch erst, seitdem ich mein eigenes Leben geregelt kriege. Ich habe auch gelernt, mit mir selbst tolerant zu sein. Heute habe ich für meine Mutter und ihre Biographie viel mehr Verständnis. Sie hatte damals eben ihre eigenen Probleme, sie war viel zu sehr mit sich beschäftigt, um mich zu sehen. Sie konnte in dieser Zeit nicht anders sein. Aber vielleicht machen wir damit an einem anderen Abend weiter, das ist so ein Thema für sich.«

»WIR KAMEN AUS SCHWIERIGEN FAMILIEN«

Betti (42, verheiratet, zwei Kinder, Verkäuferin in Schönebeck) erzählt, warum Mike schon als Kind anders war.

Er ist nie damit aufgefallen. Aber so ein paar Eigenschaften fallen mir heute dann doch ein, die vielleicht zeigen könnten, dass Mike kein ganz normaler Junge war.

Ich bin acht Jahre lang mit ihm zur Schule gegangen. Wir waren eine Fünfer-Clique damals: Dagmar*, Kerstin*, Evelyn*, ich – und der kleine Miki. Wir fünf haben uns wohl gesucht und gefunden. Einige von uns kamen aus schwierigen Familien. Bei dem einen tranken die Eltern, der andere wurde geschlagen, Mike und ich fühlten uns öfter vernachlässigt ... Vielleicht haben wir instinktiv gespürt, dass uns dieses gemeinsame Schicksal verband. Deswegen hielten wir vielleicht auch so zusammen, haben uns gegenseitig verteidigt und geholfen. Wenn wir zum Beispiel mal in der Milchbar ein Eis essen wollten und einer von uns kein Taschengeld bekam, dann haben wir eben so lange leere Bierflaschen zu Hause entwendet, bis wir genug Geld zusammenhatten. Wir haben uns immer auf uns selbst verlassen. Doch gesprochen wurde über unser Zuhause nie. Wir besuchten uns auch zu Hause nicht. Denn nur draußen waren wir frei. Und diese Freiheit wollten wir zusammen genießen.

Dass Mike der einzige Junge in unserer Clique war, fanden wir Mädchen nie ungewöhnlich. Er hat von seinem ganzen Wesen her einfach gut bei uns reingepasst. Wenn wir große Pause hatten und auf dem Schulhof standen, kam er immer lieber zu uns als zu den Jungs. Ich habe ihn nie inmitten einer halbstarken Jungenhorde gesehen. Er fing auch in der Pubertät nicht wie die meisten Jungs an, andere anzupöbeln oder rumzuschubsen. Ich kann mich nicht erinnern, dass sich Mike mal geschlagen hätte. Er ist nur einmal ausgerastet, als ein neuer Mitschüler mit einem Messer auf uns Mädchen zugehen wollte. Da hat er sich vor uns gestellt und ihn angebrüllt. Er hat uns ganz toll beschützt.

Ja, er war ein ganz Lieber. Auch wenn jemand mal eine Zigarette wollte, hat er immer eine verborgt oder seine geteilt. Doch auffallend war, wie wenig er sprach. Mike war unglaublich ruhig, trotz unserer Clique war er ein richtiger Einzelgänger. Für mich war er eigentlich immer allein.

Dafür hab ich oft gestaunt, wie schick er angezogen war. Das war ihm wichtig. Als ich mir diese Popperhosen für die Disco färbte – oben weit, unten eng und mit riesigen Taschen an der Seite –, da war er sofort dabei. Und die haben wir natürlich angezogen, als Mike, ein Freund und ich in die neue Breakdance-Disco nach Magdeburg gefahren sind. In solchen Sachen war Mike vom Interesse her immer wie wir Mädels. Aber wir dachten da nicht groß drüber nach, wir kannten ihn ja nicht anders.

Komisch war vielleicht, dass er nie eine Freundin hatte. Ob Jungs oder Mädchen – wir haben mit 14 alle angefangen, heimlich zu knutschen. Er nicht. Er riss auch nie Anmachsprüche wie andere Jungs, die uns »Ey Schnecke« oder so was nachriefen. Trotzdem: Dass er schwul sein könnte, oder sogar transsexuell, das war ja überhaupt kein Thema. So was gab es ja in der DDR offiziell gar nicht, jedenfalls wurde nie groß darüber geredet.

Der Kontakt zu Mike hielt nach der zehnten Klasse noch ein paar Jahre. Mit 19 sind wir zu dritt in eine Disco gefahren. Ich verdiente bei der Reichsbahn schon gutes Geld und konnte mir im Exquisit-Laden dieses Atoll-Deospray kaufen – zu Ostzeiten eine Nobelmarke, die ganz toll roch. Als wir nachts heimkamen, haben wir alle drei bei Mike übernachtet. Morgens ertappte ich ihn, wie er heimlich an meinen Klamotten roch. Damals lachte ich. Heute frage ich mich: Wollte er vielleicht schon wissen, wie Frauen riechen?

Irgendwann war er dann einfach weg. Ich hörte von seiner Ausreise. Doch auch nach der Grenzöffnung kam er nicht mehr zu den Klassentreffen. 2002 erfuhr ich, warum. Kerstin brachte einen Brief von Mike mit. Er hatte Fotos von sich beigelegt – als Frau. Wir steckten die Köpfe dicht zusammen und staunten. Es war komisch, aber wir haben das Ganze nach ein paar Sätzen doch erstaunlich schnell akzeptiert.

Ich habe am nächsten Tag sofort angerufen. War ja neugierig, wie es ihm mit dem neuen Leben geht. Die Stimme klang anders, ich hätte sie vielleicht gar nicht erkannt. Mike hatte immer so ein breites, langes Lachen gehabt. Das war weg. Denise klang zwar noch vertraut. Aber auch irgendwie höher, ja, schon weiblicher, warum, kann ich schwer beschreiben. Wir haben stundenlang telefoniert. Sprachen erst ganz viel von früher, wie wir uns damals Pfeffi-Bonbons unter die Oberlippe geklemmt hatten, die wie Hasenzähne aussahen. Ich hielt mich mit den intimeren Fragen zurück. Doch Denise hat viel über ihren Werdegang zur Frau erzählt.

Heute telefonieren wir wieder regelmäßig und schreiben uns E-Mails. Die alte Sympathie ist unverändert da. Nur getroffen haben wir uns noch nicht. Deswegen habe ich wohl immer noch Mike vor Augen, wenn wir miteinander reden. Manchmal rutscht mir dieser alte Name noch raus. Dabei ist es für mich absolut nicht unangenehm, dass Mike heute eine Frau ist. Wenn er unglücklich war und das Gefühl hatte, im falschen Körper zu leben, musste der Weg so sein. Ich bin da sehr tolerant.

MIKE WIRD EIN STRASSENKIND –
UND SPRINGT FAST VOR DEN ZUG

Habe ich dir eigentlich schon die Sache mit der U-Haft er-zählt?« – »Moment mal, U-Haft?« Bei unseren letzten Gesprächen hatte ich ja durchaus eine vage Vorstellung davon bekommen, dass Denise keine leichte Kindheit hatte. Aber da ahnte ich noch nicht, dass ihre Geschichte von Abend zu Abend spannender werden würde.

»Ich kann mich erinnern, dass bei uns oft chronischer Geld-mangel herrschte, obwohl meine Mutter arbeitete. Sie hatte es einfach nicht gelernt, mit Geld umzugehen. Am Anfang des Monats war welches da. Dann kaufte sie großzügig Essen ein. Aber genauso schnell war alles wieder alle. Dann kam mein Part ins Spiel.«

»Dein Part, ich versteh nicht …«

»Ich wurde losgeschickt, um bei Freunden oder Bekannten Geld für uns zu leihen. An einem Sonntag bekam ich mal einen Brief überreicht mit einer Adresse in einem Ort südöstlich von Schönebeck. Da sollte ich nun hin. Ich hatte kein Geld für den Bus, also blieb mir nichts weiter übrig, als die ganze Strecke zu Fuß zu gehen – rund zehn Kilometer! Ich hatte ja auch Hunger. Also bin ich los. Ich hab mich entsetzlich dabei gefühlt. Wie ein Handlanger meiner Mutter. Warum hat sie mich mit solchen Pro-blemen nicht verschont, hat sie nicht selbst gelöst? Ich meine, ich war doch noch ein Kind …«

Pause.

»Es gab Zeiten, da habe ich mich auch sehr allein gefühlt. Das begann, als ich 13 war und ihre Beziehung mit Mahmoud* gerade zu Ende war.«

»Mahmoud?«

»Das war ein Dreher aus Algerien, der zum Arbeiten in die DDR gekommen war. Von dem muss ich dir später noch mal erzählen. Im Winter 1979 ist sein Arbeitsvertrag ausgelaufen, er musste zurück. Danach fühlte sich meine Mutter sehr einsam und suchte neuen Kontakt. Ihre Freundin Gitte* animierte sie ständig, doch mal mit ihr auszugehen. Nachdem meine Mutter ziemlich früh Ehefrau und Mutter geworden war, hatte sie schon länger das Gefühl, viel versäumt zu haben. Sie ließ sich überreden und ging mit. Ich glaube, sie hat sich in dieser Zeit das erste Mal so richtig ausgelebt. Die beiden sind immer öfter um die Häuser gezogen, manchmal blieb sie die ganze Nacht weg und den nächsten Tag gleich mit.

Tagsüber hatte ich mit dem Alleinsein nicht so große Probleme, ich war recht selbstständig. Aber nachts bekam ich Angst. Ich fühlte mich oft einsam, es war so still zu Hause. Einmal habe ich so gefroren, dass ich Kohlen aus dem Keller der Nachbarn klaute, weil wir keine mehr hatten. Es gab auch Zeiten, wo der Kühlschrank leer war.«

»Oje, dafür möchte man dich ja heute noch in den Arm nehmen ...«

»Na ja, so beschissen diese Zeit auch war, ich wollte damals mit niemandem darüber reden. Ich schämte mich sehr für diese Situation und auch für meine Mutter. So kannte ich sie gar nicht. Ich bin kaum noch zum Lernen in die Schule gegangen, sondern eher, weil es da so schön warm war – da hatte ich Ablenkung und was zum Essen. Da ich zu dieser Zeit nichts zum Frühstücken mitbekam und auch kein Geld für das Mittagessen hatte, gaben mir meine Schulkameraden immer die Brote, die sie nicht gerne aßen. Mike aß das Frühstück seiner Schulkameraden – sie wussten wohl mehr, als ich dachte.«

»Aber es hat dich nie jemand darauf angesprochen, dass du so vernachlässigt wurdest?«

»Erst später. Frau König*, eine Rentnerin, die gegenüber von unserer Wohnung wohnte. Die hatte nichts weiter zu tun, als den lieben langen Tag den Kopf aus dem Fenster zu halten. Nervig, aber trotzdem habe ich ihr etwas zu verdanken, was ich heute in unserer Gesellschaft vermisse. Sie beobachtete nicht nur, dass meine Mutter oft wegging und selten wiederkam. Sie handelte auch, kümmerte sich. Eines Tages nämlich verwickelte sie mich in ein Gespräch und lud mich zu einer Tasse Kakao in ihre Wohnung ein. Da sie mir ja nicht fremd war, nahm ich dieses Angebot an. Oh, war das schön warm bei ihr. Und so gemütlich. Sie machte mir ein Leberwurstbrot, nebenbei kamen wir auf mein Zuhause zu sprechen. Sie fragte geschickt, und irgendwann hab ich mich geöffnet und ihr erzählt, dass ich manchmal allein war. Ich glaube, sie wollte es nur noch mal von mir bestätigt haben. Sehr überrascht wirkte sie jedenfalls nicht. Sie fragte mich, ob wir nicht was ändern sollten an dieser verfahrenen Situation, und schlug vor, dass ich mich dem Jugendamt anvertraue. Das wollte ich nicht. Ich wollte meine Familie nicht verraten, ich wollte mich eigentlich nicht mal bei dieser wildfremden Frau ausheulen. Lange habe ich gedacht, sie wäre danach zum Jugendamt gegangen, um meine Mutter anzuschwärzen. Nun habe ich meine Stasi-Akte gelesen und erfahren, dass es mein Klassenlehrer war, der dort für mich um Hilfe gebeten hat. Da erinnerte ich mich wieder an diese Situation, als er mich gefragt hatte, ob es mir gut ginge. Kurz darauf konnte ich kostenlos an der Schulspeisung teilnehmen. Und eines Tages schickte das Jugendamt meiner Mutter dann per Einschreiben eine Vorladung. Sie sagte mir später mal, sie hätte den Brief nie bekommen. Für die Behörden jedoch war ihr Nicht-Reagieren natürlich nur die Bestätigung, dass meine Mutter tatsächlich nie zu Hause sein konnte, wenn sie nicht mal ihre Post las. Die schalteten die Polizei ein. Im Juli 1980 kam sie wegen des Verdachts auf unterlassene Mutterpflichten und mangelnde Fürsorge in U-Haft. Weil es aber keine Beweise gab, sprach die Richterin sie nach sieben Wochen wieder frei.«

»Und was wurde aus dir in dieser Zeit?«

»Ich wurde vor die Wahl gestellt, so lange zu meinem Vater oder ins Heim zu gehen. Ins Heim – das kam auf keinen Fall infrage, ich fühlte mich so schon verloren genug. Mein Vater hatte mir auch gefehlt. Ich entschied mich, zu ihm zu gehen, dort gefiel es mir gut. Wir fuhren mit seiner neuen Frau und deren Sohn in den Urlaub auf Rügen, bei ihm hatte ich sogar ein eigenes Zimmer. Er tat sein Bestes, um seine Vaterpflichten zu erfüllen. Ich hatte damals wenig schöne Sachen. Er ging mit mir in die Stadt, kleidete mich ein. Er kaufte mir neue Hosen, Sandalen, T-Shirts … Ich war glücklich. Und immer öfter sagte er: ›Bleib doch ganz bei uns.‹

Aber so richtig zu Hause fühlte ich mich trotz allem nicht. Mir fehlten meine Schulkameraden, mein vertrautes Umfeld. Je näher das Ferienende rückte, desto mehr hoffte ich, zurück zu meiner Mutter zu können, wenn sie aus dem Gefängnis kam. Als ich ihm das sagte, reagierte mein Vater enttäuscht. Zur Strafe nahm er mir alle geschenkten Sachen wieder weg. Als meine Mutter aus der U-Haft entlassen wurde, bin ich zu ihr gefahren.«

»Moment mal, ist sie denn nicht mit einem riesigen schlechten Gewissen zu dir gekommen? Um sich zu entschuldigen, um dich heimzuholen?«

»Ach …« Denise' Stimme schraubt sich hoch. »Nee, das hat sie bestimmt nicht gemacht. Aber ich muss wohl doch gehofft haben, dass sich alles wieder einrenkt. Deshalb habe ich den Kontakt zu ihr gesucht.«

»Wie war euer Wiedersehen?«

»Ich stand in der Tür, freute mich, sie zu sehen. Ein bisschen peinlich war ihr das Ganze schon. Ich glaube trotzdem, ihr war gar nicht bewusst, was nun so schlimm daran gewesen sein soll, dass sie mit ihrer Freundin ein bisschen ausgegangen war und ihre Jugend nachgeholt hatte. Sie dachte immer, der Mike kommt schon allein zurecht. Na ja, das erhoffte Gespräch zwischen uns gab es an diesem Tag leider nicht. Ich fragte trotzdem, ob ich zurückkommen könne, verzieh ihr und hoffte, dass diesmal wirklich alles besser würde. Ein Gefühl sagte mir: Vergiss, was war. Fang mit ihr neu an. Aber geht so was denn? Nur wenn beide am selben Strang ziehen, sonst sicher nicht …«

»Was du alles durchgemacht hast – und wir sind erst bei deiner Kindheit«, sage ich. »Darf ich mal kurz den Analytiker spielen?«

Denise lacht. »Na, was willst du denn analysieren?«

»Ob deine Transsexualität vielleicht doch was mit deiner Familienstruktur zu tun haben könnte. Du hattest nie so eine gesunde Vater-Mutter-Kind-Familie, wie ich sie kenne«, sage ich. »Auch auf die Gefahr, dass ich jetzt schon wieder ins Fettnäpfchen trete: Vielleicht haben dir ja einfach Liebe, Normalität und vor allem eine männliche Identifikationsfigur gefehlt, um dich wie ein ganz normaler Junge entwickeln zu können?«

»Jana, noch mal: Transsexuell wird man nicht, transsexuell ist man. Meine Kindheit hat es nur sehr erschwert, dass ich nicht früher zu mir gefunden habe.«

»Ja, aber antworte mir doch mal ganz ehrlich: Hattest du ein männliches Vorbild zu Hause?«

»Okay, da hast du recht. So jemanden Konkretes gab es bei uns nicht.«

»Weißt du, was ich erstaunlich finde? Dass du so ein netter Mensch geworden bist, bei deiner Vergangenheit. Du hättest wie

viele vernachlässigte Kinder auch total auf die schiefe Bahn geraten können. Bis auf deine Oma hat sich ja nie jemand dauerhaft
um dich gekümmert.«

»Vielleicht bin ich deswegen so schnell erwachsen geworden.
Aus Überlebenstrieb. Ich war sehr früh selbstständig. Mit neun
Jahren habe ich meine Wäsche selbst gewaschen, die Wohnung
geputzt und war allein einkaufen. Aber das empfand ich aus-
nahmsweise mal nicht als Nachteil, sondern als Bereicherung.
Denn da konnte ich mir wenigstens meine Hausfrauenqualitäten
beweisen.«

»Warst du denn je glücklich zu Hause?«

»Ach, Glück, Jana ...«

Es klimpert im Hintergrund. »Entschuldige, ich brauche einen
Tee, irgendwie kriege ich schon wieder eine Erkältung.«

Sofort mache ich mir Sorgen. Hoffentlich ist das keine Folge
unserer Vergangenheitsbewältigung, die wir hier am Telefon
machen.

Wer solche Probleme hinter sich hat und sie plötzlich alle wieder hochkommen lässt, dessen Seele ist einsturzgefährdet, und
sein Immunsystem erst recht.

Vorsichtig nippt sie an ihrer Tasse. »Wie gesagt: Es gab auch
schöne Zeiten. Wenn wir im Sommer zusammen zu meiner Oma
gefahren sind, oder wenn meine Mutter Klöße mit Rotkohl
kochte oder wenn wir Quatsch machten, wir konnten immer gut
zusammen lachen. Leider wurden die schönen Momente über-
schattet, sobald ich mich einsam fühlte. Dann bin ich geflüchtet –
vielleicht auch vor mir selbst.«

»Wohin bist du geflüchtet?«

»Auf die Straße, ja, eine Zeit lang war ich ein richtiges Stra-
ßenkind.« Erst mal tief durchatmen. »Denise, langsam komme
ich nicht mehr mit. Du kannst dich in deinen Erzählungen ja
wirklich noch im Minutentakt steigern. Bist du abgehauen?«

»Ich hab dir ja erzählt, dass sie mit dieser neuen Freundin tanzen ging. Wenn ich nachts allein war, hab ich mich gegruselt. Ich hatte Angst in der Wohnung, konnte nicht schlafen, habe nächtelang wach gelegen. Es knackste, die Mäuse knabberten sich mal wieder einen Weg durch die Wände. Ab da bin ich öfter mal ausgebüxt und habe mich stundenlang in Parkanlagen oder der warmen Wartehalle des Bahnhofs herumgetrieben. Aber richtig schlimm wurde es eigentlich erst, als meine Mutter 1980 diesen Mann kennenlernte.«

»Sie hat sich verliebt?!«

»Ja, in einen zweiten Algerier, den sie später heiratete und mit dem sie ein Kind bekam. Ich war 15 und anfangs froh, dass es ihn gab. Ich dachte, nun sei sie gut aufgehoben und wir könnten wieder ein geregeltes Leben führen. Erst recht, als meine Halbschwester geboren wurde. Stattdessen fing ein neues schreckliches Kapitel meines Lebens an. Mit dem Mann kam auch Ärger ins Haus. Er war aggressiv und herrisch, wenn er trank. Und er trank bei jeder Gelegenheit, abends nach der Arbeit, am Wochenende, an Feiertagen.

Eine meiner Zusatzaufgaben war es nun, das Bier aus der Kneipe oder vom Spätverkauf zu holen – der hatte auch am Wochenende offen. Meine Mutter machte den Fehler, seine Trinkerei immer erst zu kommentieren, wenn er auf dem Höhepunkt seines Alkoholspiegels war und sie nicht mal ansatzweise verstand. Er wurde dabei immer aggressiver, drohte, ihr meine drei Monate alte Schwester wegzunehmen. Er schmiss Gläser an die Wand, einmal warf er sogar mit dem Weihnachtsbaum nach ihr.

Ich habe nie richtig verstanden, warum meine Mutter nicht mit ihm redete, wenn er nüchtern war. Wohl aus Angst. Dafür wetterte sie, sobald er betrunken war, umso lauter los und reizte ihn mit ihren Vorwürfen bis aufs Blut. Um danach jedes Mal in Panik zu geraten und sich die schlimmsten Dinge auszumalen, die er mit ihr machen würde. Sobald er zornig war, schnappte sie uns Kinder und flüchtete mit uns. Und das eben meist nachts, wenn ich mich am meisten nach Ruhe, Wärme und Schlaf sehnte. Manchmal war ich gerade schlafen gegangen, da pochte sie aufgebracht an meine Tür, auf dem Arm das Baby, und wollte sich in meinem Zimmer verschanzen. Da war meine Müdigkeit wie weggeblasen, ich zog mich an, und wir irrten die halbe Nacht durch die Gassen und kehrten erst zurück, wenn er schlief. Manchmal klingelten wir auch bei einer Freundin oder einer ehemaligen Klassenkameradin meiner Mutter, die uns dann bei sich übernachten ließen.

Am Anfang dachte ich, dass dies nur eine vorübergehende Situation wäre. Ich irrte mich gewaltig. Fünf, sechs, sieben, acht Mal hat sich das wiederholt. Das Schlimme an der Sache war, dass sie am nächsten Tag sogar noch ganz zeitig zum Bäcker rannte, um ihm vor der Arbeit Frühstück zu servieren, als wäre nichts gewesen. Jedes Mal aufs Neue.

Weißt du, Jana, heute versuche ich die Situation und das Verhalten meiner Mutter einigermaßen zu verstehen, aber damals … Ich war so ohnmächtig, so hilflos. Jedes Mal wurde ich mit eingebunden. Ich kam mir benutzt vor. Irgendwann wollte ich dann bei diesem Theater nicht mehr mitspielen. Ich wollte Freunde finden, allein sein, erwachsen werden, vergessen, am liebsten alles zusammen und sofort. Also bin ich immer öfter von zu Hause – sofern man das noch ein Zuhause nennen konnte – abgehauen und auch nachts weggeblieben.«

»Wo hast du geschlafen?«

»Auf Parkbänken und im Bahnhof. Im Nacken immer die Polizei, die in der DDR ziemlich aktiv war und unseren Ordnungsstaat kontrollierte. Bei denen, die ab 22 Uhr noch auf der Straße waren, wurden oft die Personalien kontrolliert. Da musste ich immer aufpassen, dass die mich nicht aufgriffen. Wenn meine

Mutter arbeitete, bin ich heim, um zu essen oder mich zu waschen.«

»Was ich bei allem nicht verstehe: Warum bist du denn nicht zu deiner Oma zurück? Die hätte dich doch bestimmt liebevoll versorgt?«

»Sie war im selben Jahr gestorben. Ich vermisste sie. In dieser Zeit kam alles zusammen, kein Wunder, dass ich nicht mehr leben wollte. Hätte ja fast geklappt ...«

»Denise?! Sag, dass das nicht wahr ist.«

»Doch, Jana. Einmal wollte ich mich umbringen. Ich muss 13 oder 14 gewesen sein. Es war ein Herbstabend, so gegen zehn, ich irrte mal wieder frierend durch Schönebeck, wusste nicht, wo ich hinsollte. Plötzlich stand ich auf dem Bahnsteig in Schönebeck-Salzelmen. Was ich noch weiß, ist, dass ich ganz schwermütige Gedanken hatte. Warum das alles so sei, dass ich nicht nach Hause könne, dass ich kein schönes Elternhaus hätte, aber auch keine Kraft, daran etwas zu verändern, was das alles für einen Sinn habe, warum sich keiner so richtig für mich interessiere ...

Der Zug fuhr ein, ich ging immer näher an die Bahnsteigkante heran, immer näher, immer näher, noch näher. Kurz bevor ich mich auf die Gleise werfen konnte, hat eine Frau mein Vorhaben bemerkt. Sie riss mich zurück, legte mir liebevoll den Arm um die Schulter und führte mich zum Schaffner. Ich ließ das alles wie in Trance geschehen. Die Bahnhofswärter riefen dann einen Krankenwagen, der mich nach Hause brachte.«

»Ja und? Was hat deine Mutter gesagt?«

»Das war für mich das Schlimmste. Es wurde nicht darüber geredet, es gab keine Fragen nach dem Wieso, Weshalb, Warum. Es gab auch keinen Trost.«

»Und wolltest du wirklich sterben?«

»Ich kann dir heute nicht mehr sagen, warum ich das gemacht habe. Ich war verzweifelt, ja. Aber sterben? Ich glaube, dass es nur ein Hilferuf meiner Seele war. Damit die Leute mich beachten. Wenn ich mich wirklich hätte umbringen wollen, hätte ich das auch geschafft. Aber dass meine Mutter sich nicht mal Sorgen machte, dass sie sich nicht kümmerte, das tat mir noch mehr weh. Danach war der Bruch zu ihr endgültig. Von da an war sie mir egal. Ich habe innerlich eine Mauer aufgebaut, sogar zu mir selbst. Es fühlte sich an, als ob irgendetwas in mir gestorben wäre.«

»Dabei hatten deine wahren Sorgen zu dieser Zeit noch gar nicht angefangen ...«

DAS KIND, DAS MÄNNER ANZIEHT

Kein Wunder. Sie hat auf der Straße gelebt. Sie bekam wenig Liebe. Sie wurde hin und her geschubst, immer wieder allein gelassen. So oft, dass sie heute noch Angst im Dunkeln hat. Kein Wunder, dass sie jahrzehntelang fühlte, dass irgendwas in ihr falsch ist. Und doch Jahrzehnte brauchte, bis sie die Ursache fand.

Dieser Gedanke verfestigt sich, auch wenn ich weiß: Denise würde wieder an die Decke gehen, wenn sie ihn errät. Weil ihre Transsexualität eben nicht so einfach zu erklären ist – auch wenn Denise durch so eine ungewöhnliche Kindheit ganz sicher geprägt wurde.

Mindestens genauso wie durch die vielen dunklen Punkte in ihrer Vergangenheit, durch die sie kein normales Verhältnis zu ihrem männlichen Geschlecht aufbauen konnte.

Wie Missbrauch, den sie mehrfach erlebte.

Darüber will Denise heute erzählen, das hat sie in ihrer Mail angekündigt, fast beiläufig, als fiele ihr das Thema nicht weiter schwer. Doch heute beginnt sie stockend.

»Ich weiß nicht, woran es lag, aber ich habe Männer schon als Kind angezogen. Vielleicht strahlte ich so was Schwaches aus, vielleicht war ich ein gutes Opfer. Ich erinnere mich an ein Erlebnis, da war ich vielleicht zehn und am Sonntag wie so oft in der 13-Uhr-Vorstellung im Kino in Magdeburg. Ich saß in der ersten Reihe, Mitte, rechts neben mir ein Mann mit seiner Tochter. Mitten im Film spürte ich, wie sein Knie meines berührte. Am

Anfang dachte ich, das ist bestimmt Zufall und nahm das so hin. Aber dann passierte es immer öfter. Der Druck seines Knies wurde fester. Was sollte das? Ich sah zu ihm, er blickte zu mir. Da saß ein etwa dreißig Jahre alter Mann und lächelte mich zaghaft an. Ich war irritiert. Als der Film zu Ende war, machte ich, dass ich aus dem Kino rauskam. Es hat mich noch tagelang beschäftigt, was das zu bedeuten haben sollte. Aber darüber reden? Nein. Ich wusste auch nicht, mit wem.

Ich weiß bis heute nicht, ob dieser Mann wirklich etwas von mir wollte. Aber ich habe durch diese Sache früh gespürt, dass ich einen Reiz auf Männer ausübte. Warum auch immer.

Und das passierte immer wieder.

Ich war elf, da hatte ich noch so ein Erlebnis. Es war nach der Weihnachtszeit. Wie jedes Jahr zogen meine Freunde und ich von Wohnung zu Wohnung, um das Lied *Ich bin der kleine König, gib mir nicht zu wenig...* zu trällern, in der Hoffnung, Süßigkeiten oder ein bisschen Kleingeld zu bekommen. Wir kamen in ein Hochhaus. Damit meine Freunde und ich uns nicht in die Quere kamen oder doppelt klingelten, hatte jeder sein Revier, seine Etage. Ich wollte oben anfangen und fuhr mit dem Fahrstuhl ganz hoch in die sechzehnte Etage. Den Namen auf der Klingel vergesse ich nie: Groß*. Ich klingelte. Ein Mann zwischen vierzig und fünfzig öffnete, ich begrüßte ihn und wollte gerade lossingen, als er ziemlich unfreundlich sagte: ›Wie oft habe ich euch schon gesagt, dass Spielen und nutzloses Fahrstuhlfahren hier verboten sind!‹

Ich wollte mich rechtfertigen, aber er brüllte los: ›Ruhe, jetzt rede ich. Was willst du?‹ Ich wollte nur weg, mir schnürte es die Kehle zu. ›So, dich werde ich schon...‹, brüllte er weiter. Ehe ich mich versah, hatte er meine Hand gepackt. Mein Gott, hatte der Kraft! Ich bekam es mit der Angst. ›Aber ich wollte doch nur...‹ ›Mund halten‹, unterbrach er mich. ›Wir gehen jetzt zum

Hausmeister!‹ Ich hatte doch gar nichts Schlimmes getan. Statt mit mir zum Fahrstuhl zu gehen, schloss er mit einer Hand eine Gittertür auf, die zu einer Art Nottreppe zum Dachboden führte. Abhauen, dachte ich immer wieder, abhauen. Aber er ließ mich nicht los. Ich hielt mich an der Hoffnung fest, dass der Hausmeister mich schon gehen lassen würde. Aber da gingen wir offenbar gar nicht hin. Der Mann zog mich weiter hinter sich her, es wurde immer dunkler, meine Angst immer größer. Mitten auf der Treppe machte er halt, setzte sich auf die Stufen und sprach plötzlich wie umgewandelt mit zuckersüßer Stimme: ›Wenn du lieb und nett zu mir bist, lasse ich dich wieder gehen.‹ Seine freie Hand griff an seinen Hosenstall, er öffnete den Reißverschluss. Da wurde mir schlagartig klar, was er mit ›lieb und nett‹ meinte. Panik! Dann schoss mir eine Idee durch den Kopf. Ich legte ein Engelslächeln auf und antwortete ebenfalls zuckersüß: ›Wenn ich lieb sein soll, müssen Sie aber meine Hand loslassen, damit ich mich mehr bewegen kann.‹ Ja, er fiel darauf rein. Kaum ließ der Druck auf mein Handgelenk nach, riss ich mich los und rannte, was das Zeug hielt, die ganzen Stockwerke von oben nach unten runter. Im Nacken immer die Angst, dass er mich verfolgte. Als ich völlig verstört und außer Atem unten ankam, warteten meine Freunde schon. ›Wo warst du denn?‹ Ich sah auf die Uhr. Es waren nur zwanzig Minuten vergangen. Mir kam es vor wie eine Ewigkeit. Über den Vorfall habe ich nicht geredet. Ich wollte nur weg. Weit weg. Die Angst war so groß, dass ich nicht mal zur Polizei ging, um den Mann anzuzeigen.«

Zwei Nachmittage, die offenbar reichten, ein Kind zu traumatisieren. Es sollten drei schlimmere Fälle folgen.

»Nummer eins war sicher der prägendste. 1975 lernte meine Mutter diesen Mahmoud kennen, ich hab dir ja schon kurz von ihm erzählt, der Dreher aus Algerien. Damals waren viele Ausländer in der Stadt, sie waren durch einen Vertrag mit der

DDR für vier Jahre zu Einsätzen an verschiedenen Arbeitsplätzen verpflichtet. Als meine Mutter Mahmoud das erste Mal mit nach Hause brachte, strahlte sie. So zufrieden und glücklich hatte ich sie lange nicht gesehen. Ihre aggressiven Launen waren wie weggeblasen. Wie hatte ich immer darunter gelitten, wenn sie mich angeschrien hatte, sobald mal was nicht so lief, wie sie es wollte. Als ob ich das im ruhigen Ton nicht verstanden hätte … Mahmoud jedenfalls brachte nicht nur Harmonie, sondern auch viel Neues in unser Leben. Exotik vom fernen Orient! Neue Sitten, neue Bräuche, neues Essen! Plötzlich kochten wir zu Hause Couscous und scharfe Suppen mit Tomate und Reis! Das war lecker und interessanter als unser Jägerschnitzel. Und er brachte uns das erste Album von Boney M. mit. Das war so toll.«

Sie lacht. Zum ersten Mal an diesem Abend. Musik war schon immer ihre Welt.

»Er trug moderne Jeans, wie es sie in der DDR gar nicht gab. Und er schenkte mir diese runden bunten Kaugummis, die ich ja nur aus der Westwerbung kannte, weißt du noch, die aus der Stange, die so süß rochen. Ach, der war hübsch, er strahlte was sehr Schickes aus. Ich mochte ihn. Nicht als Vaterersatz, dazu war er zu jung. Aber als Freund oder großen Bruder. Bis zu dieser Sache, die nach etwa einem Jahr passierte. Meine Mutter war arbeiten. Er schlief noch im Ehebett, ich zog mich gerade im Nachbarzimmer für die Schule an. Da rief er mich, ob ich mal zu ihm rüberkommen könnte. Er hätte so Schmerzen im Rücken, er wäre verspannt, ob ich ihn nicht ein wenig massieren könnte. Na klar, dachte ich, der gehört ja jetzt zur Familie. Er bat mich zwei, drei Mal um diesen Gefallen, immer mit der Bemerkung, ich solle meiner Mutter nichts davon sagen. Naiv, wie ich war, fand ich seinen Wunsch nicht weiter schlimm. Massieren war ja auch nichts Schlimmes. Bis dahin jedenfalls nicht. Beim dritten Mal …« Denise stockt. Schluckt. Sucht nach Worten.

»Du musst mir das nicht erzählen …«, unterbreche ich sie.

»Doch, das muss mal raus, auch wenn die Erinnerung schmerzt… Nach einer Weile fragte er, ob ich ihn nicht mal weiter unten anfassen könnte. Bevor ich auch nur den Kopf schütteln konnte, nahm er meine Hand, schob sie tiefer und sagte mit seinem gebrochenen Deutsch, das würde so gut tun, und ich wäre so lieb. Lieb sein, während man einen Mann da unten anfasst – das kam mir bekannt vor. Natürlich war mir Mahmoud weitaus lieber als dieser Herr Groß, weil er mich streichelte und in den Arm nahm dabei. Dadurch rannte ich nicht weg – und dadurch habe ich getan, um was er mich bat …«

»Entschuldige, aber du warst elf und fandest es nicht ekelig, dem Freund deiner Mutter einen runterzuholen?«

»Ich weiß auch nicht, das kannst du sicher schwer verstehen, aber ich habe vor allem seine Zärtlichkeit genossen, die ich sonst nicht bekam. Auch beim nächsten Mal, als er sich wieder massieren ließ und wieder anfing, mich anzufassen. Da sagte er dann auch, ich solle mich doch zu ihm legen, ich müsse keine Angst haben. Das tat ich noch, aber dann drehte er mich herum, so dass ich mit dem Rücken zu ihm lag. Er zog meine Schlafanzughose runter und versuchte, von hinten in mich einzudringen. Als ich mich wehrte, flüsterte er mir noch einmal ins Ohr, ich solle lieb sein und mich nicht so haben.«

»Igitt … so ein Schwein.«

»Jana, es ist das Schlimmste, wenn man ein Kind zu ködern versucht, indem man Liebsein damit gleichsetzt, so was über sich ergehen zu lassen.«

»Und dann?«

»Ich sagte ihm, dass ich das nicht wolle, dass es mir weh tue. Er versuchte es weiter, etwas fester. Nach einer Weile fand ich endlich die Kraft, mich loszureißen und aufzustehen. Ich war völlig durcheinander, denn ich war doch ein Junge und er ein

Mann – und vor allem einer, der zu meiner Mutter gehörte, aber nicht mit ihrem Kind ins Bett ...«

»Hast du ihr davon erzählt?«

»Ich habe es mal versucht. Aber erst später, als ich es nicht länger mit mir herumtragen konnte. Aber das lief ganz unglücklich. Meine ältere Schwester hatte damals eine eigene Wohnung unten bei uns im Haus. Sie hatte meine Mutter gerade zu Besuch. Ich klopfte an die Tür und sah, wie sie gerade zusammen Kohlrouladen aßen. Ich stand im Türrahmen und hatte das Gefühl, zu stören. Meine Mutter fragte, ob es was Bestimmtes gäbe. Ich sagte, ich wollte mit ihr was bereden, aber offenbar sagte ich das nicht deutlich genug. Sie meinte, das ginge doch auch später. Ich ging und beließ es dabei. Den Mut, mir ihr zu reden, habe ich erst zwanzig Jahre später wieder aufgebracht. Sie konnte sich das überhaupt nicht vorstellen, hat aber Mahmoud zur Rede gestellt, als er sie lange nach der Trennung vor ein paar Jahren in Mannheim besucht hat. Er hat bei seinem Gott geschworen, dass da nichts war. Als sie mich und die Polizei dazuholen wollte, hat er die Wohnung fluchtartig verlassen. Merkwürdig, was?«

»Und damals? Wie ging das weiter mit den Belästigungen?«

»Irgendwann hat es zum Glück von allein aufgehört. Aber mit Analverkehr hatte ich lange Probleme.«

Prompt verschlucke ich mich. »Ist ja auch nicht gerade das Standardprogramm ... Na, jedenfalls hast du von drei Fällen gesprochen. Welcher war der zweite?«

»Das war ein kleiner dicker Koch mit so einem Schweinsgesicht. Mit 14 verdiente ich mir in den Ferien etwas Taschengeld, indem ich eine Arbeit in der Küche eines Restaurants annahm. Dort spülte ich das dreckige Geschirr aus dem Restaurant. Der Chefkoch musste Gefallen an mir gefunden haben. Er war sehr nett zu mir, so zuvorkommend, und lächelte mich merkwürdig interessiert an. Nach Feierabend fand ich des Öfteren Geld in meiner Hosentasche. Mal fünf, mal zwanzig, mal sogar fünfzig Mark. Ich hatte keine Ahnung, von wem das kam, bis ich ihn in der Umkleide an meinem Spind erwischte. Da war mir alles klar. Ich sah ihn fragend an. Er grinste nur. ›Behalte es, ich weiß, dass du es brauchst.‹ Klar brauchte ich es, aber warum schenkte mir dieser Mann Geld? Er zuckte mit den Schultern. ›Nimm es von einem Freund und gut ist.‹ Da wir zu Hause gerade mal wieder nichts zu essen hatten, steckte ich es dankbar ein und gab es später meiner Mutter. Die fragte nicht mal, woher ich es hatte. Auch die folgenden Male nicht. Doch ab da hatte ich ein komisches Gefühl, wenn ich auch nur in seiner Nähe war. Ob er das alles wirklich aus reiner Nächstenliebe tat?

Eines Tages in der Pause kam er zu mir und fragte, ob ich abends zum Essen zu ihm kommen wolle. So landete ich in seiner Wohnung. Es war ziemlich gemütlich dort. Er hatte Unmengen gekocht, es schmeckte sehr gut. Danach kam er auf mein Elternhaus zu sprechen. Ja, auch er wisse, wer meine Mutter sei, sie wäre ja oft im Restaurant. Ich gestand, dass es mir nicht gerade gut ginge, mir das mit dem Geld von ihm aber langsam peinlich sei. Ich besuchte ihn mehr als ein Mal. Ich wurde jedes Mal mit Geld und Essen belohnt. Eines Tages bot er mir an, bei ihm zu übernachten. Nach dieser Nacht wusste ich, was der Preis seiner Freundlichkeit war. Ich könnte ihn doch mal anfassen, untenrum, als kleine Gegenleistung für das Geld quasi ...«

»Und du hast ihm diesen Wunsch wieder erfüllt? Ohne jedes Unrechtsbewusstein?«

»Ach, Jana, das klingt total naiv heute, ich weiß. Ich hoffte überall auf Geborgenheit und Liebe. Klar merkte ich schnell, dass mir das unangenehm war, was ich da tat. Einerseits. Ich stand danach zu Hause jedes Mal ewig vor dem Waschbecken, um mich wieder reinzuwaschen. Hinterher fühlte sich das immer an wie Prostitution. Aber währenddessen? Das war so ein

Automatismus. Ich wusste: Wenn ich das und das tue, bekomme ich Aufmerksamkeit, körperliche Nähe, eine warme Unterkunft, Essen, na ja, und auch Geld. Diese Abhängigkeit war nicht schön, aber sie hat mir damals geholfen. Traurig war nur, dass ich jedes Mal dachte, der Mann wäre trotzdem so was wie ein Freund.«

Wie soll ein Junge auch lernen, sich als Junge gut und richtig zu fühlen, wenn er so was erlebt? Wie soll er ein positives Verhältnis zu seinem Körper aufbauen?

»Ich hab das nie hinterfragt«, sagt Denise, als wir die Fragen besprechen. »Mir ging es immer nur ums Überleben.«

Es waren nicht nur Männer, die Mike anzog.

Er war 16, sie 38. »Sie war eine Bekannte meiner Mutter. An einem Samstag gegen 19 Uhr wollte ich ihre Tochter Pamela* zur Disco abholen. Die Mutter machte mir die Tür auf, sagte, Pamela sei nicht zu Hause, aber ich könne ruhig drinnen warten. Es wurde 20 Uhr, wir unterhielten uns, der Fernseher lief, Pamela kam nicht. Dafür hatte ihre Mutter eine Vorliebe für Alkohol und goss auch mir fleißig ein. Ich wurde ungeduldiger, sie gesprächiger. Mütterlich fragte sie, wie es zu Hause so laufe. Sie hatte eine soziale Ader und wusste anscheinend, wie man mit armen Seelen umgeht. Und zack, schon wieder war mein Glas voll. Sie wisse ja schon lange, dass ich oft allein sei. ›Prost.‹ Wie es mir dabei so ginge. ›Noch ein Glas?‹ Sie hatte mich schnell in den Bann gezogen. Wie immer, sobald ich mit jemandem über meine Sorgen redete. Eine Frau, die mich verstand – das fühlte sich gut an. Sie war mir nicht unsympathisch, auch wenn ich sie nicht anziehend fand. Irgendwann fragte sie angeheitert: ›Bist du eigentlich schwul?‹ Hm, was sollte das jetzt? Ich wollte endlich los zur Disco, aber Pamela kam und kam nicht. Und ihre Mutter vertröstete mich weiter: ›Ach komm, trink noch was, sie kommt bestimmt gleich, sie ist sicher nur bei ihrem Freund hängen geblieben.‹

Es war schon 22 Uhr, als ich zur Toilette wankte. Plötzlich standen da zwei Uhren in der Schrankwand. Mein Gott, war ich betrunken, im Kopf surrten ihre süßen Worte, ihre vielen Komplimente. Ich wollte gehen, ich fühlte mich elend. Sie überredete mich zu bleiben. Es sei doch schon so spät ... Sie zog mich auf die Matratze am Boden, mir war schwindelig, ich ließ es geschehen, ohne viel mitzubekommen. Ich erinnere mich noch, dass sie wie zum Trost meine Hand auf ihre Brüste legte. Am anderen Morgen fühlte ich mich schlecht. Es war nicht so ekelig wie mit den Männern, aber ich war sauer, als sie lächelnd aus der Küche kam. ›Guten Morgen, Tasse Kaffee? Also schwul bist du nicht!‹ Was sollte diese Feststellung? Und woher nahm sie diese Sicherheit? Ich wollte sie später oft fragen, ob sie gewusst hatte, dass Pamela an dem Abend gar nicht heimkommen würde – und auch, dass ich mich bei unserer Verabredung um eine Woche vertan hatte. Aber ich ließ es bleiben und schleppte diese Frage danach lange mit mir herum. Als ich die Story Jahre später meiner Mutter erzählte, sagte sie nur: ›Ein Unschuldslamm war sie bestimmt nie.‹«

Zu viel, das heute war irgendwie zu viel. Ich sage noch, wie leid es mir tut, was sie erlebt hat. Und dass ich das erst mal verdauen muss. Wir verabschieden uns heute sehr schnell.

AUF DEM WEG ZUM MANN,
DER KEINER SEIN WOLLTE

N a, schon die Wohnung geschmückt?«, begrüßt sie mich. Sie hat die Telefonnummer auf dem Display erkannt. Nicht mehr lange, und ich kenne auch ihre auswendig. Es ist der Vorabend des zweiten Advents, in den Fenstern hängen längst Lichterketten – in Schifferstadt wie in Hamburg.

»Nee, keine Lust. Und du?«

»Na klar. Ich muss es meinem Mann doch schön machen«, sagt sie. Und zählt auf.

Ich sehe sie vor mir. Wie sie auf Stühle klettert und Papiersterne an der Decke befestigt. Wie sie Kerzen auf Kränze drückt, Kugeln in Fenster hängt oder einen Nikolausstiefel, aus dem Bärchen gucken. Wie sie Goldketten um das Treppengeländer des Hauses wickelt, den Weihnachtsläufer auf dem Küchentisch glatt streicht und ein Räuchermännchen daraufstellt.

»Du bist eben ein richtiges Mädchen, Denise. Hast du als kleiner Mike auch schon so gern dekoriert?«

»Eigentlich ja. Deko hat mir schon immer gefallen. Ich hab mich früh um den Haushalt gekümmert, hab ich dir ja schon erzählt. Ich habe Wäsche gewaschen, Essen gekocht, die Wohnung geputzt, Holz gehackt, Kohlen in den Keller geschippt und es für Mutter und mich zu Hause gemütlich gemacht.«

»Mal abgesehen vom Gemütlichmachen: Ist das alles nicht ein bisschen viel für ein Kind?«

»Ja und nein. Ich habe mich dadurch schnell selbstständig gefühlt. Eigentlich kam ich mir schon mit elf ziemlich reif vor. Das machte mich innerlich sehr stark.«

»Du kamst dir mit elf ausgereift vor? Ich wette um drei Adventsgestecke, dass dir in dem Alter noch kein einziges Barthaar gewachsen ist.«

»An welche Adresse darf ich die Gestecke schicken, Madame? Da hast du natürlich recht. Ich glaube, ich war 14, als der ganze Krempel mit den körperlichen Veränderungen losging.«

»Krempel, wie du das sagst. Das klingt fast so, als ob es dir lästig war, einen Bart und eine tiefe Stimme zu kriegen. Fandest du das schlimm? Oder sogar ekelhaft?«

»Quatsch, so simpel ticken Transsexuelle nun auch nicht. Obwohl, würde sich in einer Biographie gut machen, was?«

Ertappt. Blödes Klischeedenken.

»Das war merkwürdig. Erst wollte ich mich nur ganz schnell so entwickeln wie die anderen Jungs, um nicht weiter aufzufallen. Aber als es dann so weit war, hab ich mich gar nicht so darüber gefreut wie sie. Ich stand auch nie so stolz vor dem Spiegel, als der Bart sprießte. Ich hab das, was da mit meinem Körper passierte, als normale Entwicklung wahrgenommen. Mehr nicht.«

»Hat dir dein Körper gefallen, als er männlicher wurde?«

»Och ... ich weiß nicht. Manche Dinge mochte ich, manche eben nicht.«

»Was gefiel dir denn an dir?«

»Meine Haare fand ich toll, ich hatte schon immer so schöne Locken wie heute. Was war ich da eitel! Wehe, es saß nicht jede an ihrem Platz. Mir gefiel auch, dass ich so schlank war. Obwohl mich genau das auch wieder ärgerte.«

»Wieso?«

»Dadurch, dass ich so zierlich war, war ich für die anderen Jungs viel angreifbarer.«

»Haben die dich etwa verkloppt?«

»Das nun nicht, aber ich hatte immer Schiss davor, dass sie mich nicht als gleichwertig ansehen könnten und deswegen irgendwann mal ausgrenzen.«

»Ja, aber ... Denise, kannst du mal ganz kurz dranbleiben?«

»Klar, was ist los?«

»Ich habe zwar noch nicht geschmückt, aber dafür backe ich gerade den ersten Christstollen meines Lebens, und es riecht etwas streng aus der Küche.«

»Oh, geh schnell gucken.«

Ich lege den Hörer auf den Schreibtisch und renne in die Küche, um den Stollen in Sicherheit zu bringen. Kurz darauf bin ich wieder bei ihr.

»Gerettet! Danke fürs Warten.«

»Kein Problem. Sag mal, wie backst du denn Stollen?«

»Na mit Rosinen, Mandeln, Butter. Ist ein Rezept aus dem Internet. Ich nehme nur Maismehl statt Weizen, das macht nicht so dick.«

»Schick mir bitte sofort das Rezept! Ich habe auch schon wieder zwei Kilo zugenommen, die müssen dringend runter. Ich mache schon so viel Sport, aber ohne Stollen halte ich dieses Weihnachtsfest nicht aus.«

»Äh, gern. Du backst?«

»Ab und zu mal. Hättest du mir wohl nicht zugetraut?«

»Doch doch. Aber wo waren wir? Ach, genau: Pubertät. Erinnerst du dich, wie es war, als dein Stimmbruch kam?«

»Na klar. Daran erinnere ich mich sogar ziemlich genau, denn ich habe so sehnsüchtig auf ihn gewartet.«

»Im Ernst?«

»Ja. Und weißt du auch warum? Wie gesagt: Ich war ein sehr weicher, sensibler Junge und wollte bei meinen Kumpels nicht auffallen. Ich wollte einfach nur eine tiefe Stimme, wie alle anderen Jungs auch. Weißt du, ich brauchte fast nichts mehr als Freunde und die Anerkennung anderer Menschen. Mir graute davor, allein zu sein oder verlassen zu werden wie so oft als Kind. Deswegen wollte ich immer nur sein wie die anderen. Und deswegen war es mir auch fast peinlich, dass ich immer noch wie ein Mädchen klang.«

»Verwirrend. Ich hätte gedacht, dass dich gerade das sehr gefreut haben müsste.«

»Könnte man denken, ja. Aber damals war ich mir meiner Gefühle doch noch gar nicht bewusst.«

»Wann kam nun dein Stimmbruch?«

»Erst mit 15. Die anderen hatten ihn schon fast alle mit 12, 13. Das letzte Jahr habe ich fast jeden Tag versucht, tiefer und männlicher zu sprechen, bis die Natur das für mich auf die Reihe bekam. Es war so eine Erleichterung, als es so weit war und ich endlich ein richtiger Mann war. Na ja, was heißt richtig? Setze das Wort mal in Anführungsstriche.«

»Hab dich schon verstanden. Deinen Stimmbruch hättest du dir ja eigentlich knicken können, wenn du gewusst hättest, dass du mal eine Frau sein würdest, was?«

»Richtig, ich muss da mal Beschwerde beim Amt für Körperentwicklung einreichen. Heute wünsche ich mir sogar sehr oft, dass ich den nie gehabt hätte.«

»Denkst du heute auch, dass das überflüssige Jahre waren – als Junge oder als Mann?«

»Um Gottes willen. Egal, wie anstrengend die späteren Jahre wurden. Ich will die Zeit nicht missen. Ich hatte auch viele schöne Momente als Mann. Ich bin froh, das Mannsein erlebt zu haben.«

»Wirklich? Warum?«

»Sicher. Unter anderem, weil ich heute als Frau weiß, wie ein Mann tickt, und ihn dadurch besser verstehen kann. Und wer weiß, ob ich meine Kindheit als Mädchen überhaupt so ertragen hätte.«

Sie holt kurz Luft.

»Nur manchmal bin ich doch ein bisschen traurig, dass ich viele Erfahrungen einer ganz normalen jungen Frau nie machen konnte.«

»Welche denn? Warst du neidisch, als deinen Klassenkameradinnen Brüste wuchsen oder als sie anfingen, über ihre Periode zu reden?«

»Nein, neidisch nicht. Aber ich hab sie dafür sehr bewundert. Und das wurde mit jedem Lebensjahr mehr. Weißt du, Mädchen und Frauen waren für mich schon immer das Göttliche in Person. Allein die Möglichkeit, wie sie sich klamottenmäßig zurechtmachen können, was für Frisuren es für sie gibt, wie hübsch sie sich schminken können und dann noch Mama werden, Kinder kriegen, für sie sorgen, sie großziehen und sich gleichzeitig im Job gegen Männer durchsetzen. Wahnsinn. So eine Welt eröffnet sich Männern nie. Entschuldige, du hast mich nach Brüsten gefragt. Nein, wenn ich mit meinen Freundinnen zusammenstand, wurde darüber nicht geredet. Ich glaube, dazu haben sie mich doch nicht genug als Mädchen gesehen, sondern eher der Liga außergewöhnlicher Männer zugeordnet.«

»Na ja, rein äußerlich betrachtet lag das ja auch näher.«

»Aber ich war immer enger mit ihnen zusammen als andere Jungs. Ich habe mir oft alte Schlaghosen von Hand zur Röhre geändert oder Batik-Shirts gefärbt und Knöpfe draufgenäht. Das fanden die Mädchen toll, sie baten mich oft um Klamotten-Tipps. Wenn sie überlegten, wie sie den Kajalstrich ziehen sollten, habe ich sie beraten. Nur die Jungs durften davon nichts mitkriegen. Bei denen wäre ich sofort wieder das Weichei gewesen.«

»Schon eindeutig, dass du dich so für die Welt der Mädchen interessiert hast, was? Hattest du auch richtige Mädchenhobbys?«

»Was sind Mädchenhobbys? Ballett? Jana …«

»Ja, ja, schon gut, kein Schubladendenken in Gesprächen mit Transsexuellen, ich weiß.«

»Genau!«

»Aber man stellt sich das eben so vor, dass du schon als Kind komplett in der anderen Welt gelebt hast.«

»Deswegen erzähl ich dir ja, dass es eben nicht bei jedem so geradlinig ist. Du bist schließlich Journalistin, ihr klärt die Menschen auf. Wir Transsexuelle haben keine Lobby, wir können anderen Menschen selten erzählen, wie wir empfinden, damit man uns besser versteht.«

»Was für Hobbys hattest du also?«

»Kampfkunst.«

»Was?«

»Echt wahr. Kurze Zeit habe ich mal Judo trainiert und bei Aikido reingeschnuppert, mit 14 kam dann Tennis. Das Beste aber war für mich das Tanzen. Dabei konnte ich meinen Körper gut erforschen. Und Musik fand ich schon immer toll. Vor allem von Menschen, die sich keiner Norm anpassten, die irgendwie aus dem Rahmen fielen und zu ihrem Anderssein standen.«

»Ich weiß, Boy George …«

»Zum Beispiel!«

»Hab ich aber auch gern gehört, so viel jünger bin ich ja nicht. Wann hast du angefangen zu tanzen?«

»Ich habe schon mit zehn oder elf meine Liebe zur Musik entdeckt.«

»Denise! Solche Sätze sagen nur Volksmusik-Stars in Interviews!«

»Ja, lach ruhig, ich weiß keine bessere Formulierung. Das war eben so. Klein Mike saß jeden Samstag vor dem Radio und hat die Charts vom Westradio aufgeschrieben. Alle Neueinsteiger, alle Top-Platzierten! Wenn im Fernsehen *Disco*, *Flashdance* oder

Breakdancing lief, dann wippte ich jedes Mal aufgeregt mit den Füßen mit. Meine Mutter schmunzelte und animierte mich: ›Na los, tanze ruhig mal.‹ Dann bin ich aufgesprungen und versuchte, diese Schritte nachzumachen. Das Fernsehen war meine Tanzschule. Ich wollte unbedingt so tanzen lernen wie diese Schauspieler. Ich habe geübt und geübt, bis ich der Star der Schuldisco war. Später wurde Tanzen zu meinem Lebensinhalt, zu einer Zuflucht, ja fast sogar zu einer Notwendigkeit. Als ich auf die Suche nach mir selbst ging, war es fast die einzige Möglichkeit, mich gefühlsmäßig auszudrücken.«

»Das kann ich mir vorstellen. Es ist ja auch nachgewiesen, dass Tanzen psychische Blockaden löst.«

»Siehste. Ich fand es immer unfassbar, was man mit Übung und Geduld alles mit seinem Körper anstellen konnte.«

»Apropos Körper – wer hat dich zu DDR-Zeiten eigentlich aufgeklärt? Deine Mutter, deine Biologie-Lehrerin oder Dr. Sommer in geschmuggelten *Bravos* aus dem Westen?«

»Nee, da hatte ich keinen Zugriff. Aufgeklärt hat mich eigentlich keiner, das passierte so nebenbei. In meinem Freundeskreis war es üblich, dass Mädchen von den Müttern aufgeklärt wurden und Jungs vom Vater. Der Vater fiel bei mir aus. Was ich wissen wollte, habe ich mir von anderen Leuten geholt. Ich habe Gespräche von Älteren belauscht oder sie gefragt, wenn mich was interessierte.«

»Ich würde gerne mal einen Psychologen fragen, ob sich das vielleicht auch auf dich ausgewirkt hat – ob du schwerer in deine Rolle als Mann reingefunden hast, weil dir als Kind eine männliche Identifikationsfigur fehlte.«

»Mach doch, ich geb dir gern die Nummer von dem einen, der mich betreut hat. Der ist übrigens unter Promis sehr bekannt. Er hat auch mal Klausjürgen Wussow behandelt, als der einen Kreislaufzusammenbruch hatte. Stand jedenfalls in der *Bild*.«

»Meinst du den Schauspieler aus der *Schwarzwaldklinik*?«

»Richtig.«

»Hut ab. Dann rede ich heute also quasi mit einem Promi.«

»Das Quasi nimmst du zurück!«

So lustig habe ich Denise noch nie erlebt. Steht ihr gut.

»Also Aufklärung. Fandest du die Vorstellung von Mann und Frau irritierend?«

»Lass mal überlegen! Weißt du, dass deine Gefühlsfragen für mich am schwersten zu beantworten sind?«

»Warum?«

»Weil es eindeutige Gefühle für mich lange nicht gab. Nach allem, was ich erlebte, habe ich meine Empfindungen lieber auf Eis gepackt, statt sie auszuleben. Damit fuhr ich besser. Allerdings war es ohne Gefühle auch ziemlich schwer, Probleme zu erkennen – und zu lösen.«

»Dafür hast du dein größtes Problem aber ziemlich mutig gelöst.«

»Ich habe aber auch drei Jahrzehnte gebraucht, bis ich es erkannt hatte.«

»Ach, weißt du, Denise, manch einer erkennt sein ganzes Leben lang nicht, was er wirklich will. Aber wir schweifen schon wieder ab. Wir waren noch nicht beim Küssen.«

»Beim Küssen?«

»Na ja, als ich in der Pubertät war, habe ich angefangen, mir abends vor dem Einschlafen den ersten Kuss vorzustellen. Ich habe meine Lippen auf die Handfläche gepresst und mir ausgemalt, das wäre mein TB – unser geheimes Wort für ›Traumboy‹. Von wem hast du damals geträumt – von Jungs oder Mädchen?«

»Jana, du kommst ja auf Ideen … Ehrlich gesagt: Von keinem. Ich hab nur gehofft, dass der nächste Tag besser wird. Ich hatte andere Sorgen als so 'ne Romantik.«

»Erinnerst du dich noch an deine erste Erektion?«

»Klar, die gehört ja nun mal zwangsläufig dazu, wenn man einen Penis hat, genau wie ein Samenerguss.«

»Ja, ja, schon, aber: Wie war das denn für dich?«

»Ganz normal.«

»Wie – normal? War es schön? Oder eher befremdlich?«

»Phhh. Halt ein Gefühl, das schnell zum Bedürfnis wurde und zur sexuellen Erfüllung. Ich fing an, meine Sexualität zu entdecken. Wenn auch nur mit mir selbst, nie mit einem Partner, angeregt allein durch meine Fantasie.«

»Aber genau das meine ich ja: Was hattest du für Fantasien? Mit wem warst du im Kopf zusammen, wenn du dich berührt hast – mit Männern oder Frauen?«

»In dieser Richtung dachte ich damals noch nicht bewusst nach. Da waren weder Männer noch Frauen.«

»Dann bleiben aber nicht mehr viele Personen übrig zum Fantasieren, was? Wen also hast du dir vorgestellt?«

»Dass du immer so hartnäckig sein musst! Okay, lass mich noch mal überlegen. Na ja, wenn ich ehrlich bin, hab ich dann mehr an Männer gedacht. Meist irgendwelche Models aus Zeitschriften oder Idole aus dem Fernsehen.«

»Und welche Rolle hast du in den Träumen gespielt?«

»Keine. Das meinte ich vorhin eigentlich: Ich habe mich weder als Mann noch als Frau gesehen. Ich war neutral, ich habe überhaupt nicht überlegt, welche Rolle ich spiele. Verstehst du?«

»Hm. Das heißt ja, dass du auch vor dir selbst immer im Verborgenen geblieben bist?«

»Richtig. Und das heißt auch, dass ich mir zu der Zeit weder schwul noch hetero vorkam.«

»Klingt verwirrend.«

»Ich weiß.«

Sie wünscht mir einen schönen Adventssonntag. Doch da ist noch diese eine Frage.

»Gab es nie eine Freundin in deinem Leben?«

Sie zögert.

»Doch, eine …«

Die erste Freundin – ein Desaster

Ich will alles wissen, von Anfang bis Ende.«

»Oje.«

»Wie hat es angefangen zwischen euch?«

»Darf ich ausholen?«

»Du musst sogar, Schätzchen!«

»Also ich weiß ja nicht, wie das unter euch Mädels damals war. Aber für die Jungs in meinem Alter war das Thema Freundin ganz, ganz wichtig.«

»Für dich auch?«

»Zwangsläufig ja – wegen der anderen. Das war fast genauso wie mit meinem Stimmbruch. Ich wollte nur sein wie alle anderen. Bloß nicht auffallen. Es musste nur einer fragen: ›Was, du hast noch keine Freundin?‹, und schon schoss mir das Blut ins Gesicht.«

»Lass mal, mir war das auch immer peinlich, dass ich in der neunten Klasse noch keinen Freund hatte. Wann ging das Thema denn bei euch los?«

»In der achten Klasse, ich war 14. Damals begann in der Schule diese Heimlichtuerei. Da wurden Briefe geschrieben, die Mädchen kicherten beim Lesen und tuschelten permanent über irgendeinen Jungen. Und die Jungs erzählten sich auf einmal nicht nur von ihren Mopeds, sondern auch von den Mädchen, die darauf saßen. Sagt dir der Begriff ›große Pause‹ noch was?«

»Na klar, da durften wir immer zwanzig Minuten auf den Schulhof.«

»Wenn alle anderen draußen waren, sind wir Jungs heimlich zum Rauchen aufs Klo. Da wurde alles Wichtige beredet. Ich weiß noch genau, wie wir dort einmal zu viert zusammenstanden und mich einer fragte: ›Na, Mike, was ist jetzt mit Mädchen?‹ Da ist mir plötzlich ganz elend geworden. Erst dachte ich, das kommt nur von den Zigaretten. Aber die haben mich alle so lange angestarrt, bis mir klar war: Ich muss was sagen, ich brauche als Vorwand eine Freundin. An dem Tag hat das Flunkern über mein wahres Ich angefangen. Und damit auch das Improvisieren und das Lügen. Ich habe ganz leise gesagt: ›Klar habe ich eine, die heißt … na ja … eigentlich hab ich ja schon wieder eine neue.‹«

»Damit bist du durchgekommen?«

»Natürlich nicht. Denn da ging die Fragerei erst richtig los. Wie heißt sie denn, in welche Klasse geht sie, wie sieht sie aus, wie ist sie so, hast du sie schon geküsst? Fragen über Fragen, bis die Schulklingel ging. Da rannte ich los und war als Erster im Klassenraum. Wir hatten Mathe und ich endlich 45 Minuten Zeit, um mir zu überlegen, wie ich aus dieser Situation rauskomme. Ich fand die Lösung schnell. Sie ging in die siebte Klasse und sah mich schon seit einigen Tagen sehr interessiert an, sobald ich in ihre Nähe kam. Ich schrieb ihr noch am selben Tag einen Brief.«

»Was stand denn darin?«

»›Hast Du Lust auf Kino?‹«

»Der Klassiker. Und dann?«

»Ich hab ihr den Brief in der Mittagspause überreicht. Sie war meine Rettung, sie musste einfach Ja sagen.«

»Und? Hat sie?«

»Am anderen Tag sprach sie mich auf dem Schulhof an. Als sie neben mir stand, habe ich mich sofort umgeschaut, ob meine Kameraden in der Nähe sind. Die ganze Show war ja nur für sie. Ja, sie sahen uns. Das war gut. Ich begann eine charmante Unterhaltung mit dem Mädchen. Plötzlich war es mir auch sehr wichtig, was sie erzählte. Sie nahm es als Zeichen für mein Interesse und hat gestrahlt. Wir müssen wirklich wie ein verliebtes Paar ausgesehen haben. Meine Kumpels gingen neugierig an uns vorbei. Sie haben uns gemustert, meine Güte. Einer hat leise gefragt: ›Na, ist sie das?‹ Ich hab nur stumm genickt. Au Mann, war das peinlich. Ich war rot vom Lügen, sie rot vor Scham. Wir verabredeten uns zum Kino und ich atmete auf. Das Thema war erst mal vom Tisch.«

»Du warst an dem Mädchen selbst null interessiert?«

»Null. Sie war nett, aber ich hatte keinerlei Gefühle für sie, als wir im Kino nebeneinander saßen. Ich fand den Film viel spannender als sie.«

»Was habt ihr denn gesehen?«

»*Sindbad und das Auge des Tigers.*«

»Und nach dem Kino?«

»Ich habe sie noch nach Hause gebracht. Und dabei wurde es eng für mich. Denn unterwegs griff sie plötzlich nach meiner Hand. Ich wollte das nicht, aber ich ließ es über mich ergehen, weil ich wusste: Wir kommen gleich an einer Ecke vorbei, wo die Jungs öfter stehen. Aber ehrlich gesagt: Für mich fühlte sich das alles ganz falsch an. Es war eine Mischung aus innerer Abwehr und Desinteresse. Trotzdem habe ich mich ein paar Meter vor der Raucherecke noch überwunden und demonstrativ den Arm um ihre Schulter gelegt. Sie lächelte. Ich betete, dass uns auch ja jemand sieht.«

»Ach Mensch. Hattest du wenigstens Publikum?«

»Natürlich nicht. Alles umsonst. Ausgerechnet an dem Abend war keiner von den Jungs unterwegs. Und dann standen wir vor ihrer Haustür …«

»… und sie hat dich erwartungsvoll angeguckt …«

»… und gewartet …«

»… dass du sie endlich küsst.«

»Schrecklich. Ich hatte mich doch gerade erst erfolgreich von ihrer Hand losgemacht. Aber ihr Blick blieb eindringlich, sie wollte mein ›Tschüss, war nett‹ nicht akzeptieren. Es war sonnenklar: Sie sehnte sich nach einem Kuss. Oh, war mir auf einmal schlecht.«

»Wie bist du aus der Nummer rausgekommen?«

»Mit der halben Wahrheit. Ich hab ihr gesagt, mir sei nicht gut, ich hätte wohl das letzte Essen nicht vertragen. Dann bin ich schnell heim.«

»Und wie ging es weiter mit euch?«

»Es ging gar nicht weiter. Ich fühlte mich dermaßen unwohl, dass ich am nächsten Tag auf dem Schulhof Schluss gemacht habe. Ich glaube, ich habe ihr acht verschiedene Begründungen geliefert. Dass ich keine Zeit habe, weil ich lernen muss. Dass ich sie nicht enttäuschen will. Dass ich in ein anderes Mädchen verliebt bin. Dass ich zu schüchtern bin. Weiß der Teufel, was noch. Ich fühlte mich richtig fies, aber ich war trotz allem sehr erleichtert. Denn das Wichtigste war geschafft: Meine Klassenkameraden hatten gesehen, was sie sehen sollten. Ich hatte Ruhe. Danach hatte ich nie wieder eine Beziehung zu einem Mädchen. Tief in mir habe ich gespürt, dass sich da gefühlsmäßig nichts entwickeln kann. Rein freundschaftlich schon. Aber eben nicht sexuell.«

»Na, und nach der Geschichte mit Pamelas Mutter hast du wahrscheinlich auch später nicht mehr versucht, dich noch mal probeweise über alle inneren Widerstände hinwegzusetzen und eine Frau zu küssen, oder?«

»Nie. Hast du je versucht, eine Frau zu küssen, Jana?«

»Nein. Ich hatte nie das Verlangen.«

»Siehst du. So war das bei mir auch. Schon die Idee war mir ein Graus. Deswegen habe ich nie auch nur darüber nachgedacht, ob ich es doch tun sollte.«

»Und das Mädchen von damals? War es denn sehr traurig?«

»Ja. Und das tut mir auch bis heute leid.«

»Vielleicht bin ich ja nur schwul?«

Irgendwann war er wohl einfach da, dieser tröstliche Gedanke: »Vielleicht kann ich mit Frauen einfach nur nichts anfangen, weil ich auf Männer stehe.«

»Wäre das für dich eine Erleichterung gewesen – einfach nur schwul zu sein?«

»Wenn ich gewusst hätte, was stattdessen auf mich zukommen würde: Klar! Ich will damit nicht sagen, dass Homosexuelle es immer leicht haben. Aber sie müssen sich nur innerlich verändern, etwas zulassen. Äußerlich bleiben sie der gleiche Mensch. Das ist für Freunde einfacher zu akzeptieren, als wenn du plötzlich in einer anderen Hülle steckst – ob gelungen oder nicht, sei mal noch dahingestellt. Und du verlierst auch nicht deinen Job, weil du für Kollegen nicht mehr tragbar bist. Ich hätte weiter als DJ in angesagten Discos auflegen können … Mit meinem alten Körper gleich mein ganzes altes Leben aufzugeben, das war zigmal schwerer, als wenn ich meinem Umfeld nur hätte beibringen müssen: ›Leute, ich bin schwul‹, und fertig. Das zu sagen, wäre das Leichteste von allem gewesen.«

»Weißt du noch, wann du das erste Mal überlegt hast, ob du auf Männer stehen könntest?«

»Darum musste ich mir gar nicht so viele Gedanken machen. Die kamen nämlich schon sehr früh auf mich zu, so dass sich erste Erfahrungen ganz von selbst ergeben haben. Trotzdem war es für mich da merkwürdigerweise noch kein Thema, dass ich schwul sein könnte. Diese Frage habe ich mir zum ersten Mal mit

Anfang dreißig gestellt, als ich längst einiges ausprobiert hatte. Spät eigentlich, wo ich doch schon so früh gespürt habe, wie sehr ich Männer reizte.«

»Stimmt. Haben dich denn nach der Pubertät auch noch Männer angemacht?«

»Oh ja! Da gab es eine Geschichte, ich war gerade 15. Ich wollte nach der Schule entweder zur Polizei oder zur Handelsmarine. Doch wir hatten Westverwandtschaft, meine Mutter lebte mit einem Ausländer zusammen, also fiel das flach. Es gab diesen Berufsberater bei uns im Ort. Eines Tages bin ich zu ihm reinmarschiert und habe ihm von meinem Dilemma erzählt. Er war Mitte dreißig und ausgesprochen sympathisch. Wir haben uns nett unterhalten, er fragte viel Privates, ich öffnete mein Herz mal wieder schnell. Weißt du, ich habe damals schon nach einer Bezugsperson gesucht. Ich genoss die Unterhaltung, fühlte mich ernst genommen und respektiert. Ich fand ihn immer netter und er mich auch, also kam ich wieder. Ab da sahen wir uns öfter. Einmal lud er mich nach Magdeburg ins Café ein, ein anderes Mal haben wir in seinem Büro was getrunken. Mein Berufswunsch war da schon lange kein Thema mehr. Er hatte schnell gemerkt, wie sehr ich seine Nähe genoss. Hinter seinem Büro lag eine kleine Wohnung. Eigentlich war es nur ein Zimmer mit Bett, Kommode und einem Tisch, er wohnte dort. Beim vierten Treffen fragte er, ob wir uns nicht ein bisschen hinlegen wollten. Ich verstand erst gar nicht. ›Wie, hinlegen?‹, fragte ich. Dann kam die Erleuchtung. Ich war irritiert und ging, bevor mehr passierte. Er hat später noch oft vor unserem Haus gestanden und nach oben geguckt. Aber ich konnte mit dem Ganzen nicht umgehen.«

»Du warst ja auch fast noch ein Kind! Warum hast du wohl so früh schon ältere Männer angezogen?«

»Ich war immer sehr kontaktfreudig, höflich, zuvorkommend – und naiv. Heute denke ich, dass ich dadurch so eine Art

Opferausstrahlung hatte. Ich habe unbewusst Kontakt zu älteren Männern gesucht, die Lebenserfahrung hatten und eine Art Vaterfigur waren, die mir zuhörten und Ratschläge gaben zu meiner vertrackten Familiensituation. Genau das brauchte ich, das tat mir gut. Wenn diese Männer nett zu mir waren, habe ich ihnen schnell vertraut. Und immer gleich gehofft, sie würden meine schlechten Erlebnisse wegzaubern. Dabei habe ich mir gar nicht mal Sex mit denen gewünscht. Die schon. Sie spürten schnell, dass sie nur einen auf Beschützer machen oder etwas schenken mussten, dann war der kleine Mike sofort begeistert.«

»Klingt jetzt nicht so nach einer Romanze, sondern eher nach der nächsten üblen Geschichte. Willst du sie erzählen?«

»Ich erzähl dir alles! Wir haben ja erst 22 Uhr heute«, sagt Denise lachend und wird schnell wieder ernst. »1984 sprach mich ein Mann in einem Eiscafé in Magdeburg an. Er wäre nicht von hier, wo man so hingehen könne, in welche Discos oder Cafés. Wir kamen ins Gespräch. Er sah gut aus, südländisch, sportlich, gepflegt. Einerseits war es unglaublich nett, mit ihm zu quatschen, wo er mir doch so gefiel. Andererseits hatte ich die ganze Zeit Schiss wegen einer anderen Sache. Weißt du, zu dieser Zeit war ich schon im Visier der Stasi. Ich stand unter Verdacht, an der Republikflucht einer Freundin 1982 beteiligt gewesen zu sein. Einmal holten die mich morgens um acht zum Verhör aus der Wohnung, damit ich ihnen sage, wie Dagmar es nachts über die Grenze nach Westberlin geschafft hatte. Von mir erfuhren die nichts, also wollte mich die Stasi erpressen, bei Daggis Angehörigen weitere Details auszuspionieren. Als ich mich weigerte, nahmen sie mir meinen Ausweis weg und ich bekam einen PM 12. Das war ein Faltblatt, eine Art Sonderausweis, den politisch Verfolgte bekamen und der jeder Behörde oder Institution in der DDR sofort zeigte, dass der Inhaber ein Regimekritiker ist. Dementsprechend wurde man behandelt. Ich hatte die Nase zwei

Jahre später so voll, dass ich selbst einen Ausreiseantrag stellte. Auf jeden Fall wurde ich damals längst als Staatsfeind geführt und rechnete jederzeit mit der Kontrolle meiner Papiere. Bei dem Mann aus dem Café überlegte ich sofort, ob er vielleicht ein IM war. Also blieb ich sehr vorsichtig, antwortete nur das Nötigste und fragte nichts. Es stellte sich später heraus, dass er aus dem Westen kam, auf einer Geschäftsreise war und sich einsam fühlte. Er lud mich zu sich ins Interhotel auf ein Glas Champagner ein.«

»Und du bist mit?«

»Ohne groß nachzudenken! Vielleicht aus Naivität, vielleicht aus Neugier. Was war ich doch naiv: Ich dachte tatsächlich, wir gehen an die Hotelbar, trinken was und mehr nicht. Außerdem fand ich ihn spannend und sprach mir Mut zu: Was sollte schon passieren mit einem so gutaussehenden Mann, der so gepflegt und gut angezogen war, der trug ja schließlich Schlips und Ehering! Er erzählte mir, dass er ab und zu geschäftlich in den Osten kam. Dann gestand er mir schnell, dass er mich sehr nett fand. Wie sehr, das stellte sich nach dem zweiten Glas raus. Ob ich nicht Lust hätte, mit ihm hochzugehen auf sein Zimmer, fragte er. Na ja, gefallen hatte mir das ja schon, als Ostdeutscher von einem Westdeutschen eingeladen zu werden. Was wirklich gespielt wurde, war mir erst klar, als wir auf seinem Zimmer waren. Er sei so verschwitzt, sagte er, kaum dass wir die Tür geschlossen hatten. Er müsse mal schnell duschen, ich solle es mir ruhig schon bequem machen. Und dann stand er plötzlich vor mir, nur ein Handtuch um die Hüften geschlungen. Schluck, was für ein Kerl. Vielleicht war ich ja wirklich schwul. Kaum hatte ich diese Überraschung verdaut, kniete er sich vor mich hin, nahm meine Hände und fragte, ob ich schon mal was mit einem Mann gehabt hätte. ›Wie, mit einem Mann, was?‹, fragte ich.«

»Ab da war ja wohl klar, was er wollte. Bist du abgehauen?«

»Nein, ich blieb. Mir saß zwar immer noch die Angst im Nacken, dass der mich an die Stasi verpetzt, weil ich hier mit ihm,
einem Wessi, intim war. Aber mittlerweile hielt mich die Neugier,
ich wollte es ausprobieren. Vielleicht hoffte ich, für den Sex wieder etwas anderes zu kriegen – Aufmerksamkeit, Nähe, Wärme.
Wie gesagt: Nach Liebe habe ich mich am meisten gesehnt, nach
Verständnis ...«

»Und dafür hast du mit ihm ...«

»Nein. Ich wollte, aber ich konnte nicht, weil sich mein Körper dagegen sperrte. Doch ich habe ihn befriedigt, weil ich spürte, dass er das jetzt erwartet. Er machte ein glückliches Gesicht,
ich wollte gehen. Doch da lächelte er mich an, nahm meine Hand
und steckte mir etwas Zusammengerolltes, eine Art Zettel, hinein. Aha, sicher seine Anschrift. Er wollte mich wiedersehen. Ich
sah nicht nach, sondern bin aus dem Hotel gerannt, rein in den
Bahnhof, der genau gegenüber lag. Noch immer voller Angst,
dass ich kontrolliert werde durch unsere wachsame Behörde.
Erst, als ich in der S-Bahn nach Schönebeck saß, öffnete ich meine Faust mit diesem Zettel. Doch das war kein Zettel. Das war
ein Geldschein – 100 Westmark! Ich kam mir so mies vor, so er-
niedrigt. Wie eine Hure. Das Geld schmiss ich am Ende der Fahrt
zusammen mit meinem Fahrschein in den Papierkorb.«

»Du hast dich bestimmt schrecklich gefühlt ...«

»Ach, weißt du, Jana, als ich zu Hause war, ging mir eher eine
Frage durch den Kopf: ›Wieso gerate ich immer an Männer, die
gar nicht meine Freundschaft wollen, sondern nur Sex, und mir
als Gegenleistung auch noch Geld geben?‹«

»Das mit dem Geld ist hart, aber vielleicht hast du wirklich
etwas ausgestrahlt, das schwule Männer anzog.«

»Kann sein, bewusst war mir das nie. Nicht mal als ich
nach meiner Ausreise die Mannheimer Schwulenszene kennenlernte.«

»Äh, die Ausreise lassen wir mal beiseite, darüber musst du später mal ausführlich erzählen. Aber wie bitte gerät man in die Schwulenszene, wenn man noch nicht mal genau weiß, ob man schwul ist?«

»Das passierte eher zufällig, weil mir zu Hause die Decke auf den Kopf fiel. Wir hausten zu viert auf circa 65 Quadratmetern. Meine Mutter, ihr Mann und meine kleine Schwester hatten die DDR ein Jahr vor mir verlassen. Als ich rüberkam, wohnten sie gemeinsam in zwei Zimmern mit Küche und Bad in Mannheim-Neckarstadt. Ein sozialer Brennpunkt, leben wollte ich da nie – zwischen Sozialhilfeempfängern, Arbeitslosen und Ausländern, die kein Wort Deutsch sprachen. Schräg gegenüber war ein Puff. So richtig wohl fühlte sich Mutter dort auch nicht. Doch da ich noch keine eigene Wohnung gefunden hatte, schlief ich bei ihr auf der Couch in der Küche. Doch das wurde mir schnell zu eng, nach drei Monaten dachte ich, ich ersticke, ich musste da dringend raus. Ich suchte mir einen Job in einem Supermarkt in Ludwigshafen, wo ich Wagen zusammenschob. Abends wollte ich durch das Mannheimer Nachtleben ziehen, in Discos gehen und Kontakt zu Leuten bekommen. Ich fühlte mich einsam, ohne Freunde, mein vertrautes Umfeld hatte ich ja im Osten zurückgelassen.«

»Was waren das für Discos, in die du gingst?«

»Beim ersten Mal geriet ich in eine gemischte Disco, wo Transvestiten, Transsexuelle, Schwule und Heteros hingingen. Ich hatte Plakate gesehen für eine Art Varieté, das freitags und samstags zum kostenlosen Travestie-Abend einlud. Was Travestie war, wusste ich durchs Westfernsehen. Da wollte ich hin, das zog mich an. Das ›Chez Nous‹ lag in der Nähe des Mannheimer Bahnhofs. Ich stand etwas schüchtern herum, suchte mir einen Platz am hintersten Ende des Tresens. All das bunte Licht – ich war begeistert. Das war alles so anders als im Osten. Die Show war spitze. Schnell kam ich mit Leuten ins Gespräch. Ich fühlte mich wohl, weil ich hier das fand, was mir schon lange fehlte: Wärme, Verständnis und Respekt. Schon am ersten Abend fühlte ich mich in dieser Szene angenommen. Da liefen viele Seelen herum, die ähnliche oder schlimmere Schicksalsschläge hinter sich hatten. Wir wussten, worüber wir redeten. Und wenn man nicht reden konnte, so wie ich anfangs, so war man doch ein Teil dieser Familie. Ich habe Freunde gefunden, die mir schnell halfen, wenn es nötig war. Wie Rudolf* oder Mathias*, bei denen ich ohne Hintergedanken übernachten konnte, wenn ich nicht wusste, wohin.«

»Hast du dich in dieser Zeit auch in einen Mann verliebt?«

»Ja. Es war etwa sechs Monate nach meiner Ausreise, im Sommer 1985, an einem heißen Samstagabend. Ich ging ins ›Le Jardin‹, das war auch so ein gemischter Club in Mannheim, von dem ich mal einen Flyer mitgenommen hatte. Ich wollte tanzen. Da traf ich Stan*, den ersten Mann, bei dem es mich erwischte. Er kam aus Amerika, aus Key West, und war bei der Armee ein ziemlich hohes Tier. Er war in Heidelberg stationiert, lebte aber in einer eigenen Wohnung. Was für ein hübscher Mann! Wir haben gequatscht. Später lud er mich zu einem Drink ein, machte mir Komplimente, wie gut ich tanzte und wie sehr ich ihm doch gefallen würde. Alles auf Englisch-Deutsch, ziemlich sexy. Er fragte, ob er mich nach Heidelberg entführen dürfte. Und ob er das durfte! Draußen auf der Straße dann die Überraschung. Da stand ein Straßenkreuzer, wie ich ihn nur aus amerikanischen Filmen kannte. Ein Mann und sein Auto. Im Auto gab er mir zärtlich einen Kuss auf die Wange, und wir fuhren los. Eigentlich flog ich mehr, träumend wie eine Prinzessin, nach Heidelberg. Um wenig später in einem Traum von einer Wohnung zu stehen. Da war alles aus weißem Marmor – im Bad, in der Küche, im Flur … So was hatte ich noch nie gesehen. Was sollte hier noch an Überraschungen kommen? Wieso passierte mir das? Ich weiß, es klingt jetzt ziemlich materiell, aber seine noble Welt hat mich ehrlich beeindruckt. Wir tranken Kaffee, quatschten auf seiner Couch, irgendwann nahm er meine Hand und fragte mich zaghaft, ob ich bei ihm schlafen wolle. ›Na klar‹, dachte ich, ›ich bin doch den weiten Weg hierher nicht gekommen, nur um eine Tasse Kaffee zu trinken.‹ Er war so ein Gentleman, so was von zuvorkommend. Ein Mann, der Türen aufhielt und knuddelig war. Neben ihm fühlte ich mich überhaupt nicht wie ein Kerl, sondern einfach nur wie ein Mensch. Merkwürdig, dass mir das erst jetzt auffällt, wo ich mit dir darüber rede ...«

»Was ist aus euch geworden in dieser Nacht?«

»Ich schlief bei ihm, aber sexuell ist nichts passiert, ich konnte mich nicht fallen lassen. Er streichelte mich, beobachtete mich, gab mir einen Kuss, und ich schlief ein.« Sie unterbricht, sie seufzt kurz, es klingt melancholisch. »Ach, danke, Stan, für dein Verständnis ...«

»Wie war der nächste Morgen?«

»Wir tranken Kaffee, machten aus, wann wir uns wiedersehen würden, ich fuhr zurück nach Mannheim. Zu Hause verarbeitete ich die Eindrücke. Es kam mir vor, als sei das Leben für mich neu geschrieben worden. Allein seine Nähe und das Zusammensein mit ihm war anders als alles, was ich zuvor gekannt hatte. Ich fühlte mich wie im siebten Himmel. Wir trafen uns einen Monat lang, redeten viel. Er fragte mich sogar, ob ich mir vorstellen könnte, mit ihm nach Amerika zu gehen. Vorstellen konnte ich mir einiges. Und trotzdem fehlte etwas Entscheidendes. Wir waren kein normales Paar, auch nach Wochen nicht. Unsere Freundschaft zerbrach, weil ich mich körperlich nie öffnen konnte. Er interpretierte das jedes Mal falsch, dachte immer gleich, dass ich ihn nicht mochte. Der fehlende Sex hat alles kaputt gemacht, denn ich konnte ihm nicht erklären, woran es lag. Ich wusste es ja selbst nicht. Das war für mich regelrecht eine Qual. Wir sahen uns immer seltener, nach ein paar Monaten war es aus.«

»Da müssen dir doch langsam mal erste Zweifel am Schwulsein gekommen sein.«

»Was heißt Zweifel, ich war mir ja nie sicher, ob ich richtig schwul war. Dass mich Männer reizten, okay, das wusste ich inzwischen. Nur konnte ich ihnen als Mann nicht die körperliche Zuwendung geben, nach der sie sich sehnten. Im Grunde meines Herzens fühlte ich mich hetero, nicht schwul. Aber Frauen wollte ich eben auch nicht…

»Mein Gott, wie kompliziert. Bis man da mal durchsteigt, das dauert, was?«

»Das sage ich dir. Das hab ich auch erst kapiert, als ich später anfing, Frauensachen zu tragen. Da merkte ich, dass ich Gefühle für Männer entwickelte, wenn ich wie eine Frau aussah. Das Verlangen wurde größer, sobald mich ein Mann körperlich als Frau sah und begehrte. Das spürte ich ganz deutlich, als ich mich später in Frauenkleidern mit Männern über Kontaktanzeigen traf. Ab da begannen Gefühl und Körper sich langsam anzunähern. Aber das erzähl ich dir mal, wenn wir im Jahr 1997 angekommen sind.«

Ich rechnete. »Nächste Woche?« Wenn wir mit diesem Tempo weitermachten, würde es auf jeden Fall nicht mehr lange dauern. Acht Abende nacheinander hatten wir schon telefoniert.

»Trotzdem habe ich immer wieder versucht, mich zu analysieren, meine letzte Sperre gegenüber Männern zu knacken. Ich grübelte, ob ich vielleicht beziehungsgestört war, aufgrund meiner Kindheitserfahrungen, alles zog ich in Betracht. Ich arbeitete an mir, hinterfragte, warum es nicht klappte. Dachte immer wieder: ›Versuchs noch mal, vielleicht erregt es dich ja doch.‹ Ich gab mein Bestes, ging noch mehr tanzen, habe mich mit noch mehr Männern getroffen.«

»Hast du manchmal die Ausrede vorgeschoben, dass einfach nicht der richtige Kerl dabei war?«

»Daran kann es nicht gelegen haben. Ich habe Männer verschiedener Altersgruppen, Schichten und Berufe kennengelernt. Mal war es ein Arzt, dann ein Maurer, ein professioneller Bodybuilder, mal wieder ein Plattenproduzent, sogar ein römisch-katholischer Priester, ein Discothekenbesitzer und ein Geschäftsmann, ein Regisseur aus Frankfurt. Männer mal eher markant, mal sanfter, weicher. Mal Draufgänger, mal Machotyp, dann wieder kultiviert und weltoffen ... Ich lernte Italiener, Spanier, Türken, Amerikaner, Engländer und Deutsche kennen.«

»Ach komm, mit all denen warst du im Bett?«

»Um Gottes willen! Die habe ich kennengelernt, nur manchen kam ich näher. Das klingt jetzt aufschneiderisch. Aber in der Szene verkehren viele interessante Leute.«

»Was war mit dem Priester?«

»Der war nett, ein älterer Deutscher, dessen Kirche ihren Hauptsitz in Hessen hatte, und der in Italien ein Kloster führte. Er sprach mich unterwegs an, fragte nach dem Weg. Wir kamen ins Gespräch, freundeten uns an. Als ich Urlaub hatte, nahm er mich eine Woche mit in sein Kloster. Es war traumhaft ruhig da, ich habe nie so gut gegessen, aber auch nie so wenig gesprochen. Wir hatten nichts miteinander, aber eine Zeit lang war er wie ein Freund. Später erfuhr ich, dass er Aids hatte und an den Folgen verstorben war.«

»Sag mal, wie kam dein Umfeld mit den wechselnden Männerbekanntschaften klar?«

»Unterschiedlich. Einerseits stille Bewunderung, weil ich wirklich gute Chancen hatte. Andererseits hatte ich bestimmt einen schlechten Ruf weg, weil es so aussah, als würde ich mit jedem ins Bett springen. Verletzt haben mich die Vorurteile, die sogar meine engsten Freunde und Bekannten mir gegenüber hatten, ohne dass mich je einer direkt darauf angesprochen hätte. Wenn es so gewesen wäre, dass ich nur Männer abgeschleppt hätte, um mit ihnen zu schlafen, würde ich dazu stehen. Und wäre stolz auf all die deftigen Jungs. Aber ich war doch nur auf der Suche – nach mir, nach dem Richtigen, nach ich weiß nicht was. Was war denn dabei, für einen neuen Versuch offen zu sein? Eine männliche Hure war ich jedenfalls nie. So!«

»Deine skurrilste Erfahrung?«

»Oje, der Trucker! 1988 lernte ich einen Lkw-Fahrer aus Italien kennen. Es war die Zeit, wo ich noch nicht wusste, was mit mir los war, aber Erfahrungen sammelte. Wir verbrachten eine Nacht im Hotel. Er war hetero …«

»… sagte er zumindest …«

»Nee, das spürte ich. Er war auf keinen Fall schwul, höchstens bi. Egal. In dieser Nacht hatte ich ein Schlüsselerlebnis. Wir trafen uns in einer Disco.«

»Wo sonst …«

»Hey, mein Leben bestand damals nun mal zu 97 Prozent aus Disco …

»Hattest du immer noch keinen Job?«

»Nein. Wie denn auch, so ohne Abschluss. Ich hatte in der DDR mal eine Ausbildung zum Dreher angefangen, die brach ich nach ein paar Monaten ab, weil ich mit dem Metall nicht klarkam. Danach arbeitete ich am Bahnhof als Gepäckarbeiter, bis ich endlich ausreisen durfte. Im Westen hielt ich mich erst mal mit Gelegenheitsjobs über Wasser. Der Filialleiter eines Supermarktes bot mir eine Ausbildung zum Einzelhandelskaufmann an, aber mir war gar nicht klar, was da auf mich zukommt. Rechnen, das war meine größte Schwäche. Ich hörte wieder auf. Ein Jahr später begann ich bei einem Friseur als Aushilfe, das war auch nichts. Es war eben eine Zeit des Suchens und Probierens, aber nichts passte, nichts konnte passen, ich hatte einfach keine

Stabilität zu der Zeit. Mir gefiel es selbst nicht, dass ich nichts durchzog ...«

»Und in der Disco ging es dir besser?«

»Ja, denn da konnte ich mich gehen lassen, meinen Gefühlen durchs Tanzen Ausdruck verleihen. Zurück zu diesem Mann. Er reizte mich. Also folgte ich ihm gern auf sein Hotelzimmer. Dort saßen wir ein wenig zusammen, ich verfolgte angestrengt sein Kauderwelsch zwischen Italienisch und Englisch, wurde langsam müde dabei. Reden war das Letzte, was ich wollte. Er sollte mich erobern, mein italienischer Held. Doch er hatte ganz was anderes vor. Er ging zu seinem Koffer, holte einen schwarzen Minirock aus Stretch raus und drückte ihn mir mit einem Lächeln in die Hand. Hey, was war hier los? Einige Sekunden stand ich ihm ratlos gegenüber. Bis er mir zu verstehen gab, dass ich das Ding, das er eigentlich für seine Frau gekauft hatte, anziehen solle. Er wolle mich darin sehen, er stehe darauf. Wie? Einen Rock anziehen und vor ihm herumscharwenzeln? Ich dachte, der verarscht mich. Erstaunlich schnell tat ich es dann doch. Nein, es machte mir nichts aus. ›So, da hast du's. Bitte, wenn es dir gefällt.‹ Und wie es das tat. Er fand meinen Hintern toll, wollte mich nehmen, im Rock. Das war offenbar sein großer Traum, zumindest in dieser Nacht. Aber nicht mit mir. Das wollte ich nicht, dafür war ich mir zu schade. Abhauen war jedoch schwierig, der Nachtbus fuhr nicht mehr. Wenn es nicht so spät gewesen wäre, hätte ich wie eine Diva sein Zimmer verlassen. So blieb ich bis zum Tagesanbruch. Er kam anders auf seine Kosten, und ich schlief ein. Früh am Morgen wachte ich in seinen Armen auf. Das hatte schon was. Ich zog mich schnell an, sagte Ciao und verschwand. Dieses Erlebnis verdrängte ich schnell, ich sprach mit niemandem darüber. Ich und ein Rock – um Gottes willen.«

»Und es hat dich nie angeekelt, alle diese Männer zu befriedigen, während du keinerlei Leidenschaft empfinden konntest?«

»Ekel empfand ich nie, ich war nicht prüde. Es war mir eben nur unangenehm, wenn ein Mann mein Geschlecht anfasste. Da hat sich in mir alles dagegen gesträubt. Wenn der Mann wenigstens zu seinem Höhepunkt kam, war das für mich eine Art Wiedergutmachung, da ich ihm von mir nicht das geben konnte, was er sich erhoffte. Lust war da kaum im Spiel.«

»Das klingt so devot ...«

»... ach, ich wollte vor allem meine Ruhe und wieder auf die Freundschaftsebene zurück ...«

»Was für Typen waren das, die dich reizten?«

»Ganz unterschiedlich, ich bevorzugte keinen bestimmten Typ Mann. Mal waren es ganz Brave, wie der Nachbar von nebenan, dann wieder Machos, Draufgänger-Typen oder Familienväter. Sie mochten den kleinen Mike, weil der so knuddelig war. Ach, bei Macho fällt mir eine schöne Story ein. Ab 1985 ging ich doch oft in die Disco ›M & S Connection‹. Da gefiel es mir sehr gut, die hatten tolle Dance-, House- und High-Energy-Musik, der DJ Jürgen war der Gott unter den damaligen Plattenauflegern. Es war ein Mittwoch, an dem ich mir mal wieder die Seele aus dem Leib tanzte. Als ich erschöpft war, setzte ich mich in meiner verschwitzten Jeans und einem weißen T-Shirt auf die Box oben an der Bühne.

Es war gerade 23 Uhr, als es auf einmal dunkel wurde. Dann gingen die Scheinwerfer an, der Vorhang auf, eine Gruppe fing ihren Auftritt an mit dem Song *Macho, Macho Man*. Ich saß da mit halboffenem Mund und dachte nur: ›Wow. Das gibt es nicht. Das sind ja Village People, die von *YMCA*, zu dem ich hier jede Woche tanze.‹ Ich bin völlig ausgeflippt und habe jedes Lied begeistert mitgeklatscht. Später, als ich mir was zu trinken holte, kam ein Mann auf mich zu und sagte geheimnisvoll: ›Follow me, please‹ – ob ich bitte mitkommen könnte. Ich dachte, den schickt der Besitzer des Ladens, den ich inzwischen gut kannte. Vielleicht sollte ich am Tresen aushelfen. Ich bin hinterhergewackelt, doch wir landeten im abgesicherten Backstagebereich. Und da standen sie, die sechs Jungs von Village People, echte Kerle. Der Bodyguard gab einem aus der Truppe ein Zeichen, dass ich da sei. Der hatte offenbar Interesse an mir. Wer es war, bleibt mein Geheimnis. Ich war so was von schüchtern, als er zu mir kam und sagte, dass ich ›beautiful eyes‹ hätte, und mir den Arm auf die Schulter legte. Wir haben ein bisschen über ihre Hits geredet, soweit das meine Sprachkenntnisse zuließen. Er rückte immer näher an mich ran. Vielleicht hätte ich eine nette Romanze haben können, wenn ich darauf eingegangen wäre. Doch das war mir zu abgedreht, zu unwirklich. Die Truppe musste am nächsten Tag weiter. Er fragte mich, ob wir uns mal wiedersehen. Was sollte ich darauf schon antworten. Ich ließ mir Autogramme auf meine helle Jeans schreiben, eins aufs Bein, eins auf den Hintern, und ging den ganzen weiten Weg von der Disco bis nach Hause – und das waren ein paar Kilometer! Jeder sollte sehen, dass ich die Unterschrift von Village People auf meinem Oberschenkel hatte. Dummerweise musste ich die Hose nach ein paar Jahren mal waschen, da hat sich der Filzstift aufgelöst.«

»Ein Leben wie von Uschi Obermeier«, ziehe ich sie auf. Sie lacht.

»Fast«, kontert sie. »Obwohl, dann eher wie von den Leuten aus dem Studio 54, New Yorks legendärem Nachtclub der Siebziger. Na ja, bei mir war halt immer was los.«

»Aber eins fällt echt langsam auf: Du bist nie von dir aus auf Männer zugegangen. Hast immer hübsch gewartet, bis sie zu dir kamen«, analysiere ich.

»Stimmt. Ansprechen wollte ich niemanden, angesprochen werden schon. Ich war zu schüchtern und wollte erobert werden. Typisch Frau«, sagt sie kokett. »Tief in meinem Inneren war das klassische Rollenverhalten eben schon da.«

»Und es gab in dieser Zeit nie einen Mann, nie eine große Liebe, mit der du mal richtige Leidenschaft erlebt hast? Oder wenigstens lustvolle Küsse?«

»Küsse ja! Diesen Mann lernte ich beim Christopher Street Day 1994 in Köln kennen.«

»Komm, erzähl schon!«

»Er hieß Heiner*. Bei ihm habe ich zum ersten Mal die Initiative ergriffen. Das kam so: Ich hatte einen Auftritt als Tänzer für die fabelhafte Sängerin Beverlee, die zu dieser Zeit mit ihrem Dance-Cover-Hit *The Power of Love* sehr bekannt war in der Szene in Spanien, Italien und Deutschland. Heiner stand unten an der Bühne, ich als Tänzer oben. Unsere Blicke trafen sich. Später, als ich in die Menge ging und Bekannte begrüßte, sah ich ihn wieder. Es war so romantisch, in seine Augen zu gucken. Er wirkte sehr schüchtern, ich ging zu ihm und fragte ihn, ob er aus der Gegend sei.«

»Total originell.« Wir gackern.

»Immerhin war ich mal aktiv! Da es dort sehr laut war und man sich kaum unterhalten konnte, lud ich ihn ein auf mein Zimmer im Maritim Hotel.«

»Ach so. Zum Unterhalten.«

»Ja, wirklich! Aber später haben wir auch geknutscht. Und der konnte küssen, hmmm. In diesen Mann habe ich mich verliebt. Köln hat mich um ein Erlebnis reicher gemacht. In so einem großen Haufen von verrückten, tollen Hühnern traf ich meinen Traummann. Er kam aus der Gegend um Regensburg, sah blendend aus und war total auf meiner Wellenlänge: So unkompliziert, so lieb, von ihm hätte ich mir Kinder gewünscht. Als Frau – na ja, versteht sich. Nach eineinhalb Stunden sind wir zurück, weil ich unbedingt im Backstagebereich noch Rosenstolz kennenlernen wollte, die an dem Abend spielten. Aber wir haben Telefonnummern getauscht.«

»Und euch wiedergesehen?«

»Ja, in Mannheim, ein Jahr lang immer wieder mal für ein Wochenende. Dann sind wir ausgegangen. Wenn er kam, habe ich eingekauft wie für eine ganze Woche. Ich war sein erster richtiger Freund. Und er war der Mann, mit dem ich zum ersten Mal richtig ausgiebig küsste, auch mit Zunge. Wir streichelten uns viel. In seiner Gegenwart fühlte ich mich gar nicht mehr wie Mike, sondern innerlich schon wie eine Frau. Der Konflikt war auch diesmal unausweichlich. Er war ja neu in der Szene, wollte nach seinen Fehlversuchen mit Frauen endlich die Männerwelt kennenlernen. Ich konnte ihm das nicht geben. Auch wir hatten kein Sexerlebnis. Immer, wenn wir mittendrin waren, blockte ich. Einmal sagte er: ›Du wehrst dich, du bist gar nicht wie ein Mann, irgendwas stimmt mit dir nicht…‹ Ich beendete die Beziehung. Später habe ich mal Kontakt zu ihm gesucht und ihm gesagt, warum ich nicht mit ihm schlafen konnte. Da war er platt.«

»Dann hattest du kein einziges Mal Sex mit all diesen Kerlen?«

»Nein, den habe ich erst heute mit einem Mann namens Joseph«, sagt sie mit dem Tonfall einer stolzen Ehefrau.

»Aber wie du siehst, habe ich mit Unterbrechungen 14 Jahre lang alles versucht, um mich der Männerwelt ganz zu öffnen. Hab immer wieder probiert, mich zu ändern, mich zu überwinden. Weniger schüchtern zu sein. Mehr zu agieren, selbst auf Männer zuzugehen. Es ging einfach nicht. Ich habe sie nur enttäuscht. Und war selbst immer wieder irritiert: Bin ich bi, bin ich schwul oder nur beziehungsgestört? Warum komme ich mit Frauen nicht klar, aber auch mit Männern nicht? Hätte ich schon damals eine Ahnung gehabt, warum Körper und Gefühl nicht zusammenpassen, wäre mir vieles erspart geblieben, ich hätte die Chance auf ein erfülltes Leben viel früher gehabt. Stattdessen tischte ich den Männern irgendwann die immergleiche Lüge auf, die ich inzwischen perfekt einstudiert hatte: dass ich noch Zeit bräuchte, weil ich früher vergewaltigt worden sei. Ja, ich bauschte den Missbrauch von damals zu wüsten Vergewaltigungen auf, ich hielt die Männer hin, damit sie bei mir blieben. Es war ein Schutz, denn ich hatte jedes Mal von Neuem Angst, wieder allein zu sein. Mir war die Freundschaft zu ihnen wichtig, ich wollte sie nicht verlieren. Was aber früher oder später doch eintraf. C'est la vie.«

Eine Pause entsteht.

»Du?«, sage ich. »Hier wird es schon hell.«

Wir legen müde auf. Der Hörer ist heiß von den vielen Stunden, die er an meinem Ohr geklebt hat. Draußen zwitschern die Vögel, als ich ins Bett husche. Ob sie schlafen kann, bei all den Eindrücken, die heute wieder hochgekommen sind?

VOM VERSUCH, EIN GANZER KERL ZU WERDEN

Eine Sache geht mir nicht aus dem Kopf.«
»Hallo Schneckchen. Guten Abend erst mal, wie geht es dir? Und: Was meinst du?«

»Oh, entschuldige: Hallo! Ich meine, hast du dich in dieser schwierigen Phase überhaupt noch in deinem Körper zu Hause gefühlt?«

»Zu Hause, schön, wie du das sagst. Doch, schon! Der Mensch definiert sich ja nicht nur über seine Sexualität!«

»Aber wenn er erkennt, dass er erstens nicht hetero ist und zweitens auch nicht schwul und sich dafür drittens ganz wohl in Stretchröckchen wildfremder Trucker fühlt, dann darf er doch wenigstens irritiert sein, oder?«

»Da hast du absolut recht, und irgendwann war ich auch mehr als nur irritiert. Aber das dauerte, denn viel weiter dachte ich in dieser Phase nicht. Noch nicht. Noch war mein Körper für mich, wie all die Jahre zuvor, ein neutrales Ding. Ich war sehr schüchtern und orientierungslos. Aber eine Sache wusste ich inzwischen genau: Ich wollte unter keinen Umständen ein Weichei sein. Ich wollte nur ein normales, unauffälliges Leben ohne große Zuordnungsprobleme leben. Und deshalb habe ich beschlossen, ein ganzer Kerl zu werden.«

»Wie???«

»Mit Kraftsport.«

»Mit Kraftsport?«

»Ja. Und zwar exzessiv. Als meine Verwirrung immer größer wurde, bin ich noch öfter in die Disco und habe die Nächte durchgetanzt. Ich habe ziemlich gut getanzt, mich sprachen viele deswegen an. Besucher der Clubs, in die ich ging, aber auch Sänger, die Background-Tänzer suchten. Das hat mir natürlich geschmeichelt. Ich fing an, mehr Zeit und Energie in meinen Körper zu stecken. Erst waren es ein paar Liegestütze und Klimmzüge zu Hause. Es gibt doch diese Stangen, die man in Türrahmen verankern kann. Sind auch praktisch zum Wäscheaufhängen.«

»Da passt aber nicht viel drauf. Höchstens ein paar BHs.«

»Hatte ich da noch nicht, meine Liebe. Aber so ein Gerät hab ich mir gekauft und hing ab da jeden Tag dran.«

»Gib's zu: Du wolltest den Jungs imponieren.«

»Ich wollte vor allem ein guter Tänzer sein und erst mal nur für mich selbst eine gesunde, gut geformte Figur haben. Die ersten Resultate gefielen mir, aber sie reichten mir nicht. Deswegen habe ich mich 1994 für Kraftsport angemeldet.«

»In einer Muckibude?«

»Genau. Nicht weit von mir hatte eine neu eröffnet und warb mit revolutionären Geräten. Ich habe dreimal die Woche trainiert und schon nach wenigen Monaten ordentlich Muskeln zugelegt. Das Tolle war: Als in mir die ersten merkwürdigen Gedanken zum Thema Frausein hochkamen, da half mir der Sport super, sie gleich wieder wegzudrücken. Je mehr ich mich aufpumpte, desto besser konnte ich mich mit dem Sport beruhigen.«

»So nach dem Motto: ›Schau dir diese Oberarme an, Mike. So sieht doch kein Mädchen aus‹?«

»Vielleicht nicht so direkt, aber von der Sache her stimmt das. Jedenfalls habe ich schnell gelernt, dass es einen solchen Effekt auf mein Seelenheil gab. Je intensiver meine Gedanken um mein Innerstes kreisten, desto mehr ging ich tanzen oder trainieren und fertig.«

»Ein riesiger Selbstbeschiss, was?«

»Ja, klar, aber eben aus einer Unsicherheit heraus. Ich wollte halt ein ganzer Mann sein. Und ich war doch ein Mann, so hatte die Natur mich geschaffen, so musste ich doch leben. Ich wollte meiner Umwelt auf Teufel komm raus signalisieren: Seht her, ich habe Muskeln, ich bin ein ganzer Kerl.«

»Hat es wenigstens geklappt?«

»Zumindest waren mir als Tänzer mit nacktem Oberkörper viele Blicke sicher. Obwohl ich mich irgendwann ganz anders als beabsichtigt entwickelte. Oder war das doch schon Absicht? Ach, das erzähl ich dir lieber nicht.«

»Was denn, Denise?«

»Meinst du, es ist Zufall, dass ich ausgerechnet bei meinem Männlichkeitstraining so intensiv für die Brustmuskeln trainiert habe?«

»Wieso denn Zufall, du wolltest doch einen durchtrainierten Oberkörper. Da macht sich ein anständiger Brustkorb schon ganz gut.«

»Ich habe mir aber einen Brustansatz antrainiert, der fast schon in Richtung Busen ging. Je mehr der sich unter meinen T-Shirts abzeichnete, desto mehr Hanteln habe ich gestemmt. Du kannst sagen, was du willst, aber da hatte doch mein Unterbewusstsein schon seine Finger im Spiel!«

»Vielleicht ein bisschen gewagt, deine These.«

»Wenn man zu Hause aber plötzlich BHs trägt, die diesem Brustansatz schmeicheln, und sich über seine Körbchengröße A freut, dann kann man so eine Behauptung wagen.«

»Okay, doch Unterbewusstsein! So was macht in der Tat kein normaler Mann.«

»Eben. Aber es ist schon verrückt: Heute ärgert mich das fast, dass ich mich so aufgebaut habe. Heute wäre ich lieber zierlicher. Ich mag meine breiten Schultern nicht, die wirken so unweiblich neben dem Rest. Wenn ich damals nicht so viel trainiert hätte, müsste ich heute nicht verschiedene Kleidergrößen für oben und unten kaufen.«

»Musst du?«

»Ja! Unten 38 und oben 40/42.«

»Ist doch nicht schlimm. Momentan bist du eh Hausfrau und brauchst keine Kostüme. Und alles andere kannste doch auch gut getrennt kaufen.«

»Stimmt. Und ich trage ja sowieso am liebsten Kleider. Und Röcke.«

»Ich weiß. Ich hab deine Kleiderkammer noch gut vor Augen. Mann, du hast vielleicht viele Klamotten! Fast doppelt so viele wie ich. Ist das alles eine Folge deines Nachholbedarfs?«

»Nö, ich war schon immer so.«

»Darf ich noch mal was zu den Schwarz-Weiß-Fotos von dir als Mike loswerden, die du mir letzten Sommer für den Artikel mitgegeben hast? Du siehst darauf ja schon ziemlich sexy aus. Haben meine Kolleginnen auch alle gesagt. Und wir waren uns auch alle einig, dass ...«

»Was denn?«

»Ach nee, ist nicht gut, dir das heute noch zu sagen.«

»Das ist gemein, raus damit, was habt ihr gedacht?«

»Na ja, ... dass es schon ein bisschen schade ist um diesen knackigen, durchtrainierten Männerkörper, der für die Frauenwelt verloren gegangen ist.«

»Oh, das ist nett von euch. Aber solche Komplimente hätten mich auch damals nicht von meinem Weg abhalten können.«

»Wofür hast du die Fotos eigentlich machen lassen?«

»Nur so zum Spaß. Ein Bekannter hat mich fotografiert. Ich fand die Bilder so schön, dass ich sie an einer silbernen Kette an meine Wohnzimmerwand gehängt habe. Es sah bei mir aus wie in einer Galerie.«

»Das klingt jetzt aber doch nach einem ganz guten Selbstbewusstsein. Gab es gar kein Hadern mit deiner Männlichkeit?«

»Nein, ich war sogar stolz, dass ich so sportlich aussah. Als mein Blick immer öfter an den Bildern hängen blieb, habe ich nachgedacht. Eigentlich sah ich doch ganz gut aus. Vielleicht könnte man daraus was machen? Ich habe ein paar Abzüge bestellt und mich bei Gay- und Sportzeitschriften als Model beworben.«

»Mutig.«

»Fand ich gar nicht. Damals wollte ich am liebsten alles auf einmal ausprobieren. Das war wie ein Strudel, in den ich reingeraten war, eines ergab das andere. Da gab es noch viel mehr Geschichten.«

»Sag mal ein Beispiel!«

»1990, kurz vor meiner Ausbildung zum Krankenpfleger, wurde ich abends in einer Disco in Frankfurt am Main von einem Mann angesprochen. Ich saß an der Bar, als er plötzlich neben mir stand und aus meiner Hand einen 100-Mark-Schein hervorholte. Ich staunte: ›Hey, du kannst ja zaubern.‹ Er hatte mich offenbar schon eine Weile beobachtet und fragte, warum ich so gut tanzen könne und ob ich damit beruflich zu tun hätte. Er sei als professioneller Zauberer unterwegs, hätte momentan einige Auftritte im Osten, ob ich ihn da nicht ab und zu begleiten wolle? Jérôme der Magier und ich! Was für ein Angebot! Ich sagte gleich zu.«

»Der wollte bestimmt was von dir.«

»Weiß nicht, ich wollte auf jeden Fall nur eine platonische Freundschaft.«

»Und? Ist es das auch geworden?«

»Für eine kurze Zeit. Weißt du, er hatte auch Aids und ist gestorben. Das war ganz furchtbar, ich habe so viele Bekannte daran sterben sehen. Na ja, ist lange her …«

»Aber ihr seid zusammen aufgetreten?«

»Ja! Wir waren vier Abende ein gutes Team. Ich habe bei seinen Auftritten assistiert.«

»Als zersägte Jungfrau?«

»Haha, nettes Wortspiel. Nein, ich musste meist irgendwas halten bei seinen Tricks. Hat Spaß gemacht, aber dann siegte mein Sicherheitsdenken und ich fing meine Ausbildung an. Jérôme war keinesfalls böse oder beleidigt, als ich ausstieg. Damals sagte er zu mir: ›Mike, du solltest trotzdem dein Talent ausbauen, du bist für die Bühne geboren...‹ Dieser Satz spukte mir noch lange im Kopf herum. Ich wollte schon als Jugendlicher auf die Bühne und hatte mich sogar mal als Tänzer im Friedrichstadtpalast in Berlin beworben. Aber mit meinen damals 1,62 Meter war ich viel zu klein. Eine klassische Ballettausbildung hatte ich ja auch nicht. Aber nun, mit 25, kamen die alten Wünsche wieder durch. Doch da ergab sich schon wieder was Neues: Jérôme machte mich mit einem Mann aus Frankfurt bekannt, der für das Schwulen-Magazin *Adam* arbeitete. Er fragte mich, ob ich Interesse hätte, da reinzukommen. Mit ein paar Bildern und einem Interview über mein Tanzen. Das klang gut, das Magazin erschien mir seriös, der Fotograf war nett. Klar wollte ich! Die Sachen allerdings, in die sie mich steckten, fand ich total unangebracht: Lederklamotten. Das hatte nichts mit mir zu tun. Auch der Text sagte nichts über mich aus. Jahre später erzählte mir Heiner, dass er bei einem Australien-Urlaub in einer amerikanischen Gay-Zeitschrift herumgeblättert und mich darin entdeckt hatte. Ich war sprachlos.«

»Ach komm, ist doch toll für dein Ego, dass die dich haben wollten.«

»Da hast du auch wieder recht. Mit einigen dieser Fotos wollte ich mich übrigens fünf Jahre später als Unterwäschemodel bei Versace und Bruno Banani bewerben.«

»Wird ja immer besser. Und?«

»Vielleicht hätte ich Chancen gehabt, aber bevor ich mich entscheiden konnte, kam mein Outing dazwischen und alles andere wurde unwichtig. So war das auch mit der Schauspielerei, dem Tanzen und der Musik.«

»Sag mal, was hast du denn noch alles gemacht?«

»Von allem ein bisschen, das war ein großes Ausprobieren damals, es tat mir gut. Als ich die Suche nach mir anfing, ist die Kreativität aus mir rausgebrochen. Ich hatte da wohl ein Ventil entdeckt, durch das ich all meine Emotionen rauslassen konnte. Es war eine sehr schöne, unglaublich bereichernde, intensive Zeit. Durch das Tanzen bekam ich kleinere Auftritte – wie bei Beverlee, dieser Sängerin, mit der ich beim CSD auftrat. Als Stammgast des ›Chez Nous‹ war ich inzwischen längst mit dem Besitzer befreundet und half ihm manchmal als Türsteher. Dafür ließ er mich später Platten auflegen, was ich zu Hause oft geübt hatte. Das war mein Start als DJ. Als das ›Chez Nous‹ schloss, machte ich drei Monate später in einem Lokal in Freiburg weiter Musik. Nicht für Geld, nur aus Interesse und Spaß an den Songs, mit denen ich die Gäste in Wallung brachte. Musik war mein Leben. 1995 bot mir der damalige Besitzer vom ›M&S Connection‹ in Mannheim an, als professioneller DJ bei ihm zu arbeiten und eigene Musik zu produzieren. Ich war im Rausch! Samstags im ›Connection‹ aufzulegen war der absolute Höhepunkt für mich. Es folgte ein wundervolles Dreivierteljahr. Danach war ich fit im Abmixen und hatte 1995 mein eigenes Projekt ›Lemon Crush featuring Sheryl Hackett‹.«

»Lustiger Name, was war das denn?«

»Sheryl Hackett war auch Background-Sängerin bei BAP. Wir haben zusammen einen House-Song aufgenommen, im gleichen Studio übrigens, wo Sydney Youngblood produziert wurde.«

»Wenn das nichts heißt …«

»Ulknudel, du … Wir sind damit sogar auf Platz 39 der Dance-Charts gelandet, bevor uns Coolio mit *Gangsta's Paradise* verdrängte.«

»Gar nicht schlecht. Sag mal, warum bist du diesen Weg denn nie weitergegangen?«

»Weil mein Weg erst mal ein anderer sein sollte. Ich hatte genug mit mir zu tun. Und als ich endlich Frau war, war ich zu lange aus der Szene raus, um wieder Anschluss zu finden. Ich erfuhr später, dass Sheryl 2001 an Krebs gestorben ist. Das tat mir sehr leid, sie war so ein lieber Mensch.«

»Aber wenn ich dir so zuhöre, wie du von damals erzählst, dann sehe ich deine Augen bis nach Hamburg leuchten. Du bist immer noch so begeistert, ich spüre richtig den Hunger, den du damals auf das Leben hattest.«

»Das war ja auch so, ich war von den ganzen Projekten so beflügelt, dass ich 1995 auch noch Schauspielunterricht nahm.«

»Dein Job hat dich echt nicht ausgelastet, was?«

»Alles eine Frage der Organisation. Mein Job im Krankenhaus hat mir schon ganz viel Spaß gemacht, er war meine ernsthafte Basis. Aber trotzdem hat was gefehlt. Ich arbeitete im Schichtdienst, dadurch hatte ich genug Zeit, noch was nebenbei zu machen und mich besser auszuleben. Nach dem Unterricht bekam ich 1997 im Prinzregenten Theater Ludwigshafen ein paar kleine Auftritte, zum Beispiel eine Nebenrolle als Gärtner. Beim Kindertheater hatte ich meine erste Hauptrolle als ›Das kleine Gespenst Huibert‹ – immer sonntagvormittags.«

»Ist ja niedlich.«

»Ja, die Kleinen waren völlig aus dem Häuschen! Ach, Auftreten war toll. Die Zuschauer zu unterhalten war toll. Den Dank in Form des Applauses zu genießen war toll. Für meine künstlerischen Aktivitäten habe ich sogar meine Arbeitszeit im Krankenhaus verkürzt und später noch ein Volontariat im Mannheimer

›Kabarett Dusche‹ gemacht – auch eine super Truppe. Das war alles so inspirierend. Ich hätte mich da gern weiterentwickelt. Aber irgendwann wurden meine anderen Sorgen zu dominant.«

»Echt schade um deine Talente.«

»Denke ich heute auch oft. Wer weiß, vielleicht irgendwann ...«

»Meinst du, das Ausprobieren in so vielen Bereichen hat dir geholfen, dein wahres Ich zu finden?«

»Bestimmt. Natürlich war es auch eine gute Ablenkung, als ich so zerrissen war. Ich habe vier Jahre lang viel Energie in meine Projekte investiert, ich hatte einen guten Lauf. Lernte immer neue Leute kennen, die mir immer neue Wege zeigten, durch die ich immer neue Seiten an mir entdecken konnte. Gerade durch die Schauspielerei lernte ich eines: keine Angst zu haben vor Dingen, die einem zu groß erscheinen. Sich vor anderen zu entblättern, ohne die Angst, ausgebuht zu werden. Und du entblätterst dich auf der Bühne sehr, weil du dich nicht verstecken kannst. Das hat ganz viele Blockaden in mir gelöst. Es lief alles gut, bis sich Denise in mir meldete und sagte: ›Da bin ich, du hast nun die Stärke und Kraft, mich zuzulassen.‹«

»Und dann ...«

»... wurde es anstrengend. Weil ich mich ab da immer mehr in zwei Personen aufzuteilen begann – in Mike, der als Pfleger, DJ und Tänzer aktiv war. Und in Denise, die nachts heimlich begann, Frauensachen zu tragen. Aber dazu kommen wir später mal. Denn vor dieser Phase lag noch eine lange, lange Suche.«

DIE LANGE SUCHE NACH SICH SELBST

Sie hat Fotos geschickt. Von dem Menschen, den es so nicht mehr gibt und der trotzdem immer in ihr weiterleben wird: Mike. Als der Computer die knapp zwanzig Bilder von der CD lädt, klopft mein Herz wie wild. Vor Aufregung und vor Neugierde – weil ich die Frau, mit der ich Abend um Abend telefoniere, gleich noch mal neu als Mann sehen werde.

Die Maus rast über die Miniaturansicht. Klick. Mike als kleiner Junge. Klick. Mike als Krankenpfleger. Klick. Mike in einem italienischen Kloster. Klick. Mike als Fußballspieler im Ferienlager. Ich murmele zigfach »Ach« und »Gibt's ja nicht«, während meine Augen jedes Bild scannen: Ab welchem Punkt kommt Denise durch? Wo ist der Gesichtsausdruck, der zeigt, wann er die Frau in sich entdeckt hat? Das Telefon klingelt. Schifferstädter Vorwahl, als hätte sie meine Fragen geahnt.

»Denise, es ist so unglaublich.«

Sie lacht ihr geheimnisvolles Lachen. Es klingt fast mehr wie ein Seufzen. Dann fragt sie: »Was ist unglaublich? Wie schnell die Post manchmal ist?«

»Wie sich ein Mensch so verändern kann. Ich versuche gerade, deine Gesichter zu lesen. Auf welchem hat deine Suche angefangen?«

»Welche Suche meinst du jetzt schon wieder?«

»Na, die Suche nach der Stelle, an der es in dir hakt und die das Leben so schwer macht.«

»Ich glaube, so konkret kann ich dir nicht mal das sagen. Es gab ja auch dafür keinen Starttermin nach dem Motto ›So, heute fange ich mal an mit meiner Selbstfindung‹. Das war eine unbewusste, permanente Suche, ein langer Prozess. Aber das große Nachdenken fing an, als meine Beziehungen zu Männern alle scheiterten – sogar, wenn ich sie liebte. Es war, als ob immer der gleiche Film in mir ablief. Hauptdarsteller waren Bekannte und Freunde, mit denen ich mal kurz, mal lang zusammen war …«

»… nur eben jedes Mal erfolglos.«

»Richtig. Das hat mich nachdenklich gemacht. In meinem Kopf tauchten plötzlich Fragen auf: Wieso? Weshalb? Warum? Es war immer dasselbe Schema, nach dem meine Beziehungen scheiterten. Ab da habe ich strukturiert überlegt: ›Was spielen Männer in meinem Leben für eine Rolle, und welchen Part übernehme ich dabei?‹ Ich tastete mich langsam an meine innere Wahrheit heran. Und ließ sämtliche Ausreden und Beschwichtigungen immer seltener gelten.«

»Die da waren?«

»Ich hab mir endlich eingestanden, dass es an den Männern nicht liegen kann, so oft, wie die Beziehungen in die Brüche gegangen waren und so verschieden, wie die Typen waren. Warum Mike allerdings körperlich weder mit Frauen noch mit Männern liebesfähig war und nie jemanden richtig an sich heranlassen konnte, das blieb immer noch unklar.«

»Und später, gab es Auslöser, die dich in dieser Frage weitergebracht haben?«

»Doch, sicher! Viele.«

»Erzähle von dem wichtigsten.«

»1990 fing ich doch diese Ausbildung zum Krankenpfleger an. In dieser Zeit habe ich im Wohnheim gelebt, und dort gab es einen Waschkeller. Es passierte oft, dass jemand dort Sachen vergaß. Ich hatte Waschtag und wollte mein Zeug gerade in die

Trommel stopfen, da sah ich etwas Schwarzes darin. Ich holte es heraus, strich die Falten glatt und staunte: ein schwarzer Stretchrock! Hübsch. Von wem der wohl war? Ich schleuderte ihn und breitete ihn zum Trocknen aus. Jedes Mal, wenn ich zum Waschen wiederkam, lag er immer noch da. Auch Wochen später. Inzwischen waren noch ein roter Rock, Geschirrtücher, eine Hose und ein Bettlaken dazugekommen. Ich klebte einen Zettel an die Wand, wo man die Sachen wiederfinden könne, und nahm sie mit. Ich habe sie gebügelt, zusammengelegt und in meinen Schrank gepackt. Als ich nach ein paar Monaten auszog, habe ich die Sachen dem Hausmeister gegeben. Alle – bis auf die Röcke.«

»Was wolltest du damit?«

»Ich fühlte mich auf merkwürdige Weise zu ihnen hingezogen. Es war kein teures Material, kein besonderer Schnitt. Aber sie gefielen mir gut. So gut, dass ich sie ein halbes Jahr später wieder rauskramte. Es war Freitagabend, mein freies Wochenende lag vor mir. Die Röcke waren in einer Tüte in der Abstellkammer meiner neuen Wohnung. Ich nahm sie in die Hand, guckte sie an und stellte fest, dass sie fast gleich aussahen. Beide aus Stretchmaterial, nur eben verschiedene Farben. Na, anprobieren kann ich die ja mal, hab ich gedacht. Nur mal zum Spaß.«

»Nur mal so zum Spaß?«

»Ja!«

»Und wie fühlte sich das an?«

»Richtig gut!«

»Gar nicht fremd, auch nicht absurd?«

»Na ja, sicher kam ich mir das erste Mal vor dem Spiegel noch etwas ulkig vor. Diese behaarten Beine und der Rock dazu, das war ungewohnt. Aber beide Teile passten mir gut und mein Po kam darin verdammt gut zur Geltung. Nach ein paar Minuten zog ich mich schnell wieder um, legte den Rock zurück und ging in die Disco. Aber absurd fand ich das nicht eine Sekunde.«

»Und du bist auch dabei nicht auf die Idee gekommen, was an dir nun nicht stimmig sein könnte?«

»Nein, es war Spielerei, danach habe ich es sofort wieder verdrängt. Ich wollte halt nur mal wissen, wie mir das steht.«

»Und?«

»Sah gut aus, mehr nicht. Aber der Anblick hat mich sofort an diese Situation mit dem Trucker-Typen erinnert.«

»Der, für den du damals im Hotelzimmer einen Rock anziehen solltest?«

»Genau der. Nur diesmal habe ich das freiwillig gemacht.«

»Und es ging dir gut dabei.«

»Ja. Ab da ist bei mir etwas ins Rollen gekommen. Ich spürte im Nachhinein, dass mir das Verkleiden doch mehr gefallen hatte, als ich es mir damals eingestehen wollte. Und je mehr ich nun darüber nachdachte, desto größer wurde der Wunsch, das mit dem Rock noch mal zu wiederholen. Aber dieser Wunsch stürzte mich dann schon tiefer in die Krise. Wie gesagt: Ich hatte mich gerade von Heiner, einem Mann, den ich sehr mochte, getrennt. Am Wochenende danach konnte ich einfach nicht mehr wie gewohnt tanzen gehen und Spaß haben und mir einreden, er sei einfach nur der Falsche gewesen, alles sei okay. Stattdessen lief ich Samstagabend weinend durch Mannheims Innenstadt. Ich musste raus aus der Wohnung, ich wollte meine Gedanken ordnen. Doch da ließ sich nichts ordnen. Nur eines war mir absolut klar: dass ich in der Schwulenszene nie einen Mann finden würde. Ich passte da einfach nicht rein. Aber warum? War ich nicht schwul genug? Oder nicht männlich genug? Oder hatten doch diese zwei Röcke etwas damit zu tun?«

»Ziemlich kompliziert, den Unterschied herauszufinden, was?«

»Ja, vor allem, wenn du einfach nicht draufkommst, was mit dir los ist. Aber genauso weißt, dass in deinem Leben etwas Einschneidendes passieren muss, damit es dir endlich besser geht. Da waren so viele offene Fragen und plötzlich, als hätte jemand eine Schleuse geöffnet, flossen sie aus mir raus. ›Warum diese heimlichen Anproben?‹, ›Bin ich ein Transvestit, eine Dragqueen oder was?‹«

»Wie hast du Antworten gesucht? Im Internet?«

»Das hatte ich damals noch gar nicht. Ich ging in verschiedene Buchläden und stöberte. Etwas Passendes zu finden war gar nicht so leicht. Heute, da reicht ein Mausklick, und schon hast du alle Infos parat. Doch damals musste ich feststellen, dass man zu Themen wie Transidentität oder Intersexualität kaum Literatur fand. Geschweige denn Erfahrungsberichte oder Biographien von Betroffenen. Ich habe mich gefragt, ob es keine Betroffenen gab oder sich nur niemand traute, darüber zu berichten. Zum Glück gab es in Mannheim den ›Anderen Buchladen‹, der auch Bücher für Schwule und Lesben führte. Dort bekam ich *Ich bin zwei* von der Mann-zu-Frau-Transsexuellen Waltraud Schiffels in die Hand, ein Buch, in dem sie über ihr Leben zwischen den Geschlechtern berichtet. Ihre Geschichte war mir zunächst fremd, aber immerhin hatte ich mal was zum Stöbern. In der Stadtbibliothek Mannheim fand ich zwei Wochen später schon mehr, was in die Richtung Sexualmedizin ging. Bücher wie *Die soziale Konstruktion der Transsexualität* von Stefan Hirschauer zum Beispiel. Der beste Fund aber war ein Buch von Professor Wolf Eicher, einem Gynäkologen, Andrologen und Urologen in Mannheim, der ein Vorreiter in Sachen Transsexualität war. Es hieß *Transsexualismus. Möglichkeiten und Grenzen der Geschlechtsumwandlung* und zog mich sofort in seinen Bann.«

»Na, eine Ahnung musst du da schon gehabt haben. Ich leihe mir nie solche Bücher aus.«

»Das hatte ich bis dahin ja auch nicht getan, aber nun zog mich dieses Thema an. Offensichtlich hatten meine Probleme mit meiner Geschlechterrolle zu tun, und da gab es nur eine Handvoll Möglichkeiten. Also habe ich mich in alle Richtungen informiert.«

»Hat die Bibliothekarin beim Ausleihen einen blöden Spruch gemacht?«

»Nein, sie schaute nur sehr neugierig über ihre Brille zu mir hoch, so nach dem Motto: ›Warum interessiert sich dieser junge Mann denn für solche Literatur?‹ Ich glaube fast, sie war selbst überrascht, dass es solche Bücher in ihrer Bibliothek gab.«

»Und führte einer dieser Titel für dich zur Erleuchtung?«

»Eichers Buch hatte zumindest mein Interesse geweckt. Ich las und las, als hätte ich mich festgebissen. Ich habe eine Angewohnheit. Wenn ich ein Sachbuch lese, das mich interessiert, dann mache ich das am Stück, ohne große Pausen, so intensiv, als ob ich am nächsten Tag ein Referat halten müsste. Also verstehen und wiedergeben, ganz konsequent und diszipliniert. Ich nahm das Buch überallhin mit, sogar in die Bahn. Es wäre mir sogar lieb gewesen, wenn mich jemand darauf angesprochen hätte. Dann hätte ich wenigstens mal über das Thema reden können, das mich plötzlich so faszinierte. Es gingen ganze Tage drauf, an denen ich es mir zu Hause gemütlich machte und nur las. So ganz fand ich mich darin noch nicht wieder, aber mein Verständnis für Transsexuelle wuchs und wuchs. Und ab da war es wie mit vielen Dingen: Interessierst du dich für ein Thema, dann bist du sensibilisiert und schwupp, siehst du mehr Dinge, die dazu passen. Es ist so, als ob dein Gehirn dir sagen will: Ich zeige dir die Sachen, du musst nur deine Augen öffnen. Und nach und nach stieß ich auch in normalen Buchläden auf mehr Informationen. So Bücher wie *Die weiße Feder* von Nadia Brönimann und Daniel J. Schüz oder *Transsexualität – Behandlung und Begutachtung* von Clement und Senf erschienen leider erst viel später, die hätte ich damals gut gebrauchen können.«

»Bücher haben dir offenbar am meisten weitergeholfen.«

»Ja und nein. Sie haben mich auch immer wieder verwirrt. So sehr, dass ich nachts oft nicht schlafen konnte. Dann bin ich wieder spazieren gegangen, sogar teilweise nachts um zwei. Hauptsache, ich mauerte mich nicht in meinen vier Wänden ein. Ich bin herumgelaufen, habe gegrübelt und gegrübelt. Das war für mich reine Therapie. Frische Luft, ein paar Kilometer Fußmarsch und die depressiven Gedanken sind verflogen. Vieles sah ich dann klarer. Nur was ich war, blieb immer noch nebulös. Diese Welt, in die ich da gerade reinschnupperte, sie faszinierte mich. Was war nur los?«

»Wenn du dich so gequält hast, warum hast du nicht einfach einen Psychologen um Rat gefragt?«

»Ich fühlte mich ja nicht krank. Natürlich habe ich mich mehr als ein Mal gefragt, ob ich vielleicht schizophren sein könnte, eine depressive Phase oder eine Psychose hätte. Aber tief in mir spürte ich, dass einfach nur mein Fundament verschüttet war und ich es schrittweise selbst freischaufeln musste. Was immer es auch war, es würde Zeit kosten, das war mir klar. Und viel Mut.«

»Hat dich das Lesen mutiger gemacht, deinen Rock öfter anzuziehen?«

»Gute Frage. Am Anfang war dieses gelegentliche Verkleiden als Frau für mich eher ein Test, um eine neue Welt zu entdecken, die mir gefallen könnte – immer mit der Option, alles sofort wieder verschwinden zu lassen, falls es sich doch falsch an mir anfühlen könnte.«

»Hattest du denn mal solche Momente?«

»Vielleicht, wenn diese Röcke Größe 34 gehabt hätten – kleiner Scherz. Nein, es kniff nichts, auch seelisch nicht. Sie schmiegten sich perfekt an, sie standen mir gut. Alles fühlte sich von Anfang an unglaublich richtig an.«

»Und wo war Mike zu dieser Zeit?«

»Immer noch da, es gab ja auch noch keine Denise. Anfangs konnte ich den Spagat ganz gut managen, da ich genug Abwechslung hatte. Mike war eindeutig noch im Vordergrund, ohne dass ich litt oder mich unwohl fühlte. Aber du hast schon recht: Je mehr ich suchte, desto mehr dachte ich über meinen Körper nach.«

»Darf ich mal ganz direkt werden?«

»Klar, wir kennen uns ja wohl lange genug.«

»Hat dich dein Penis manchmal angeekelt?«

»Nein, das hat er zu dieser Zeit nicht und auch nicht danach – auch wenn andere Transsexuelle von solchen Empfindungen berichten. Aber ich fühlte mich nicht besonders wohl damit, ich hatte einfach keinen Bezug zu ihm.«

»Hattest du ja eigentlich noch nie, so wenig, wie mit Männern und Frauen gelaufen ist.«

»Ja, ich hatte oft genug die Erfahrung gemacht: Sexuell brauchte ich den ja wohl nicht. Nur um mir einen Orgasmus zu verschaffen, der mich in ein Gefühl des Nirwana schleudert und für ein paar Sekunden alles vergessen lässt. Sollte das mein Sexualleben sein? Nein. Als ich das mal erkannt hatte, spürte ich so etwas wie eine Diskrepanz. Kein Unwohlsein, eher so ein Gefühl wie ›Hier stimmt was zwischen deinem Körper und deiner Seele nicht‹. Ich fühlte mich in mir selbst fremd: Ja, fremd – das ist vielleicht die beste Formulierung.«

»Warst du dir dabei unheimlich?«

»Das klingt so böse, nein. Ich habe mich ja trotz allem gemocht. Ich war auch stolz auf mich, auf das, was ich als Mike alles erlebt und bewältigt hatte, ohne abzudriften, ich war stolz auf all die netten Menschen, die ich kennenlernen durfte. Warum sollte ich Mike nicht mögen?«

»Versteh schon, ich finde nur die Vorstellung gruselig, dass die Seele plötzlich anfängt, ein Eigenleben zu führen, und sich neben den eigenen Körper stellt.«

»Erst recht, wenn sie anfängt, dir ständig Erkältungen einzubrocken oder Heißhungerattacken oder Magenschmerzen. Ich habe viel geheult, wenn ich abends zu Hause in meinem Kimono auf dem Bett saß.«

»Ob manche in so einer Lage Trost in Drogen suchen?«

»Das hatte ich zu der Zeit schon hinter mir.«

»Drogen?«

»Keine harten, aber ich hatte ein Problem mit Alkohol.«

»Wann?«

»1988.«

»Aus Kummer über dich selbst?«

»Nein, es gab einen anderen Auslöser dafür, auch wenn meine Biographie da sicher reinspielte. Soll ich dir kurz die Geschichte erzählen?«

»Ja bitte.«

»Im Mai 1988 hatte ich Holger* kennengelernt. Wir trafen uns in einem einschlägigen Lokal ...«

»... einem schwulen Club?«

»Genau, und er sagte mir gleich, dass er bisexuell sei und einen neuen Freund suche. Seine direkte Art hat mir imponiert. Er war 44, sah gut aus, war sehr sportlich und wohnte bei Heidelberg allein mit seinen zwei Töchtern in einem Haus. Auf demselben Grundstück lebte in einer anderen Wohnung noch sein Exfreund und dessen neue Frau.«

»Merkwürdige Konstellation ...«

»Das kann ich dir sagen. Die Einzige, die nach dem Rechten sah und sich um das Wohl der Kinder sorgte, war die Oma. Obwohl sie ihr eigenes Zuhause hatte, übernachtete sie öfter dort. Ich verstand mich gut mit den Mädchen. Holger wollte von Anfang an, dass ich mit bei ihm lebte. Da ich sowieso kein eigenes Zuhause hatte und nur bei meinem Kumpel Rudolf wohnte, willigte ich naiv ein. Damit begann ein weiterer trauriger Abschnitt meines Lebens. Am Anfang schien alles ganz normal. Klar nahm Holger ab und zu diese bunten Tabletten, von denen ich nicht wusste, wofür sie waren, und er trank auch manchmal etwas mehr. Doch ich sah ihn durch eine rosarote Brille. Dabei war bei ihm zu Hause alles krank. Die Kinder, die unter dem Verlust der Mutter genauso litten wie unter der Krankheit ihres Vaters und die zwischen der Erziehung ihres Vaters und der Oma standen. Der Exfreund, der immer noch ein zu gutes Verhältnis zu den Kindern pflegte und mit seiner Einmischung nervte. Die Oma, die mich ignorierte. Und Holger, der mich zwar liebte, sich aber im Laufe der Zeit psychisch immer mehr veränderte. Er trank noch mehr, nahm weniger Tabletten. Auch ich trank nun vermehrt Alkohol zu den unmöglichsten Zeiten. Anfangs war es nur zur Gesellschaft. Später, weil ich mit dieser merkwürdigen Atmosphäre um mich herum nicht zurechtkam. Ich will Holger nicht die Schuld dafür in die Schuhe schieben, aber das Zusammenleben mit ihm und die Umstände haben mich wirklich deprimiert.«

»Hast du das nicht eher bemerkt?«

»Nein, im Grunde war er ja lieb – aber psychisch krank. Er litt unter Schizophrenie. Dafür waren auch diese bunten Pillen, wie ich nach etlichen Fragen herausbekam. Das waren Neuroleptika, die gegen Verfolgungsängste, Unruhezustände, Halluzinationen und Denkstörungen helfen – falls man sie regelmäßig einnimmt, was er nicht immer tat.«

»Klingt nicht gerade nach einem friedlichen Familienleben ...«

»Eines Abends, er stand mir gegenüber, schaute er mich so merkwürdig an und redete in einer Sprache mit mir, die ich nicht verstand. Er war gar nicht mehr er selbst. Er ging mir an den Hals, würgte mich. Sprach was von Tutanchamun, Kleopatra und anderes wirres Zeug. Er sah in mir etwas Bedrohliches, er wollte mich umbringen, er hatte wahnsinnige Kraft. Ich schaffte es, mich von ihm zu befreien, und haute ab. Ich rannte bis in den

Nachbarort und klingelte nachts um halb zwölf einen Bekannten raus. Bei ihm saß ich zitternd auf der Couch. Er kannte Holger recht gut und erzählte mir von seinem Krankheitsbild, von seinen stationären Aufenthalten in der Psychiatrie, seinen missglückten Bekanntschaften, die alle nichts waren und und und. Am Ende sagte er, dass es wohl besser wäre, wenn ich ihn verlasse.«

»Hast du?«

»Nein, er tat mir so leid. Vielleicht habe ich so ein Helfer-syndrom entwickelt. Als Holger in die geschlossene Abteilung einer Psychiatrie kam, blieb ich erst mal weiter bei ihm wohnen, wo sollte ich auch hin ohne Geld und so chaotisch, wie mein eigenes Leben war.«

»Warum chaotisch, warum hattest du kein Geld, warum keine Wohnung?«

»Seit meiner Ausreise hatte ich nur Gelegenheitsjobs, weißt du ja. Ich habe Regale im Kaufhaus aufgefüllt oder irgendwo kassiert, aber das bisschen, was ich verdiente, reichte vorne und hinten nicht. Und schon gar nicht für eine Wohnung. Also wohn-te ich seit Jahren bei Freunden, meist bei Rudolf und Mathias. Aber die zwei hatte ich in letzter Zeit ziemlich vernachlässigt, und einfach so anklopfen wollte ich nicht. Bei meiner Mutter und ihrem Mann fand ich keinen Unterschlupf mehr.

Es blieb mir nichts weiter übrig, als die Zustände zu ertragen. Jedes Mal, wenn ich Holger in der Psychiatrie besuchte, flehte er mich an zu bleiben, auf das Haus und die Kinder aufzupassen, auf ihn zu warten. Er wollte mich nicht auch noch verlieren, wie seine vorherigen Bekanntschaften. Er versprach mir, wieder ge-sund zu werden. Doch das Leben zu Hause, ohne ihn, mit diesem Exfreund und der übermäßig fürsorglichen Oma, die sich in alles einmischten, war furchtbar. Ich spürte, dass ich nicht erwünscht war, ich fühlte mich überflüssig. Da trank ich noch mehr, sogar allein, aus Verzweiflung, aus Angst davor, wie das alles weitergeht. Meist zum Beruhigen und Einschlafen. Ich machte mir zu viele Gedanken um Holger, die Situation hat mich völlig überfordert. Ich ging kaum noch aus und tröstete mich lieber zu Hause. Erst brauchte ich eine Flasche Wein, dann fast zwei. Als ich bei drei Flaschen angelangt war und nachts wieder orientierungslos auf der Couch im Wohnzimmer aufwachte, erkannte ich, dass ich ein Problem hatte.«

»Und dann?«

»Mensch, jetzt reden wir schon viel zu lang über dieses Thema. Wir waren doch bei meinem ersten Rock! Aber na gut. Am nächsten Tag, es war der 13. November – so ein symbolhaftes Datum kann ich gar nicht vergessen –, ging ich abends zu den ›Anonymen Alkoholikern‹ und hörte zu. Ich war zu schüchtern, um von mir zu erzählen. In meinen Augen war ich ja nicht so krank wie die anderen. Aber ich wusste danach, was ich zu tun hatte: Ich brauchte einen Arzt. Der erste verordnete mir Psychopharmaka zur Beruhigung und zum Einschlafen. Ich lehnte ab und war sehr enttäuscht über diese ›Hilfe‹, die aus einem läppischen Rezept für Tabletten bestand. Aber ich blieb dran und suchte mir auf eigene Faust ein Krankenhaus zum Entzug. Zwei Tage später stand ich morgens um zehn mit einer Flasche Wein im Beutel vor der Suchtklinik des Psychiatrischen Zentrums Nordbaden in Wiesloch und stellte sie demonstrativ am Eingangstor ab. Ich wollte mich auf diese Art symbolisch vom Trinken verabschieden. Dann bin ich rein, habe einem sehr jungen Arzt beim Aufnahmegespräch alles erzählt. Er half sofort.

Mit einem Zettel in der Hand bin ich zur stationären Aufnahme in Haus 9 zum Entzug marschiert. Eine geschlossene Station, das war schon ein komisches Gefühl, man schützte mich vor mir selbst. Ich bekam ein Medikament, das ›Distaneurin‹ hieß. Man erklärte mir, es dämpfe die Entzugserscheinungen und helfe mir, falls ich ins Delirium fiele, was durchaus schon mal lebensbedrohlich werden könne. Da bekam ich es mit der Angst. Erst jetzt wurde mir bewusst, wie ernst diese Krankheit zu nehmen war. Meine erste Nacht ohne Alkohol überstand ich zum Glück sehr gut. Sehr viele Kreislaufkontrollen, Blutdruckmessungen von Krankenschwestern. Mein Krankenblatt sah aus wie das Bergmassiv der Schweiz: Landschaften aus Kurven, Punkten, Linien.

Nach drei Tagen war die Entgiftung vorbei, ich hatte alles erstaunlich gut verkraftet. Danach folgten drei Wochen Gruppengespräche, die mich sehr weitergebracht haben. Die Ärztin riet mir, den Kontakt zu Holger abzubrechen. Er war inzwischen auch wieder in stationärer Behandlung – nur wenige Häuser weiter auf dem gleichen Klinikgelände. Ich bin nach dem Gespräch gleich zu ihm hin. Mein Gott, wie verändert er war. Sicherlich waren die Psychopharmaka mit schuld. Er tat mir so leid, wie er mich mit seinen hilflosen Augen anschaute. Und trotzdem: Ich musste diesen Kontakt einschränken. Ich brachte ihm vorsichtig bei, dass ich ausziehen würde.

Nach Weihnachten sagte man mir, dass ich Neujahr 1989 nach Hause könne, die Therapie sei dann beendet. Ich hätte jedoch die Möglichkeit, eine zweite Therapie anzuschließen. Die würde ein halbes Jahr dauern. Was hatte ich zu verlieren? Ich konnte nur vorankommen, es war eine Chance, mehr über mich zu erfahren.«

»Und hast du das?«

»Ja. Auch wenn es hart war. Andere bekamen am Wochenende Besuch, ich nicht: Ich bin in dieser Zeit mental sehr stark geworden. Und habe gelernt: Was auch immer geschieht – du musst dir selbst helfen. Am 15. Juli 1989 war mein Entlassungstag. Von der Therapie aus hatte man mir ein WG-Zimmer besorgt. Aber eine Wohngemeinschaft war für mich keine Option. Doch da war Mathias für mich da. Er ließ mich bei sich übernachten. Er und Rudolf haben mich zu der Zeit nie hängen lassen. Wenn es darauf ankam, konnte ich auf sie zählen.«

Sie seufzt: »Ach, ich bin den beiden so dankbar.«

»Habt ihr noch Kontakt?«

»Leider nicht, aber ich vermisse sie.«

»Und heute bist du trocken?«

»Klar, zwanzig Jahre schon. Seit dem Einweisungstag habe ich keinen Tropfen mehr angerührt. Vielleicht war die Therapie sogar der Beginn eines Wendepunktes in meinem Inneren. Aber lass uns nun endlich zurückkommen zu dem, worüber du heute eigentlich mit mir reden wolltest. Deine Ursprungsfrage war, wie ich mich auf die Suche nach meinem wahren Ich gemacht habe.«

»Das stimmt, und trotzdem war das eben ein interessanter Ausflug. Dein Leben kennenzulernen ist irgendwie, als würde man ein Puzzle zusammensetzen und mittendrin merken, wie sich das Bild langsam formt. Also wo waren wir stehen geblieben? Ach, genau: Wann tauchte denn nun in dieser ganzen Phase des ersten Rock-Tragens zum ersten Mal der Gedanke auf ›Ich könnte eine Frau sein‹?«

»Anfangs gar nicht.«

»Ach komm, erzähl mir nichts. Wenn ich zu Hause plötzlich Lederschlipse tragen würde, würde ich mir schon Gedanken machen.«

»Wie gesagt: Es war Spielerei. Natürlich habe ich, wenn ich verkleidet war, im Spiegel eine Frau gesehen. Aber sie hatte mit mir noch nichts zu tun. Natürlich wurde die Sehnsucht nach den zwei Röcken in meinem Schrank Ende 1994 langsam größer, eine Ahnung machte sich breit. Doch ich ließ sie nicht zu. Noch war ich voll und ganz Mike. Bis ich Tanja* traf.«

»Tanja?«

»Morgen, Schneckchen. Schau mal auf die Uhr.«

Halb zwei, wieder mal.

1995 – DAS DOPPELLEBEN BEGINNT

Jetzt aber los: Wer war Tanja?«
»Das war die erste Transsexuelle, die ich kennenlernte. Sie hat mir die Augen geöffnet – nachdem ich schon mein Doppelleben führte.«

»Du meinst diese zwei Röcke in der Nacht?«

»Na ja, das war ja nur der Anfang. Aber dieses Verkleiden wurde Ende 1995 intensiver, es wurde fast zu einer Art Parallelwelt, in der ich lebte. Aus meinen Bodybuilder-Zeiten hatte ich zwei Tops, die gut zu den Stretchteilen aussahen. So kam ich auf vier Kleidungsstücke, die ich kombinieren konnte. Ein guter Fundus.«

»Du kamst mit vier Kleidungsstücken aus?«

»Das war doch viel! Außerdem war ich sehr sparsam. Ich ging mit den Sachen ja auch nicht auf die Straße. Für zu Hause haben sie völlig gereicht, auch wenn ich mich inzwischen fast jeden Abend umzog.«

»Woher kam nach einem Jahr plötzlich dieser starke Drang?«

»Nicht plötzlich. Er kam schleichend und von ganz allein. Je öfter ich die Röcke anzog, desto sicherer wurde ich darin und desto größer wurde der Wunsch, es zu wiederholen – Monat für Monat mehr. Obwohl parallel die Fragen in meinem Kopf immer lauter wurden: Ist das wirklich mein Weg? Was will ich in diesen Sachen? Bin ich ein Transvestit? Oder eine Transsexuelle? Oder mache ich mir was vor?«

»Wann hast du die Sachen getragen?«

»Nur nachts, wenn ich allein war. Wenn es passte und ich nichts anderes vorhatte, machte ich meinen Schrank auf, zog die Jeans aus, legte sie hinein und holte einen der Röcke heraus. Sobald ich umgezogen war, fühlte ich mich wohler, das spürte ich jedes Mal ganz stark. Es war so, als ob ich innerlich immer mehr ankam.«

»Wie lange hast du in den Sachen jeden Abend vor dem Spiegel gestanden?«

»Der Spiegel war nicht so wichtig. Ich habe mich darin ganz normal bewegt, mir Abendbrot gemacht, auf dem Bett gelegen und Fernsehen geguckt oder mir die Nägel gefeilt. Alles, was man halt so macht.«

»Nur eben heimlich – und nachts.«

»Manchmal auch am Wochenende tagsüber.«

»Und was hast du getan, wenn jemand klingelte?«

»Das hab ich von vornherein verhindert. Die meisten Leute wussten, dass ich Überraschungsbesuche hasse. Bei mir klingelte selten jemand und sagte ›Hallöchen, ich war gerade in der Nähe‹. Aber nun managte ich Besuche noch bewusster, damit ich nicht in die Bredouille kam. Falls mir trotzdem jemand dazwischengefunkt hätte, hätte ich nicht aufgemacht. Zu Hause – das war meine kleine, verborgene Welt.«

»Tagsüber bist du ganz normal in Hosen zur Arbeit?«

»Ja sicher, was denkst du denn? Aber das wurde schnell zum Problem. Nicht wegen der Hosen, die trage ich ja auch heute als Frau. Aber da entstand ein riesiger Zwiespalt. Denn natürlich hinterließen die Nächte auch Spuren. Ich musste oft an die Umzieherei denken. Ja, ich habe mich auf diese Momente inzwischen regelrecht gefreut. Fast wie ein kleines Mädchen, das zu Weihnachten einen neuen Rock bekommt und es nicht abwarten kann, ihn anzuziehen und damit herumzulaufen. Und trotzdem hat es mich auch belastet. Wenn ich auf der Arbeit die Betten bezog, dann grübelte ich: ›Was machst du da eigentlich?‹, ›Ist das nun dein Leben?‹, ›Hast du danach jahrelang gesucht?‹. Zum Glück waren das nur kurze Gedankenblitze. Die Vorfreude auf den Abend war jedes Mal stärker.«

»Hast du zu dieser Zeit auch noch Männersachen gekauft?«

»Ich glaube nicht. Das Thema war offenbar schon nicht mehr wichtig.«

»Was war dir denn wichtig?«

»Wie ich mich als Frau richtig zurechtmache, wie ich mich schminke, wenn ich abends Besuch erwartete.«

»Moment, Besuch? Ich denke, du …«

»Jaja, schon gut, ich wollte dich noch etwas verschonen, damit du mich erst besser verstehst. Aber gut: Ich hatte Dates.«

»Männerbesuch?«

»Jaaa!«

»Wann?«

»Ungefähr ein Jahr später, warte …, so ab 1997, als ich aus dem Wohnheim in meine Wohnung gezogen war und mich sicherer in Frauensachen fühlte.«

»Warum hast du das getan?«

»Weil ich, trotz aller Freude, sehr verwirrt war und einfach nicht wusste, wo meine Reise hingeht. Ich war bereit, alles zu tun, um es herauszukriegen. Und dafür musste ich als Erstes wissen, ob andere Männer auch die Frau in mir sahen, die mich seit fast zwei Jahren im Spiegel anblickte. Oder eben doch nur einen verkleideten Kerl. Außerdem wollte ich testen, in welcher der beiden Optionen ich nun selbst zu Hause war.«

»Ich dachte, mit dem Thema Männer warst du durch?«

»Als Mann schon. Aber nun war die Situation ja ganz anders. Und der Test war zunächst die einzige Art, mehr über mich zu erfahren. Keiner lebt im luftleeren Raum, ich konnte nicht ewig mit mir allein bleiben.«

»Und da hast du dir eine kleine Jury nach Hause eingeladen, für die du dich zurechtgemacht hast!«

»Ja. Und ich machte mich sorgfältig zurecht! Im Sexshop hatte ich mir eine Perücke besorgt. Ein billiges blondes Ding mit schulterlangen Locken. Dazu aus der Drogerie Lippenstift, Kajal und Wimperntusche. Und schwarze Velour-Pumps bei Karstadt.«

»Die waren vermutlich am kompliziertesten in der Anschaffung. All die Blicke beim Anprobieren …«

»Gar nicht. Ich habe der Verkäuferin erzählt, dass ich für eine Freundin Schuhe in Größe 39 suche. So anders konnten die Füße von Männern und Frauen doch nicht gebaut sein. Sie zeigte mir die schwarzen, und ich fragte scheinheilig nach dem Umtauschrecht, falls mein Geschenk nicht passen sollte. Dann habe ich sie auf Verdacht gekauft.«

»Haben sie gepasst?«

»Und wie. Als ich zu Hause reinschlüpfte, fühlte sich das an, als ob ich nie andere Schuhe besessen hätte. Ich bin nicht ein Mal umgeknickt. Mit ihnen fühlte ich mich bei den Rendezvous komplett.«

»Wie hast du die Männer kennengelernt?«

»Es gibt hier in Mannheim so eine Kleinanzeigen-Zeitung, die auch überregional zu bekommen ist, die hieß früher *Sperrmüll*. Da kann man inserieren, unter anderem, wenn man Kontakt sucht.«

»*Sperrmüll* … total vertrauenswürdiger Name …«

»Es war absolut okay. Und günstig. Ich war froh, dass es die Möglichkeit gab. Ich habe mir ein Schließfach bei der Post besorgt und anschließend für zehn Mark eine Anzeige mit Chiffre-Nummer reingesetzt.«

»Mit welchem Text?«

»Transsexuelle, nicht operiert, sucht Kontakt zwecks Erfahrungsaustauschs. Eigenes Zimmer vorhanden.«

»Nicht gerade ein neutraler Einstieg für jemanden, der seine weibliche Ausstrahlung testen will. Warum hast du nicht als Frau inseriert?«

»Weil das gelogen gewesen wäre. Ich wollte Feedback, aber ich wollte niemanden verarschen. Ich war noch keine vollständige Frau. Ich war ein Männerkörper in Frauengarderobe. In diesem Punkt musste und wollte ich bei der Wahrheit bleiben.«

»Und wie viele Typen haben sich gemeldet?«

»Rate mal.«

»Fünf? Oder zehn?«

»Bei achtzig hab ich aufgehört zu zählen.«

»Niemals.«

»Doch. Noch Wochen nach der Anzeige sind Briefe eingetrudelt. Sie kamen aus München, aus Köln, aus Mannheim, aus Stuttgart. Von überallher. Ich war total überrascht, dass man als Transsexuelle so gefragt ist. Allerdings konntest du die meisten vergessen.«

»Was haben sie so geschrieben?«

»Zum Teil schlimme Sachen. Viele fragten, ob ich auch wirklich Brüste und einen Penis biete. Ein anderer wollte wissen, ob ich Geld für den Sex nehme, der Dritte bat mich, zum Treffen was richtig schön Nuttiges anzuziehen. Es war diese Sorte Publikum, die das Besondere sucht. Die hab ich gleich aussortiert.«

»Hast du auch welche getroffen?«

»Ja. Sechs Antworten gefielen mir. Ich rief sie erst einmal an, weil ich wissen wollte, wie mir die Stimmen gefallen. Einer sprach mich wie ein Triebtäter an, ein anderer war mir zu neugierig… Na ja, die Hälfte gefiel mir gut, ich glaube mit zwei oder dreien habe ich mich auch verabredet.«

»Wo?«

»Immer bei mir.«

»Mutig …«

»Das war nicht mutig, Jana. Das war naiv. Ich dachte, die kommen rein, wir trinken ein bisschen Kaffee und dann erzählen sie mir, wie sie mich finden, und das war es. Mein einziger Schutz war, dass ich ihnen schon bei der Begrüßung auftischte, dass die Wohnung nicht meine sei und der Besitzer jeden Moment heimkommen könne.«

»Was waren das für Männer, die zu dir kamen?«

»Einer hielt mit einem tiefer gelegten Mercedes mit getönten Scheiben vor dem Haus. Glatze, Lederhose, Goldkettchen – als ich ihn von oben durchs Fenster sah, hatte ich sofort ein mulmiges Gefühl. Er war noch nicht zur Tür herein, da knallte er mir schon auf den Arsch und sagte: ›Hey, du siehst ja geil aus, dreh dich mal ein bisschen, jaaaa, aus dir kann man mit Hormonen noch was machen.‹«

»Nette Fleischbeschau.«

»Mir war die Situation unangenehm. Ich hab ihn rausgeschmissen und hatte Schiss. Denn später hat mir ein Freund aus der Schwulenszene erzählt, dass ich aufpassen soll, weil es Zuhälter gäbe, die auf diesem Weg für exotische Kundenwünsche Ausschau hielten.«

»Und die anderen?«

»Der zweite war ein wunderschöner Typ.«

»Schwul?«

»Von wegen, hetero. Die Männer, die eine transsexuelle Frau suchen, die wollen doch eine außergewöhnliche Frau, aber keinen Mann in Frauenklamotten.«

»Erzähl mehr von ihm.«

»Er war gebürtiger Spanier, kam aus Stuttgart und arbeitete als Model für Hugo Boss. Sehr gutaussehend, sehr groß, sehr interessant. Als ich die Tür aufmachte, dachte ich sofort: Wow, der gefällt mir aber. Er fragte ganz interessiert, wo ich mich auf meinem Weg befand. Ich legte sofort die Karten auf den Tisch und erklärte ihm, wie unsicher ich war. Er schaute mich an und sagte sofort: ›Du siehst sehr fraulich aus.‹ Wir haben drei Stunden erzählt. Er kam danach noch ein paar Mal wieder. Allerdings immer nur sonntags zwischen 15 und 19 Uhr. Das hat mich stutzig gemacht. Aber die Bestätigung von ihm tat mir sehr gut. Bei ihm hatte ich das Gefühl, dass er mich als Frau wahrnahm. Und was noch viel besser war: Ich fühlte mich in der Rolle als Frau neben ihm zum ersten Mal richtig wohl. Dieses Gefühl von Fremdheit, wie ich es mit Schwulen oft erlebt hatte, war weg. Es war irgendwie stimmig, ihm als Frau zu begegnen.«

»Aber der wollte doch nicht nur reden, oder?«

»Nein, da hast du recht.«

»Ja und?«

»Beim dritten Treffen hat er mich schon etwas angetatscht, wir haben geknutscht. Mir gefiel das, jedenfalls besser als alles zuvor. Doch dann wollte er mehr und bei mir war Schluss. Als Mann in Frauensachen mit einem Mann – das ging wieder nicht. Und schon gar nicht, als er damit rausrückte, dass er verheiratet war und eigentlich nur jemanden suchte, wo er ab und zu mal hinkönne, um sein Faible für Transsexuelle auszuleben. Und dafür war ich ihm wiederum als Frau noch zu wenig entwickelt. Als er mir das sagte, war ich richtig enttäuscht. Ich war ja noch nicht so weit.«

»Aber diese Enttäuschung hat dich doch dann sicher trotzdem vorangebracht in deiner Suche?«

»Logisch. Denn mir wurde klar, dass ich genau das sein wollte: die komplette Frau in seinen Armen. Und nicht ein Transvestit oder weiß der Teufel was für ein komischer bunter Vogel, der Männer mit merkwürdigen sexuellen Neigungen befriedigt. Ich wollte keinen Applaus für die Röcke, die ich trug. Ich wollte als ganze Frau begehrt werden.«

»Dann war das ja ein richtiger Meilenstein.«

»Das könnte man so sehen, ja.«

»Wie authentisch hast du dich zu dieser Zeit gefühlt in deinen Frauen-Outfits?«

»Anfangs, wenn ich mich schminkte und die Perücke aufzog, sah ich irgendeine Frau im Spiegel. Später sah ich mich als Frau. Und ganz viel später sah ich im Spiegel auch ohne Schminke Denise. Da war ich angekommen. Aber frag mich bitte nicht wieder nach Zeiträumen. Das war ein sehr langer, schleichender Prozess. Es war fast so, als ob Mike im Spiegel immer mehr verblasste und Denise immer deutlicher erschien.«

»Das Gesicht ist das eine. Die richtigen Bewegungen sind das andere. Wie hast du sie gelernt?«

»Ich habe mich mein Leben lang an Frauen orientiert und beobachtet, wie sie sich schminken oder sich in verschiedenen Kleidungsstücken bewegen. Ich fand es faszinierend, wie eine Frau sich verändern konnte. Nun versuchte ich das in gewisser Weise nachzumachen. Allerdings war das ein merkwürdiges Gefühl, dieses Imitieren. Ich wollte ja ich selbst sein und nicht nur jemanden nachmachen. Aber das war der Umweg, den ich nehmen musste, um zu lernen, was zu mir passt und wer ich bin. Ich probierte aus und wurde sicherer.«

»Ich versuche mir das gerade vorzustellen: Nachts stakst du auf Stöckelschuhen durch die Wohnung, tagsüber bist du Pfleger Mike, der im Krankenhaus anpackt. Wie hast du den Spagat im Verhalten hingekriegt? Hört man dann auf, breitbeinig zu sitzen? Rasiert man sich öfter? Pinkelt man plötzlich nicht mehr im Stehen?«

»Das sind doch alles nur Kategorisierungen von Frau und Mann. Aber wenn es dich beruhigt: Es blieb alles beim Alten. Schon als Mike schlug ich mehr die Beine übereinander als so manche Frau. Abgesehen von den Grübeleien konnte ich beide Seiten perfekt leben. Hatte ich Männersachen an, war ich Mike – und der war nicht weiblicher oder männlicher als vorher. Klar habe ich mal das eine und mal das andere weggedrückt, aber mit jeder Woche, in der ich mehr Denise zuließ, wurde es einfacher. Verhaltensänderungen hin zum Weiblichen fingen erst nach meinem Outing an, als ich als Frau auf die Straße ging. Da begann ich, fraulicher zu laufen. Ich überlegte bei allem, was ich tat: Wie sitze ich da, wie bewege ich meine Hände? Am Anfang habe ich oft zu dick aufgetragen. Ich war eben sehr unsicher, wie man sich normal als Frau bewegt, das hat sich erst mit den Jahren normalisiert.«

»Apropos auftragen: Mit dem Schminken, das fällt echt auf. Warum sehen Transsexuelle so oft aus wie Tuschkästen?«

»Wie sahst du aus, als du dich das erste Mal für die Schuldisco zurechtgemacht hast?«

»Ich hab nur Mascara benutzt. Allerdings mit zittriger Hand und unter Anleitung meiner Mama.«

»Siehste. Und für den Rest hattest du Jahre Zeit, bevor du deine Farben und das richtige Maß gefunden hattest. Transsexuelle müssen alles im Express lernen. Schminken ist am Anfang bei vielen das Wichtigste, weil es einem die Chance gibt, blitzschnell fraulich auszusehen. Allein, ohne Ärzte, kannst du dir immerhin im Spiegel die Illusion geben, dass du schon Frau bist. Nur weißt du noch nicht, wie es geht, und du kannst auch niemanden fragen, weil es ja noch keiner wissen darf, weil die Scham viel zu groß ist, es zu sagen. Mein Gott, muss ich manchmal eine Maske aufgetragen haben. Vor allem später, als ich mir Theaterschminke besorgte. Sie deckte gut, war wasserfest und hielt viel länger als normales Make-up. Doch man schwitzte darunter … Aber egal, alles war besser als Barthaare. Der Bart, die herben Konturen – je sicherer ich mir meiner weiblichen Gefühle wurde, desto mehr hat mich alles Männliche gestört. Ich hatte zum Glück Zeit zum Üben, ich konnte mich während meiner Testphase jahrelang schminken, ohne dass es jemand sah.«

»Bist du nie aus dem Haus gegangen, um deine Wirkung auf andere Leute zu testen?«

»Nein. Ich wollte mich erst mal selbst testen.«

»Du sagtest gerade ›jahrelang‹. Wie lange ging das denn?«

»Drei Jahre.«

»Wahnsinn. Und die Nachbarn haben nie was gemerkt?«

»Mir hat man nie was angemerkt, nein, keiner hätte etwas ahnen können.«

»Drei Jahre so ein Doppelleben. Wie hält man das aus? Wem hast du dich anvertraut?«

»Keinem. Als ich Feedback brauchte, fragte ich die Typen von den Dates. Man saß in einem Boot, sie hatten auch etwas zu verbergen. Wer gibt schon gerne zu, dass er sich mit einer Transsexuellen trifft?«

»Ich meine nicht das Feedback. Ich meine Zuhörer mit Herz, die wissen wollten, wie es dir und deiner Seele in diesem Stadium ging.«

»Das war meine Sache, mit der ich allein klarkommen sollte und wollte. Eher hätte ich mir professionelle Hilfe gesucht, als mich Bekannten anzuvertrauen.«

»Puh …«

»Für mich war das nicht so schlimm, wie du dir das jetzt vorstellst. Durch meine Kindheits- und Jugenderlebnisse hatte ich kein besonders großes Vertrauen in andere Menschen. Ich habe mich eigentlich nie jemandem anvertraut.«

»Du hättest Kontakt zu anderen Transsexuellen suchen können …«

»Eine Selbsthilfegruppe? Nein danke. Ich wollte nicht vorbelastet sein, sondern meine eigenen Erfahrungen machen. Ich wollte eine individuelle Entscheidung, bevor ich mit anderen rede. Ich weiß, dass es nicht allen so geht. Viele Transsexuelle brauchen regelrecht Austausch für ihre Selbstfindung.«

»Und die tausend Fragen nach jedem Abend in Frauenkleidern? Wie hast du die allein verarbeitet?«

»Die kamen natürlich immer wieder. Ich habe gelernt, dass du dir alle Fragen nur allein beantworten kannst. Ich bin viel raus, war Rad fahren, ging spazieren oder habe meditiert. Ich dachte viel nach, irgendwie musste ich doch zu einer Antwort kommen. Ich wusste, dass sie tief in mir wohnt. Mir fehlte nur die Weisheit, sie zu finden.«

»Klingt philosophisch ...«

»Ich habe mich zu dieser Zeit viel mit der östlichen Philosophie beschäftigt, unter anderem mit Taoismus. Dabei lernte ich drei wesentliche Dinge. Erstens: Jeder Mensch hat sein eigenes Erleben, seine Sichtweisen, sein Denken. Keiner kann sich erlauben, einem anderen vorzuschreiben, wie er sein soll. Denn in dir selbst ist alles Wesentliche verborgen, du musst nur das Bewusstsein und den Mut entwickeln, es zuzulassen. Zweitens: Es gibt im Leben nicht nur Gut oder Schlecht, alles Schlechte hat auch etwas Gutes, genau wie das Yin & Yang-Zeichen. Und drittens: Sag nicht ›Ich habe ein Problem‹ oder ›Ich bin krank‹, sondern ›Da ist ein Problem‹ sowie ›Das ist diese Krankheit‹. Dann gewinnst du Abstand, identifizierst dich nicht damit, und das Problem oder die Krankheit bleibt, was es ist: eine Sache und mehr nicht. Diese Erkenntnisse haben mir sehr geholfen, die Situationen zu vereinfachen. Ich war so oft am Ende. Denn mit der Vermutung, dass ich transsexuell sein könnte, kamen die Sorgen.«

»Wovor?«

»Ja wovor? Horch doch mal ganz kurz in dich rein. Welches Bild hast du bei dem Wort ›Transe‹ vor Augen?«

»Heute ein anderes als früher.«

»Dann eben früher, bevor wir uns kennenlernten!«

»Aber nur, weil du drauf bestehst: überschminkte Personen mit zu tiefen Stimmen, zu großen Händen und zu schweren Parfums, die irgendwie verwirrt oder gruselig auf mich wirken, weswegen ich ihrem Blick selten länger als drei Sekunden standhalten kann. Gleichzeitig tun sie mir leid, weil sie so herumstöckeln in ihren viel zu hohen Schuhen und weil sie viel zu oft betonen, wie sehr sie doch Frau sind, obwohl sie eher herb und manchmal sogar etwas billig aussehen. Oh Gott, das hab ich gerade nicht gesagt.«

»Danke, Jana, schon okay. Ich wollte das ja von dir hören. Genau dieses Bild hatte ich damals auch im Kopf. Und nun sag mir: Wie soll man sich richtig freuen, wenn man herausfindet, dass man wahrscheinlich eine von denen ist?«

»Hm, jetzt verstehe ich. Aber irgendwann macht es doch sicher trotzdem klack und man gesteht es sich ein. Wann war das?«

»Im Sommer 1998. Und nun sind wir endlich da angekommen, womit wir heute angefangen haben: bei Tanja. Na ja, davor war noch Dana.«

»Erzähl von beiden. Also Dana – wer war das?«

»Guckst du manchmal *Grand Prix* im Fernsehen?«

»Früher schon. Heute ist es grottig.«

»Erinnerst du dich an den 9. Mai 1998? Damals hat doch diese Dana International aus Israel mitgemacht.«

»Eine Transsexuelle, stimmt. Das stand ja damals groß in allen Zeitungen.«

»Gott sei Dank. Dadurch konnte ich sie so oft sehen. Ich habe jeden Bericht fieberhaft verfolgt. Mein Herz schlug immer schneller, wenn ich sie im Fernsehen sah. Sie war so hübsch, so gelungen, so perfekt als Frau. Plötzlich war das Ekel-Image in meiner Vorstellung weg, ich begann, Transsexuelle anders zu sehen. Und dann der Medienrummel um die transsexuelle Bürgermeisterin Michaela Lindner. Langsam verlor Transsexualität das, was mich so abgestoßen hatte: den Irrglauben, dass das alles nur verlorene, merkwürdige und ausgestoßene Gestalten sind. Doch letztlich hat erst Tanja geschafft, dass ich einsah, dass ich das selbst bin. Ich habe sie in Italien kennengelernt. Sie hat mir einen Schub verpasst, den krönenden Abschluss.«

»Bitte von Anfang an, erzähl schon.«

»Ich war mit Giuseppe*, einem italienischen Freund, im Juni nach Florenz gefahren, um seine ehemalige Schulfreundin zu besuchen. Die Freundin interessierte mich kaum, aber Florenz! Bis mir Giuseppe auf der Fahrt gestand, dass diese Frau früher ein Mann gewesen war. Ich kriegte mich kaum noch ein, wieder klopfte mein Herz bis zum Hals. Als Tanja mir Stunden später gegenüberstand und ihre etwas zu groß geratenen Hände entgegenstreckte, war ich beeindruckt. Sie war Mitte dreißig, trug eine praktische Kurzhaarfrisur und bestimmt Kleidergröße 42. Und dennoch: Nichts an ihr erinnerte an einen Mann. Ihre ganze Ausstrahlung war so weiblich. Wie selbstverständlich sie durchs Haus lief, Spaghetti kochte, auf den Tellern anrichtete und mit uns aß, wie sie Freunde anrief, ihren Ehemann küsste – da war immer diese Leichtigkeit, dieses Natürliche. Ich hatte sofort einen Bezug zu ihr, obwohl ich kein Wort Italienisch sprach. Doch eine ganze Stunde saß ich nur da und habe sie angeguckt, bis sie zu Giuseppe sagte: ›Irgendwas ist doch mit diesem Mike, ich spür das.‹

Mir gefiel das schöne Familienleben mit ihrem Mann. Als wir an den Strand baden fuhren, beobachtete ich sie den ganzen Nachmittag aus den Augenwinkeln, wie sie in ihrem Badeanzug stolz auf dem Klappstuhl unterm Sonnenschirm saß. Mein Englisch reichte nicht, um all die Fragen zu stellen, die ich an sie hatte. Aber die Empathie, die Wärme und Geborgenheit, die sie ausstrahlte, gaben mir die ganze Zeit das Gefühl, ihre Freundin zu sein – und nicht nur ein Mann, den sie mag. Die ganzen 14 Tage lang.«

»Und dann?«

»Als ich heimkam, war ich sicher: Du bist wie Tanja. Ich ging weiter arbeiten und drückte den Gedanken noch ein letztes Mal weg. Die Scham und die Sorgen, was da auf mich zukäme, waren nun noch viel größer geworden. Es vergingen noch mal drei Monate Versteckspiel mit einer unerträglichen Zerrissenheit und dem Gefühl, meinen Körper nicht mehr so zu mögen, wie er war, bis …«

»… bis …«

»… bis ich den Entschluss fasste. Am 17. September 1998, einen Abend vor meinem Geburtstag, konnte ich nicht schlafen. Ich lief mal wieder die halbe Nacht draußen herum, grübelte hin und her. Morgen würde ich wieder ein Jahr älter sein. Wollte ich noch ein Jahr mit all diesen Lügen leben? Vor meinen Freunden? Vor Bekannten? Vor Kollegen? Vor meiner Familie? Und vor allem vor mir selbst? Früh um sechs bei einer Tasse Kaffee war es dann so weit. Ich spürte so sicher wie noch nie: Ich muss nicht weitersuchen, ich war angekommen. Ich empfand als Frau, also wollte ich auch so leben. Irgendwie würde ich schon den Mut finden, diesen Weg zu gehen.«

»Wie hat sich die Erkenntnis angefühlt?«

»Unendlich befreiend. Es war das größte Geschenk, das ich mir an diesem Tag und in meinem ganzen Leben machen konnte. All die Lügen und Suchmanöver hatten endlich ein Ende. Mike hatte seine Zeit gelebt – nun musste ich Denise ins Leben holen. Ich konnte es kaum erwarten.«

»MEIN SCHWERER WEG ZUM ARZT«

Guten Tag, mein Name ist Mike B..., ich glaube, ich bin transsexuell. Kennen Sie vielleicht einen guten Psychotherapeuten?« Mit diesen Worten hatte Denise, die damals noch anders hieß, am nächsten Morgen bei der Krankenkasse angerufen.

Wenn keine Zeit mehr verloren werden sollte, dann durfte Mike sich erst gar nicht mit seinem Hausarzt aufhalten, dann musste er gleich mit jemandem reden, der vom Fach war. Der Menschen wie ihn betreute, der zuständig war für solche Diagnosen, da hatten die Krankenkassen ja genauso strenge Kriterien wie die Gerichte, die ihn später als Frau anerkennen sollten, das wusste er längst aus all den Fachbüchern, die er gelesen hatte.

Erstaunlich schnell war der Rest gegangen. Drei Jahrzehnte lang war Mike auf der Suche nach seinem wahren Ich durchs Leben geirrt. Und nun dauerte es gerade mal sechzig Sekunden, und er hielt die Nummer eines Therapeuten aus Heidelberg in der Hand. Er bedankte sich bei der Dame und legte auf. Kurz darauf wählte er schon. Erst die Vorwahl, dann die Praxisnummer von diesem Doktor Henner Will. Verwählt, erst mal tief durchatmen, zweiter Versuch. Sein Herz klopfte, als wollte es beim ersten Wort den ganzen Brustkorb sprengen, er brach erneut ab, um es zehn Minuten später nicht viel ruhiger ein weiteres Mal zu probieren.

»Was hast du der Sprechstundenhilfe gesagt, Denise?«

»Es gab keine. Es meldete sich ein Mann mit ruhiger, sympathischer Stimme. Der Arzt war selbst dran. Damit hatte ich gar nicht gerechnet. Ich stotterte herum. ›Äh, bin ich da …, also bin ich bei Ihnen richtig, ich habe Ihre Nummer von der Krankenkasse, weil ich …‹ Der Psychotherapeut bemerkte meine Aufregung sofort und fragte väterlich, worum es denn ginge. Da brach alles aus mir heraus. Ich habe von meiner jahrelangen Suche erzählt, vom heimlichen Probieren, vom Verstecken, vom Nichtwahrhabenwollen und und und. Er sagte: ›Das Beste ist, Sie kommen vorbei.‹ Wir machten einen Termin für ein paar Tage später aus, dann habe ich erleichtert aufgelegt. Der Anfang war gemacht.«

»Eigentlich hättest du vor Freude durch die Wohnung tanzen müssen.«

»Natürlich war das ein großer Tag für mich. Obwohl sofort neue Ängste hochkamen. Was kommt da auf dich zu, stehst du das durch, kannst du dir deiner Gefühle sicher sein, willst du diesen Weg bis zum Ende gehen, wirst du danach endlich glücklich sein? Zum ersten Mal hatte ich einem anderen Menschen offiziell von meiner geheimen Welt erzählt. Und davon, wie ich meine Zukunft leben wollte, leben müsste. Ich war so aufgeregt, dass ich mir kaum vorstellen konnte, wie ich die Zeit bis zu dem Termin aushalten sollte. Nun wollte ich endlich die letzte Gewissheit kriegen, was ich bin.«

»Ich dachte, das wusstest du da längst?«

»Einerseits schon. Aber bei so einschneidenden Veränderungen in deinem Leben glaubst du dir erst, wenn ein erfahrener Arzt es auch tut. Bis dahin denkst du immer noch, dass vielleicht doch alles ein großer Irrtum ist, dass es vielleicht einen anderen, leichteren Ausweg gibt als die Geschlechtsangleichung, die alles andere als ein Kindergeburtstag ist.«

»Wie steht man morgens auf, wenn man weiß, der kommende Tag entscheidet vielleicht über das ganze Leben?«

»Voller Vertrauen. Ich habe mich gefreut und mir gesagt: ›Nun wird alles gut.‹«

»Hast du dich als Mann oder als Frau angezogen?«

»Als Mike. Es war mir wichtig, dass der Therapeut mich als körperlichen Mann kennenlernt. Er sollte den ganzen Menschen sehen, um sich ein umfassendes Bild von mir machen zu können.«

»Kein Versuch, ihn gleich in voller Montur mit einer geballten Ladung Weiblichkeit zu bestechen?«

»So bin ich nicht, Jana. Dafür war mir die Sache viel zu ernst. Ich wollte einen Schritt nach dem anderen gehen und jeden sorgfältig prüfen. Es war schließlich eine Reise ohne Rückfahrticket.«

»Erzähl weiter, was war das für ein Tag?«

»Ein Freudentag! Ich hatte mir freigenommen und wachte an dem Tag viel zu früh auf. Als ich in der Bahn saß, flogen die letzten quälenden Jahre vor meinem geistigen Auge vorbei. Die Praxis lag in einer ruhigen Seitenstraße, nicht weit von der Innenstadt entfernt. Der Eingang war im Innenhof eines großen Backsteingebäudes, das hatte er mir am Telefon gesagt. Ich ging durch das Hoftor. Dahinter musste ich nicht lange suchen, die Tür zum Praxistrakt stand offen, ich lief die Treppe hoch. Es waren nur zwei Stockwerke, aber es schien mir, als käme ich nie oben an. Dann stand ich endlich vor seiner Tür, atmete noch einmal tief durch und klingelte. Ein Mann um die fünfzig machte auf: Doktor Will. Er lächelte freundlich, bat mich herein. Die Praxis sah aus, als ob sie früher mal eine Wohnung gewesen war: vier Zimmer, die er sich mit zwei anderen Therapeuten teilte, eine kleine Küche und ein Bad, das die Patiententoilette war. Zum Glück musste ich nicht erst in dem kleinen Wartezimmer Platz nehmen, wo mich vielleicht andere Patienten begafft hätten.

Die Warmherzigkeit und die innere Ruhe, die dieser Mann ausstrahlte, gaben mir Sicherheit. Ich fühlte mich sofort geborgen. Er führte mich einen langen Gang entlang direkt in sein Therapiezimmer. Dort nahm er die Anmeldung selbst vor, was mir noch mal ein Gefühl des Vertrauens gab. Alles lief so unkompliziert, dass mein Blutdruck langsam wieder aus dem Keller kam und das flaue Gefühl im Magen wich. Nachdem wir die Formalitäten erledigt hatten, fragte er: ›Was führt Sie zu mir?‹, und ab da hörte ich nicht mehr auf zu reden. Er hörte erst mal nur zu, ganz selten stellte er kurze Fragen. Es hat mich beeindruckt, wie er es schaffte, mich fast unsichtbar mit wenigen Worten zu führen, ohne mich groß zu unterbrechen. Ich redete und redete. Er schrieb und schrieb. Bestimmt vierzig Minuten lang. Ich fühlte mich auf Anhieb verstanden, da reichte schon ein Nicken von ihm, um meine Unsicherheit beiseitezuschieben. Er verlangte nicht von mir, beim ersten Termin intime Details offenzulegen, er fragte auch nichts, was mir peinlich war. Es war an diesem Vormittag nur ein langsames Annähern. Wir lernten uns kennen, schauten, ob wir miteinander zurechtkamen, mehr nicht. Denn das war das Wichtigste. Die beste Therapie taugt nichts, wenn sich Patient und Therapeut nicht riechen können – oder aber zu vertraut miteinander sind. Mit Doktor Will hatte ich von Anfang an das Gefühl, dass er mir die richtige Mischung aus Nähe und Distanz entgegenbrachte. Die erste Stunde verging wie im Flug.«

»Hat er mal ansatzweise versucht, dich von deinen Gedanken abzubringen?«

»Gar nicht, nein. Das wäre sinnlos gewesen, und das sollte auch kein Therapeut. Er führt dich, er lenkt dich, aber die Einsicht muss von dir selbst kommen. Wenn du natürlich auf dem falschen Dampfer bist, dann wird er es schon sagen. Aber es ist nicht seine Aufgabe, dir etwas auszureden, was tatsächlich da ist.«

»Wie endete euer erstes Gespräch?«

»Er hat mir erklärt, wie der formale Ablauf ist, um festzustellen, ob ich wirklich transsexuell bin, und was die nächsten Schritte sind.«

Es waren viele Schritte. Mike würde von nun an ein Jahr lang in seine Praxis kommen müssen, zunächst jede Woche, später reiche einmal im Monat, damit der Therapeut in Gesprächen herausfinden könne, was mit ihm genau los sei. Mike würde beim Endokrinologen Blutproben hinterlassen, um durch Hormon- und Gentests bestätigen zu lassen, dass er wirklich ein rein männliches – und nicht etwa zwittriges – Geschlecht besaß, das er ablegen wollte. Er würde sich einen zweiten unabhängigen Gutachter suchen müssen, der die Ernsthaftigkeit seines Wunsches noch einmal überprüft. Vor allem aber, und das würde die schwerste Phase werden, müsste Mike einen Alltagstest machen. Das hieß: Er müsste von nun an ein Jahr lang unter therapeutischer Begleitung öffentlich als Frau leben – egal, ob er als Krankenpfleger arbeitete oder im Café ein Eis essen ging. Und ganz gleich, wie viel Häme ihm dabei entgegenschlug. Wenn er danach immer noch unter dem inneren Zwang stünde, als komplette Frau weiterleben zu müssen, beide Therapeuten von der Beständigkeit dieses Wunsches überzeugt wären und dies in Gutachten attestiert hätten, dann würde Mike vom Amtsgericht den Antrag auf einen weiblichen Vornamen bewilligt bekommen. Zu diesem Zeitpunkt würde er, wenn es gut lief, schon sechs Monate lang in der Hormonbehandlung sein. Und mitten in den Verhandlungen um die Kostenübernahme durch die Krankenkasse, die oft zu einem monatelangen Kampf ausuferten. Mindestens eineinhalb Jahre lang würden die Therapeuten ihn am Ende kennen müssen, bevor sie ihm – wenn sich an der Ablehnung seines Penis nichts mehr geändert hatte – das wichtigste Gutachten ausstellen dürften: eine Art Genehmigung, sein Mannsein operativ beenden zu lassen. Mit all diesen Unterlagen ausgestattet, könnte er den ersehnten Termin bei der Chirurgin machen, die sein ungeliebtes Geschlecht operieren würde. Und wenn er dies schließlich hinter sich gebracht hätte und dauerhaft fortpflanzungsunfähig wäre, dürfte er den Antrag auf Personenstandsänderung beim Amtsgericht stellen, um auch im Ausweis eine Frau zu sein. Die vielen Schritte waren nötig, weil Transsexualität laut Doktor Will kein objektiver Zustand sei, auch nichts, was man wiegen und messen könne oder was sich im Verlauf verschlimmere, wie das bei Krankheiten oft der Fall sei. Vielmehr sei sie als eine Art sicheres Gefühl, dass man sich dem anderen Geschlecht zugehörig fühle, definiert, dessen Nachhaltigkeit vor dem unumkehrbaren Eingriff bewiesen werden müsse. So schriebe es das deutsche Transsexuellengesetz von 1980 vor – laut Therapeut eines der besten der Welt.

»Wie ging es dir nach all diesen Ankündigungen, Denise?«

»So viel besser! Natürlich habe ich nach der langen Liste erst mal tief Luft geholt. Klar hatte ich auch Angst vor diesem weiten Weg und all den Risiken für meine Gesundheit. Doch als wir uns zum Abschied die Hände schüttelten, war da vor allem ein ganz tiefes Gefühl von Erleichterung. Endlich hatte ich jemanden gefunden, der mir Antworten auf meine tausend Fragen gab. Zum ersten Mal hatte ich einen Plan, wie ich mein Leben in den nächsten Monaten anpacken musste, um Gewissheit über mich zu kriegen. Egal, wie weit der Weg noch war, und egal, wohin er führte: Ich war mir selbst sehr dankbar, dass ich endlich was unternommen hatte, bevor ich seelisch zugrunde ging.«

»Hat der Therapeut dir Ratschläge gegeben, wie du den Alltagstest am besten beginnst oder bei deinen Kollegen ankündigen könntest?«

»Ja. Wir haben lange darüber gesprochen, wann ich das am besten in der Familie bekannt gebe, wie ich es in der Klinik einfädele, wen ich als Erstes einweihe und so weiter.«

»Wie hast du den Tag nach dem ersten Therapiegespräch ver-
bracht?«

»Ich weiß nur noch, wie ich an diesem Abend eingeschlafen
bin: ruhig und entspannt – zum ersten Mal seit langer Zeit.«

Auszüge aus der Patientenkartei

DIE AKTE DENISE

Dr. Henner Will (68), Analytischer Psychotherapeut und Jugendpsychiater in Heidelberg, hat Denise bis nach der Geschlechtsangleichung begleitet. Bei ihren ersten Praxisbesuchen machte er unter anderem folgende Notizen:

12.10.1998

Patient will wissen, was mit ihm los ist: Transvestit? Weiblicher Schwuler? Transsexuell? Hofft auf Hilfe bei der Wahrheitsfindung. Bemüht bis drängend, viele Fragen zu Fristen und zur Finanzierung. Es ist ihm sehr ernst. Berichtet von Missbrauch im elften Lebensjahr. Offenbart starken Rededrang und wirkt, als wolle er alles auf einmal mitteilen. Wirkt selbstbewusst, gewisser Hang zur weiblichen Passivität, zum Unterordnen. Große Sehnsucht nach Geborgenheit. Unglückliche Kindheit. Wir einigen uns auf die Anrede Denise, obwohl sie sich noch männlich präsentiert. Sie wirkt dabei freundlich und weich.

29.10.1998

Gerät jetzt doch zunehmend unter Druck. Männliche Kollegen bemerken, dass an ihr etwas nicht stimmt. Angst vor Kündigung. Muss Farbe bekennen.

2.11.1998

Outing auf der Station vor der Oberschwester, jetzt soll der Personalrat folgen. Will Anfang des Jahres vier Wochen Urlaub nehmen für volles Coming-out. Hat Schuhe und zwei Röcke gekauft.

8.12.1998

Hat es Mutter und Schwester gesagt.

15.12.1998

Erscheint heute völlig überraschend zum ersten Mal vollständig gekleidet als Frau: Perücke, Ohrringe, geschminkt, Krokodilleder-Schuhe mit Absätzen, pelzbesetzter Mantel, sehr geschmackvoll, nicht übertrieben. Hätte sie fast nicht erkannt. Bewegt sich sicher. Berichtet weiter von Kindheit.

19.1.1999

Stationsvorstellung erfolgreich. Wird akzeptiert. Allerdings nur Frauen dabei.

16.2.1999

Kommt schick angezogen. Fühlt sich entspannter, seit alle informiert sind.

23.2.1999

Schick und geschmackvoll als Frau. Einziger Kummer ist die tiefe Stimme. Fängt im April mit Nachtdiensten an.

25.3.1999

Situation in Klinik doch recht schwierig. Probenachtdienst gemacht und mehrmals auf Ablehnung und Vorbehalte der Patienten gestoßen, die sie als Mann kannten. Job in der Verwaltung erbeten, gescheitert. Am 14. soll sie wieder arbeiten.

24.4.1999

Arbeitet jetzt halbtags auf Station mit wenig Patientenkontakt. Neuer, übertrieben großer künstlicher Busen mit sichtbaren Brustwarzen. Stöckelschuhe.

2.8.1999

Epilation Bart läuft mühsam. Seit August Einnahme »Progynon«.

29.1.2000

Körperbehaarung noch stark, besonders im Dekolleté störend, runder geworden. Bewirbt sich an verschiedenen Kliniken.

11.8.2000

Krankgeschrieben wegen Depressionen durch Mobbing an der Klinik. Umschulung ins Auge gefasst.

23.3.2001

Epilation fast abgeschlossen. Kostenübernahme der Krankenkasse nach Intervention meinerseits bestätigt. Weiter krankgeschrieben. Umschulung wegen Bandscheibenvorfall genehmigt. Sieht sehr weiblich aus, schicker Hosenanzug.

6.9.2002

Kommt operiert als Frau. Mit Busen unzufrieden. Probleme mit Orgasmus. In Schifferstadt als Frau akzeptiert. Will Pflegedienstleitung machen. Macht ausgeglichenen und zufriedenen Eindruck.

26.11.2004

Hat Weiterbildung als Lehrerin begonnen. Geht 23 Monate. Macht ihr Spaß. Unsicher im Beziehungserleben. Darf Denise tough sein?

26.9.2006

Es geht ihr im Allgemeinen gut. Prüfung als Ausbilderin für Pflegeberufe bestanden, bekommt keine Lehraufträge.

»MANCHE SCHNEIDEN SICH DEN PENIS AB«

Der Psychotherapeut Dr. med. Rüdiger Vonderbeck (63) aus Berlin war der zweite Gutachter, den Denise einige Monate später parallel zu Dr. Will aufsuchte. Hier erzählt er über das Phänomen Transsexualität und wie er bei ihr sicherstellte, dass es keine Laune war, sondern die ernsthafte Überzeugung, im falschen Körper geboren zu sein. Außerdem erklärt er, warum Betroffene so viel Mut für ihren Weg brauchen – und ihre Therapeuten auch.

Ich war verblüfft, als Denise das erste Mal in meine damalige Mannheimer Praxis kam. Sie trug eine Perücke mit halblangen Haaren und sehr weibliche Kleidung. Ihr Aussehen, ihre ganze Mimik und Gestik wirkten derart feminin – ich musste direkt zweimal hinschauen, um zu erkennen, dass sie gar keine Frau war. Gerade deswegen hat mir imponiert, dass sie die Sitzungen bei mir so ernst nahm.

Laut Gesetz von 1980 müssen Transsexuelle ein Jahr lang zwei Psychologen aufsuchen. Diese sollen in unabhängigen Gutachten feststellen, ob die Patienten überzeugt von ihrem Weg sind oder nur einer Laune aufsitzen. Nur wenn zweifelsfrei Transsexualität diagnostiziert wird, übernehmen Krankenkassen die Kosten für die Operation, die wir Geschlechtsangleichung nennen.

Dieses Prozedere sehen allerdings nicht alle Betroffenen ein. Manche empfinden es als Provokation oder Zeitverschwendung, andere antworten gar nicht oder nur unzureichend auf meine Fragen und reagieren aggressiv. Es gibt sogar Fälle, wo Patienten ihrem Gutachter Geld bieten, wenn er ihnen das Stück Papier schneller ausstellt. Nicht so Denise. Sie strahlte diese tiefe Überzeugung aus, im Inneren eine Frau zu sein, und auch die gereifte Erkenntnis, dass unsere Gespräche für sie eine wichtige Chance waren, um sich selbst ein letztes Mal zu prüfen.

Sie kam alle zwei Wochen zu mir. Ich habe mit ihr tiefenpsychologische Gespräche geführt, immer circa fünfzig Minuten. In dieser Zeit saß sie mir auf einem Stuhl gegenüber. Dieses Sitzen hatte einen wichtigen Grund: So blieb die Realität für sie besser eingeblendet – anders als beispielsweise bei Hypnose im Liegen, bei der man das Gesprochene als traumhaft oder weiter weg empfindet. Doch gerade das Realitätsbewusstsein ist ein ganz wichtiger Punkt bei Transsexuellen, um den sich die Gespräche drehen.

Immer mehr Patienten sind inzwischen durch das Internet so gut informiert, dass sie schon mit der Diagnose in die Praxis kommen. Es gibt kein Schema F, wie wir prüfen, ob jemand wirklich sicher ist, im falschen Körper zu leben. Man betrachtet jeden Menschen in seiner Entwicklungsgeschichte neu. Keinesfalls darf man sich allein auf Äußerlichkeiten stützen oder auf private Vorstellungen, was an einem Menschen weiblich aussieht. Ich hatte in meiner Praxis Männer mit Glatze und dichtem Brusthaar sitzen, die eindeutig transsexuell waren, während es viele weichere Typen nicht waren.

Es gibt keinen festen Fragenkatalog, keine objektiven Kriterien, die ich abarbeite. Und doch prüfe ich bei fast allen Mann-zu-Frau-Transsexuellen ähnliche Dinge. Wie zielgerichtet geht der Mensch sein Frau- oder Mannwerden an? Wie kommt er mit

Spott klar, wie weiblich ist sein Auftreten? Nimmt er regelmäßig seine Hormone? Wie realistisch sind die Vorstellungen vom Leben – und von der Zukunft mit dem neuen Geschlecht? Erhofft er sich von der Angleichung eine Lösung für alle Probleme seines Lebens?

Denise machte in allen Punkten einen sehr gefestigten, wahrhaftigen Eindruck. Ich hatte zu keiner Zeit Zweifel, dass ihr Wunsch, als Frau zu leben, völlig fixiert war und sie realistisch einschätzte, was dafür zu tun sei und wie sie damit leben würde.

Bis heute ist strittig, ob Transsexualität – wie die Homosexualität noch vor hundert Jahren – als Krankheit definiert wird oder als Symptom anderer Krankheiten wie Halluzinationen, Depressionen oder Anorexie angesehen werden muss, die den Wunsch nach Geschlechtsveränderungen oft mit sich bringen. Genauso wenig gibt es in der Forschung bislang Einigkeit darüber, wie sie entsteht. Einige Meinungsbilder besagen, dass sie auf einer Chromosomenstörung basiert. Andere halten Störungen im Gehirn, frühkindliche Traumatisierungen oder Konfliktsituationen in der Pubertät für Faktoren, die den inneren Konflikt mit dem eigenen Geschlecht fördern. Ich habe oft die Erfahrung gemacht, dass Transsexuelle eine schlechte oder gar keine Beziehung zum Vater hatten und ihnen damit die männliche Identifikationsfigur fehlte.

So war es auch bei Denise. Wir gingen in der Analyse tief in die Kindheit zurück. Sie hat viel Traumatisches erlebt: Verwahrlosung, fehlenden emotionalen Halt, Missbrauch ... Hinzu kam, dass durch die frühe Trennung der Eltern niemand geschlechtsspezifisch auf das Kind eingegangen ist. Dadurch konnte es sein Mannsein nicht richtig entwickeln – ein Prozess, der bei Kindern schon im dritten oder vierten Lebensjahr beginnt.

Transsexuelle, die unter solchen erschwerten Bedingungen aufwachsen wie Denise, müssen diese Probleme aufgearbeitet haben, bevor sie ein positives Gutachten bekommen. Ansonsten besteht die Gefahr, dass die Geschlechtsangleichung für sie eine reine Rettungsfantasie ist. Die Patientin hatte sich mit all diesen Fragen bereits selbst intensiv auseinandergesetzt. Sie hatte emotionale Stärke aufgebaut und der Familie verziehen, um ihren Weg unbelastet von altem Groll zu gehen. Ein Zeichen für innere Reife.

Ich betreue seit zwanzig Jahren Transsexuelle, etwa hundert habe ich auf ihrem Weg begleitet, der Älteste war 62 Jahre alt, als er zu mir kam. Es braucht viel Empathie, Erfahrenheit und Sorgfalt, um sich in diese Seelen einzufühlen. Leider gibt es viel Wildwuchs in der Branche. Mancher Kollege ist schnell dabei, Transsexualität ist längst zum Geschäft geworden. Es gibt bestechliche Therapeuten. Und genauso habe ich schon erlebt, dass Operateure unsere Gutachten gar nicht richtig lasen. Alles Entwicklungen, die mir Sorgen machen.

Mir war es immer wichtig, dem Betroffenen Respekt und Achtung entgegenzubringen, ihn in seinem Problem ernst zu nehmen. Wir Außenstehenden haben nicht die geringste Vorstellung davon, was diese Menschen hinter sich haben – und vor sich. Das ist ein hochgradiger Leidensweg und keineswegs, wie viele denken, irgendeine Laune nach dem Motto »Och, ich werde jetzt mal eine Frau«.

Der Druck baut sich oft schon in der Kindheit auf, wenn ein Junge nicht mit typisch männlichen Dingen, sondern eben lieber mit Puppen spielen will. Da beginnt schon die Verunsicherung. Die setzt sich später in der Schule fort, wenn er lieber mit Mädchen befreundet ist. Das wird noch toleriert, später in der Pubertät nicht mehr. Dieser Junge wird in der Gesellschaft schnell zum Außenseiter, die Mädchen wollen ihn nicht mehr, die Jungen auch nicht. Diese Menschen sind irgendwann so allein, dass sie ihre Identität als Feind sehen. Doch die Entscheidung, mit einem anderen Geschlecht leben zu wollen, ist ungeheuer schwer. Dieses Leben mit all seinen Konsequenzen zu beginnen, auch. Am schlimmsten wird es in der Phase des Cross-Dressing. So nennen wir es, wenn die Transsexuelle, körperlich noch Mann, im Alltagstest beginnen muss, öffentlich Frauenkleider zu tragen.

Anfangs fehlt es an Erfahrung und Geschick, Kleidungsstücke gelungen zu kombinieren oder beim Schminken das richtige Maß zu finden. Sie haben weiterhin Bartstoppeln oder große Hände, alle Welt sieht nur den »komischen Mann«. Viele werden von ihrem Umfeld ganz gemein verspottet, belacht oder gemobbt.

Ich habe Transsexuelle erlebt, die vor lauter Verzweiflung irgendwann selbst Hand anlegten und sich den Penis abschnitten oder versuchten, sich mit Saugnäpfen Brüste zu machen. Transsexualität ist oft verbunden mit krankheitsähnlichen Symptomen wie Depressionen oder Burn-out. Irgendwann kommt das Gefühl »Ich kann so nicht weiterleben«, an dessen Ende nicht selten Selbstmordversuche stehen, weil der Mensch mit seiner Identitätsunsicherheit nicht mehr zurechtkommt.

Aber egal, wie groß der Leidensdruck vorher ist – eine Geschlechtsangleichung erfordert unglaublich viel Mut. Schließlich ist eine Penisamputation so wenig umkehrbar wie die Entfernung von Brüsten und Eierstöcken.

Auch wir Psychotherapeuten brauchen viel Mut, wenn wir diese Menschen bei ihrem größten Wunsch unterstützen. Jeder Gutachter hat Bedenken, eine falsche Entscheidung zu treffen. Wenn ein Patient hinterher mit Rückbildungswünschen kommt, macht man sich ewig Vorwürfe. Trotzdem ist es nicht immer zu verhindern – es gibt keine hundertprozentige Sicherheit. Es gibt nur klare Kontraindikatoren, bei denen wir eine Geschlechtsangleichung nie bewilligen. HIV gehört dazu, Suizidversuche, Alkoholismus, Drogenabhängigkeit und psychische Erkrankungen wie manische Depressivität oder Schizophrenie. In der Regel reicht ein Jahr, um solche Krankheiten zu diagnostizieren. Aber manchmal erkennt man eine Schizophrenie erst nach vierzig Stunden – Zeit, die man bei zwölf Treffen à fünfzig Minuten eben nicht hat.

Wenn ich auch nur den geringsten Zweifel habe, stelle ich kein Gutachten aus. Ich bin auch dazu übergegangen, zunächst nur die »kleine Lösung« zu bewilligen – so heißt die Vornamensänderung. Denn manche Patienten merken nach einiger Zeit, dass ihnen dieser Schritt reicht oder sie doch ihr altes Geschlecht behalten wollen. Vor der »großen Lösung« – der Personenstandsänderung per Operation – bitte ich auf jeden Fall, erneut zu mir zu kommen. Ist der Wunsch dann nach wie vor stark und gibt es keinerlei Unsicherheit mehr, stimme ich der Operation zu.

Der innere Drang, sich zur Frau respektive zum Mann operieren zu lassen, ist nicht therapierbar. Das ist auch nicht unsere Aufgabe. Wir Therapeuten prüfen nur die Ernsthaftigkeit und bereiten Transsexuelle so gut wie möglich auf ihre neue Geschlechterrolle vor. Wir konfrontieren sie damit, wie sich ihr Leben ändern wird, und verdeutlichen ihnen, welche Probleme weiterhin bleiben.

Aber egal, wie gut wir unsere Arbeit machen: Richtig glücklich wird nicht jeder. Viele Transsexuelle sind nach der angestrebten Operation zwar optisch mit dem Ergebnis zufrieden. Doch sie empfinden oftmals weiterhin eine Art Defekt an sich. Manche büßen eine erfüllte Sexualität ein, andere finden das erhoffte Gefühl der Zufriedenheit nicht. Da jede transsexuelle Frau ihr Leben lang Hormone nehmen muss, wird sie täglich daran erinnert, dass sie mal ein Mann war. Manche empfindet es so bis ans Lebensende als Kränkung, dass sie nicht als Frau geboren wurde.

Wichtig ist, dass diese Menschen nach der Angleichung schnell in ein normales Leben zurückfinden. Dass Denise sich verliebt und geheiratet hat, ist ein Glück, das nicht viele meiner Patienten erleben. Und ein Zeichen, dass sie in ihre neue Rolle gefunden hat und diese lebt. Nachdenklich macht mich, dass sie bis heute arbeitslos ist. Sie müsste längst etwas unternommen haben, um ihren Stand als Frau auch in der Berufswelt auszuleben. Aber sie hat schon immer mehr davon geträumt, irgendwann eine künstlerische Karriere zu machen. Für mich ist das Ganze ein Ansatzpunkt, den sie dringend noch mal mit einem Therapeuten klären müsste.*

---

* *Denise legt Wert auf die Feststellung, dass sie sich als Frau von Anfang an in der Berufswelt ausleben wollte: »Ich habe nach der Operation zweieinhalb Jahre lang eine Weiterbildung zur Lehrerin für Pflegeberufe gemacht, aber bislang trotz vieler Bewerbungen keine Stelle gefunden. Ich habe gegenüber meinen beiden Gutachtern immer betont, dass mir meine Arbeit wichtiger ist als mein künstlerisches Schaffen, auch wenn ich nebenbei weiter Musik produzieren und mit meinem Schicksal an die Öffentlichkeit gehen will, um anderen Transsexuellen Mut zu machen. Deshalb hatte ich kürzlich einen 400-Euro-Job im Service-Center der Deutschen Bahn angenommen. Und deshalb beginne ich jetzt eine neue Ausbildung. Ich brauche das bestimmt nicht zum x-ten Mal mit einem Therapeuten durchzukauen. Ich weiß genau, was ich will.«*

»MAMA SIEHT MICH DAS LETZTE MAL ALS MANN«

Sie sind ein bisschen wie Kino, diese Telefonate mit Denise. Wie Kino mit Bildern, die es nur im Kopf gibt. Die sich allein aus Erzählungen zusammenfügen und je nach dem Thema, das wir gerade besprechen, traurige oder hoffnungsvolle Filme ergeben. Manchmal scheint es, als genieße Denise es, die Hauptperson darin zu sein. Nicht aus Geltungssucht. Eher, weil sie so unendlich stolz darauf ist, dass sie es am Ende dieses Filmes geschafft haben wird, eine Frau zu sein. Doch an anderen Tagen, und die überwiegen noch, muss Mike bis zu diesem Happy End so viel durchmachen, dass man sich permanent fragt, wie jemand so eine Rolle nur freiwillig annehmen kann.

Im Moment habe ich Mike vor meinem inneren Auge, und er wirkt so unglaublich befreit. Noch. Die Aufgaben, denen er sich in nächster Zeit stellen muss, werden nicht leichter sein als der Weg, den er bis hierher gegangen ist. Der Schritt, der als Nächstes auf dem Programm steht, heißt: Familie und Freunde einweihen. Allen voran Mikes Mutter.

»Wo hast du es ihr gebeichtet?«

»Ich habe sie angerufen und ihr gesagt, dass ich sie und meine Schwester Sarah* gern am Sonntag zum Essen in ein orientalisches Restaurant in Heppenheim einladen würde, weil ich ihr etwas Wichtiges sagen müsse.«

»Sollten nur deine Mutter und deine Schwester dabei sein? Dein leiblicher Vater nicht?«

»Nein. Ich hatte ihn das letzte Mal mit 13 gesehen, danach ist unser Kontakt abgebrochen. Und mit meinem algerischen Stiefvater lebte meine Mutter bereits in Scheidung. Ich glaube, er hätte aufgrund seiner Kultur keinerlei Toleranz für mich aufgebracht.«

»Hattest du dir eine Rede überlegt?«

»Nein. Alles sollte spontan passieren, einfach frei heraus. Ich wollte nur gleich am Anfang des Essens damit rausrücken, damit wir genug Zeit haben würden, über alles zu reden.«

»Hast du dich für diesen Anlass besonders zurechtgemacht? Vielleicht schon weiblicher als sonst?«

»Um Gottes willen, nein. Erstens wusste ich noch gar nicht, wie ich mich passend kleiden sollte. Zweitens war ich noch gar nicht richtig dafür ausgestattet. Vor allem aber wollte ich nicht gleich mit der Tür ins Haus fallen. Nein, ich kam als Mann, frisch rasiert, mit dezentem Parfum – so, wie ich immer ausging.«

»Was hast du angezogen?«

»Meinen besten Anzug.«

»Ausgerechnet einen Anzug?«

»Ja, der hatte für mich etwas Symbolisches. Immerhin sah mich Mama ja das letzte Mal als Mann.«

»Wie ging es dir vor diesem Treffen?«

»Ich war angespannt, aber eher im positiven Sinne. Es sollte ja keine traurige Veranstaltung sein, sondern die Überbringung einer guten Nachricht. Na ja, für mich war sie wenigstens gut.«

»Für die anderen nicht unbedingt.«

»Schon klar. Aber irgendwann hätte ich es sowieso sagen müssen. Und ehrlich gesagt fiel mir dieses Beichten, wie du es nennst, sehr viel leichter als das, was ich zu bewältigen hatte. Deswegen war es mir ehrlich gesagt fast egal, wie sie es aufnehmen würden. Meinen Weg musste ich ja so oder so gehen, verstehst du?«

»Wie lief euer Treffen?«

»Ich hatte drei Tage zuvor für den späten Nachmittag einen Tisch bestellt, der am Fenster lag. Weil ich öfter in dem Lokal war, wusste ich, dass man dort ruhig saß und dass es um diese Zeit nicht allzu voll war. Wir setzten uns und haben Essen bestellt: Lammfleisch, eine Platte mit Beilagen, danach Dessert und Kaffee …«

»Denise, mich interessiert eigentlich mehr, wie das Gespräch lief!«

»Wir hatten uns alle eine Weile nicht gesehen und so tauschten wir erst mal Neuigkeiten aus. Ich erzählte von meinem Beruf und meinen künstlerischen Aktivitäten, meine Schwester von ihren Aktivitäten bei der Berufswahl. Ich wollte mich sprachlich warmlaufen und den richtigen Zeitpunkt abwarten. Obwohl ich merkte, dass meine Mutter und meine Schwester immer neugieriger wurden.«

Ich werde es langsam auch: »Denise, komm zum Punkt!«

»Dann habe ich mir ein Herz gefasst und gesagt: ›Ich wollte euch ja etwas sagen. Also: In diesem Anzug seht ihr mich heute das letzte Mal.‹ Sie guckten irritiert. Ich erzählte ihnen, was die letzten Jahre wirklich mit mir los war. Dass ich nicht nur der gut gelaunte Mike war, den sie kannten und dem sie nie etwas angemerkt hatten. Dass ich seit Jahren gesucht, ausprobiert, herumgerätselt und mich versteckt hatte, dass ich weder mit Männern noch mit Frauen die Erfüllung fand. Und dann habe ich gesagt, was ich über mich herausgefunden hatte und dass ich meine Zukunft als Frau leben wollte. Nach ungefähr einer halben Stunde war ich fertig.«

»Ja und, wie haben sie reagiert?«

»Das Drama blieb aus. Es hat keiner geweint oder so. Ganz im Gegenteil. Meine Mutter atmete erleichtert auf und sagte: ›Gott sei Dank ist es nur das.‹«

»Wie – nur das?«

»So hab ich auch reagiert. Da gestand sie mir, dass sie etwas viel Schlimmeres befürchtet hatte.«

»Was meinst du?«

»Sie dachte, ich sei HIV-positiv. Verständlicherweise war für sie alles besser als dieser Virus. Sie hat meine Transsexualität sofort akzeptiert und gesagt, ich soll das machen. Dass sie das alles so schnell annehmen würde, das hätte ich gar nicht erwartet.«

»Und deine Schwester?«

»Sie sagte sehr spontan: ›Was soll's, dann habe ich eben eine Schwester mehr.‹ Das hat mich schon gerührt, ich wäre doch sehr traurig gewesen, wenn sie es nicht verstanden hätte. Nach einer Weile haben die zwei dann aber doch etwas nachdenklich dagesessen. Ich glaube, sie konnten das alles noch gar nicht so richtig fassen, was da in nächster Zeit mit mir passieren würde.«

»Haben sie versucht, dich von deinem Vorhaben abzubringen?«

»Nein, dazu habe ich wahrscheinlich schon zu viel Sicherheit ausgestrahlt. Es kam kein ›Bist du auch wirklich sicher?‹. Sie wussten, wenn ich etwas ankündige, dann ziehe ich das auch durch. Sie wollten nur wissen, ob das bei mir so sei wie bei diesen Transsexuellen, die manchmal in Talkshows zu sehen waren, und wie dieser ganze Prozess praktisch ablaufen würde. Ich konnte noch gar nicht auf alles Antwort geben, ich stand ja selbst noch ganz am Anfang.«

»Hattest du das Gefühl, sie sehen dich irgendwie mit anderen Augen?«

»Nein, eigentlich nicht. Alles war wie immer.«

»Keine beklemmende Stimmung am Tisch?«

»Gar nicht. Findest du das komisch?«

»Ich hätte es mir anders vorgestellt.«

»Später kam sogar noch eine Bauchtänzerin an den Tisch und forderte mich zum Tanzen auf.«

»Ich glaube, etwas Schlimmeres könnte mir bei so einem ernsten Gespräch nicht passieren.«

»Och, ich war ganz dankbar, das lockerte alles etwas auf. Ich habe sogar eine Weile mit ihr getanzt. Dabei war ich in Gedanken schon ein paar Jahre weiter. Ich stellte mir vor, dass ich dann vielleicht auch so eine Tänzerin sein würde. Dass ich so ausgelassen tanzte, war bestimmt komisch für Mutti und Sarah, die diese Neuigkeit erst mal verdauen mussten. Aber ich hatte mich lange genug versteckt. Und ich war so erleichtert, dass jetzt alles raus war. Da ließ ich meinen Gefühlen freien Lauf.«

»Wie ging euer Treffen zu Ende?«

»Mit einem Küsschen auf die Wange, ganz normal. Gegen 21 Uhr war ich zu Hause. Den Rest des Abends habe ich Musik gehört.«

Und dabei ist, so sagt Denise, vor ihren Augen auch eine Art Film über ihr Leben abgelaufen. Darin sei sie erst der scheue Darsteller gewesen, der aus Angst vor sich selbst weglief und keine Kraft besaß, sein Leben zu leben. Im zweiten Teil war sie zum Regisseur geworden, der selbst Anweisungen gab. Unnötig zu fragen, was sich für sie besser anfühlte.

Die Mutter

»ICH WAR SO ERLEICHTERT«

*Marlis K. (63) über das Gefühl, wenn aus dem Sohn
plötzlich eine Tochter wird*

Als der geheimnisvolle Anruf kam und Mike sagte, dass er uns etwas Wichtiges mitteilen müsse, da war die Angst sofort da. Er klang so ernst. Ich dachte an seine Männerbekanntschaften, ich dachte daran, wie still er in letzter Zeit geworden war, ich dachte: »Oh Gott, er hat bestimmt Aids.« Auf dem Weg zum Restaurant sagte ich zu meiner Tochter Sarah: »Ich pflege ihn. Egal, was kommt.«

Er ist – ich sage jetzt mal noch *er* – schnell auf den Punkt gekommen. »Mutti«, sagte er, »Ich empfinde als Mann nichts, aber ich bin auch nicht schwul.« Und dann kam der entscheidende Satz: »Ich fühle mich als Frau.«

Mein Sohn. Eine Frau. Nein, ich habe nicht geweint. Es war in Ordnung, von der ersten Sekunde an. Weil ich so erleichtert war – dass es kein Aids ist.

Ich sagte: »Wenn du so empfindest, dann tue es, dann werde ganz Frau. Ich liebe dich deswegen nicht weniger.« Er nahm uns in die Arme. Dann schrieb er auf einen Bierdeckel seinen neuen Namen: »Denise. Ich will Denise heißen.« Von der Stunde an habe ich nicht mehr Mike gesagt, um ihn nicht zu verletzen.

Nein, ich habe nicht versucht, Denise zu bekehren. Und ich habe kein einziges Mal gefragt, ob sie sicher ist.

Ich bin sehr tolerant, ich akzeptiere das Leben meiner Kinder. Jedem sein Leben, das ist meine Überzeugung!

Bis heute frage ich mich jedoch, ob ich es früher hätte ahnen können. Anzeichen gab es genug. Mike war so ein hübsches Kind. Fast schon zu hübsch für einen Jungen, hab ich manchmal gedacht – er hatte so weiche, blonde Locken. Als er in den Kindergarten kam, spielte er nicht gern mit Autos. Am liebsten mochte er das Spielzeug seiner Schwester. Sein Vater sagte oft: »Warum spielt er denn mit Puppen?« Er war sehr konservativ, und eine Puppe, nein, die passte nicht ins Bild. Ich fand nichts Schlimmes daran und sagte nur: »Lass ihn doch!«

Mike kam gern ins Bad, wenn ich mir die Haare föhnte. Damals war diese Außenrolle modern, er sagte oft: »Du siehst so schön damit aus.« Wenn ich mich schminkte, sah er genau zu. In seinem Blick waren Neugier und Stolz. Vielleicht dachte er damals schon: »So will ich auch mal aussehen.« Vielleicht hat er es damals schon gefühlt. Warum interessiert sich denn ein Junge mit fünf, sechs Jahren sonst so für Kosmetik und Mädchensachen? Manchmal sehe ich ihn noch vor mir, wie er am Schrank seiner älteren Schwester steht, ihre Röcke und Strumpfhosen anprobiert, sich vor dem Spiegel dreht und immerfort sagt: »Ich finde das sooo schön.« Ich habe es als Spielerei abgetan.

Mike war ein sehr weiches Kind. Er hat das ganze Haus zusammengeweint, wenn er mal hinfiel. Da musste sofort eine Binde drum. Wie oft habe ich gesagt: »Mike, du bist doch ein Junge.« Das tut mir heute ehrlich leid. Warum habe ich nichts gemerkt? Einmal hat meine Schwester ihm eine Lederhose geschenkt, und Mike sagte nur: »Oh, kein Lederrock?«

Mein Mann wollte unbedingt einen Jungen aus ihm machen. Keine langen Haare, nein, und wehe, er ging nicht als Cowboy zum Fasching. Wir hatten jedes Mal Streit, ich gab meistens nach, um meine Ruhe zu haben, das gebe ich zu. Vielleicht hätte ich schon damals eingreifen sollen, damit er es später leichter hat mit der Transsexualität. Aber woher sollte ich ahnen, was da mal kommt? Wir hatten in der DDR nie Kontakt zu solchen Themen. Merkt man so etwas überhaupt schon so früh?

Er hatte immer auffallend viele Freundschaften mit Mädchen. Aber so richtig haben sie ihn trotzdem nie interessiert. Es gab nie eine Freundin. Als ich ihn später einmal danach fragte, sagte er nur, er wohne jetzt bei einem Mann. Ich fragte: »Mike, einfach so?«, und er sagte: »Warum nicht?« Es gab neue Bekanntschaften, aber er fühlte sich bei keinem richtig wohl. Er hat auch nie jemanden mitgebracht. Als er nach Mannheim kam, ging er oft ins »M & S Connection«. Ich fragte wieder: »Mike, da gehen doch Schwule hin, oder?«, er sagte: »Ich fühle mich dort geborgen, aber ich bin nicht schwul.« Ich fragte weiter: »Mike, was bist du dann?«, und er sagte gequält: »Ich weiß es nicht, ich kann dir nicht sagen, was ich empfinde.« Damals habe ich nicht länger nachgebohrt.

Und nun, an diesem Nachmittag, hatte ich die Erklärung für alle Fragen. Als wir uns verabschiedeten, wusste ich: So sehe ich Mike nie wieder. Da ging mein Sohn weg. Das nächste Mal würde ich ihn als Frau treffen. Nein, ich war nicht traurig. Es war ganz merkwürdig. Ich schlief in dieser Nacht sogar sehr gut, vielleicht besser als je zuvor. Weil endlich die Sorgen und das Grübeln weg waren. Weil ich Gewissheit hatte.

Einige Monate später bin ich mit Sarah für einige Zeit nach Schönebeck in Sachsen-Anhalt zurückgezogen. Das hatte nichts mit Denise zu tun. Mein damaliger algerischer Mann hatte uns massiv bedroht. In einer Nacht-und-Nebel-Aktion habe ich unsere Sachen gepackt und bin mit Sarah zurück in die alte Heimat. Erst als die Scheidung durch war und er nach Frankreich gezogen war, gingen wir zurück nach Mannheim.

Als ich Denise wiedersah, lebte sie schon als Frau. Ich war vor dem Treffen sehr, sehr aufgeregt. Sie holte mich in Mannheim vom Bahnhof ab. Im Zug dachte ich immer nur: »Hoffentlich erkenne ich sie, hoffentlich zieht sie sich nicht so tuntig an.« Der Zug fuhr ein, ich stieg aus, und mir kam eine hübsche Frau in einem langen schwarzen Mantel entgegen. Beim Vorbeigehen dachte ich: »Wieso schaut sie mich so an?« Und dann: »Die Augen, das sind doch die Augen von ...« Ich holte tief Luft, blieb stehen und habe richtig gezittert. Da lachte sie mich an. Ich war sprachlos, wir nahmen uns in den Arm. »Schön siehst du aus«, sagte ich. Ich war richtig erleichtert, wie geschmackvoll sie sich kleidete.

Bei ihr zu Hause habe ich gemerkt, wie ähnlich sie mir in Frauendingen ist. Allein das Hübschmachen, das Achten aufs Äußere, das war in meiner Jugend genauso. Die Art, wie sie sich anzog und schminkte, gefiel mir sehr gut. Bei ihr zu Hause habe ich ihre Sachen angeschaut. Später sind wir auch zusammen einkaufen gefahren. Und wir tauschten Schminktipps aus. Am Anfang habe ich einmal zu ihr gesagt: »Denise, trag nicht so dick auf.« Aber meistens gefiel mir alles an ihr. Am besten finde ich, wenn sie ihre Haare hochsteckt.

Geweint habe ich doch noch: am Tag der OP. Es war kein Abschiedsschmerz. Ich hatte Angst, dass etwas schiefgeht. Ich habe mir da mehr Gedanken um sie gemacht, als sie ahnt. Aber ich habe sie bestärkt. Als sie später ihre Brustoperation hinter sich hatte, habe ich sie besucht. Sie trug ein schönes Sommerkleid, das sie ganz ausfüllte. Ich sagte: »Toll siehst du aus. Jetzt bist du fertig.« Ich habe immer versucht, ihr Bestätigung zu geben.

Denise hat viel gekämpft. Ich bin stolz auf sie, auch wenn unser Verhältnis heute nicht sehr eng ist. Das schmerzt mich. Wir treffen uns selten. Jeder hat eben sein Leben.

Wenn wir uns monatelang nicht sehen, dann frage ich mich oft: »Na, ob das Mädchen glücklich ist?« Aber ich weiß, dass es ihr mit Joseph gut geht. Ich bin sehr froh, dass sie ihn in der schwierigen Zeit kennengelernt hat. Joseph ist ein ganz feiner Mann. So glücklich wie an dem Tag ihrer Hochzeit habe ich sie noch nie erlebt. Sein Kind so zu sehen ist für eine Mutter das schönste Glück.

Auf meiner Kommode stehen Bilder von ihr, und wenn mich Leute besuchen und fragen, wer das ist, dann sag ich immer stolz: »Das ist Denise.« Wenn sich alte Bekannte nach meinem Sohn erkundigen, dann antworte ich halt: »Ich habe jetzt eine Tochter.« Sie ist für mich eine Frau. Ich habe Hochachtung vor ihrer Entscheidung.

Ihr leiblicher Vater kann bis heute nicht darüber sprechen. Denise hat ihn mal angerufen, wollte ihn einladen, er sagte, er brauche Zeit. Diese Zeit braucht er bis heute. Er will nichts von der Transsexualität hören, er fragt auch nie nach Denise. Aber sie braucht ihren Vater nicht, sie hat einen guten Mann. Und ich will, dass Denise weiß: Wenn sie mich braucht, dann bin ich für sie da. Egal, was in der Vergangenheit war.

DER ALLTAGSTEST: »UND PLÖTZLICH SOLLTE ICH IM ROCK ZUR ARBEIT«

Hallo?« Die Stimme, die sich heute meldet, ist viel tiefer als sonst. Joseph ist dran. »Nanu, wolltet ihr nicht mal einen Tag Pause einlegen?«, fragt er amüsiert, während er das Telefon durchs Haus trägt. »Wie kann man nur jeden Abend so lange telefonieren?« Da höre ich Denise schon im Hintergrund. »Schatzi, von manchen Dingen habt ihr Männer einfach keine Ahnung.« Sie lachen, dann höre ich sie in der Küche weiter arbeiten.

»Störe ich gerade?«

»Gar nicht, wenn ich nebenbei kochen darf?«

»Sicher, was gibt's denn?«

»Kohlsuppe.«

»Bist du auf Diät?«

»Auch. Die essen wir aber auch einfach sehr gerne. Jedenfalls ohne Kümmel.«

»Lecker, ich komm rüber.«

»Mach doch, der Topf reicht ungefähr für zwölf Personen. Hast du noch Fragen wegen gestern?«

»Ja. Sag mal, wie genau ging das jetzt mit dem Alltagstest? Von heute auf morgen im Rock zur Arbeit – das ist ja schon Hardcore. Wer hat den Start festgelegt?«

»Ich hab ihn festgelegt. Ungefähr eine Woche nach meinem ersten Besuch sagte mir Doktor Will, dass nichts dagegen spräche, bei ihm das nächste Mal als Frau zu erscheinen. Bei meinem achten Besuch bei ihm kam ich dann in Frauensachen.«

»Und dieser Tag war dann der offizielle Beginn?«

»Genau.«

»Am schwersten stelle ich mir den Wechsel bei der Arbeit vor. Ich weiß gar nicht, wie meine Kollegen gucken würden, wenn ich plötzlich als Mann käme.«

Denise kichert. »Ich habe sie durchaus darauf vorbereitet.«

»Was sagt man denn da? ›Schönen Feierabend – morgen komme ich übrigens im Kleid.‹?«

»Na ja, ein bisschen sorgfältiger habe ich das schon geplant.« Es klappert bei ihr, Besteck fällt runter.

»Madame, wenn Sie sich bitte nicht alles so aus der Nase ziehen lassen würden! Wie hast du das gemacht?«

»Also pass auf, das war so. Ich arbeitete ja nach meiner Ausbildung als Krankenpfleger im Städtischen Universitätsklinikum Mannheim. Mit meinen Kollegen verstand ich mich eigentlich sehr gut, auch mit Schwester Jenny* von der Nachbarstation. Manchmal hatten wir zusammen Nachtdienst, und wenn wir gegen Mitternacht mit unserer Runde fertig waren, trafen wir uns auf einen Kaffee und quatschten. Dabei habe ich ihr auch Privates anvertraut. Sie wusste meistens, wenn bei mir wieder mal eine Beziehung in die Brüche gegangen war. Es war eine ruhige Schicht, als ich vorsichtig anfing: ›Jenny, du weißt ja, dass es bei mir mit den Männern nicht so klappt. Ich weiß jetzt, dass ich nicht schwul bin, ich probier schon seit Längerem aus…‹ Dann habe ich gesagt, dass ich als Mann nicht mehr so weiterleben kann. Sie war schockiert, hat erst mal gar nichts gesagt. Doch Jenny war immer sehr offen, interessiert und tolerant. Sie verstand mich auf Anhieb. Aber ich glaube, sie war auch traurig, weil sie ihren Kollegen und Freund Mike verlieren würde. Sie sagte: ›Ich finde das sehr mutig, aber ich fürchte, hier werden nicht alle so reagieren.‹ Da sollte sie noch recht bekommen.«

»Und dann?«

»Ungefähr eine Woche später bin ich zu meiner Stationsschwester rein: ›Heidemarie*, hast du kurz Zeit?‹ Wir gingen nach hinten ins Sprechzimmer. Wieder begann ich langsam: ›Wir kennen uns ja schon ein paar Jahre, wir haben uns immer respektiert, jetzt muss ich dir was sagen. Du weißt ja, dass es in letzter Zeit häufig Probleme gab...‹«

Von Problemen im Krankenhaus hatte Denise bislang nie was erzählt. »Was war los?«

»In den letzten Wochen meines Doppellebens kam ich öfter mal zu spät zum Dienst«, gesteht Denise. »Nun habe ich Heidemarie von meinen nächtlichen Ausflügen erzählt, nach denen ich oft verschlief. Ich sagte ihr, dass ich transsexuell sei und das jetzt öffentlich machen wolle.«

»Und?«

»Plötzlich hatte sie Tränen in den Augen. Dabei war das doch gar keine traurige Nachricht, sondern eher eine freudige, die mein Leben bereichern sollte. Vielleicht ahnte sie mehr als ich, wie steinig dieser Weg noch sein würde. Und dann kam der Hammer. Sie sagte: ›Ich hab's gewusst!‹«

»Wie gewusst?«

»Das habe ich auch gleich gefragt. Sie meinte, sie hätte einfach eine Ahnung gehabt, von meinem ganzen Wesen her. Wusste mein Umfeld mehr als ich? Wie dem auch sei, der Schritt war geschafft. Dann das gleiche Gespräch mit der Pflegedienstleitung. Dort habe ich um eine Stationsbesprechung gebeten, um es auch den anderen Kollegen zu sagen – und zwar allen auf einmal. Der Termin wurde auf ein paar Tage später angesetzt – mit Anwesenheitspflicht. Wenn eine Kollegin mich beim Frühstück fragte, worum es wohl ginge, konnte ich kaum die Klappe halten. Doch ich sagte nur: ›Lasst euch überraschen.‹ Ich wollte es nicht zwischen Tür und Angel sagen. Ein paar Tage später war es so weit. Ein Freitagabend im Dezember gegen 19 Uhr, alle 14 Schwestern und sogar die Pflegedienstleitung waren gekommen. Wer im Dienst war, hatte seinen Rundgang extra früher gemacht, um rechtzeitig zu erscheinen. Wir haben das ein bisschen als vorgezogene Weihnachtsfeier organisiert, es gab Kekse und Getränke, wir saßen gemütlich zusammen, als die Stationsschwester uns begrüßte und erst einmal erzählte, welche Fortbildungen es demnächst gäbe und so weiter. Wir hatten ausgemacht, dass ich zuletzt dran wäre, damit die Leute, die mit der ganzen Geschichte nicht umgehen können, die Chance hätten, rauszugehen.«

»Wie rücksichtsvoll. Die meisten Menschen wären in so einer Situation zu nervös für solche Überlegungen.«

»Es ging eigentlich. Vor allem war ich konzentriert, weil ich die richtigen Worte finden wollte. Nicht zu ausschweifend werden, nur das Wesentliche rüberbringen, alles so erklären, dass sie mich verstehen. Hauptsache schnell, damit das Versteckspiel ein Ende hatte. Am liebsten hätte ich an diesem Abend in die ganze Welt hinausposaunt, dass ich transsexuell bin. Nach einer Stunde war es so weit. Die Stationsschwester sagte: ›So, und nun will Mike uns noch etwas sagen.‹«

»Ich mach mir schon vom Zuhören in die Hose. Wie hast du angefangen?«

»Ich hatte mir keine Rede überlegt. Ich bin aufgestanden und habe ganz sachlich das erzählt, was ich bei den anderen drei Kollegen schon geübt hatte. Von den Qualen und der Suche, vom Versteckspiel der letzten Jahre, von dem Weg, den ich gehen wollte, und dass ein Alltagstest dazugehöre. Ich sagte, dass es sehr wichtig für mich sei, meine Arbeit zu behalten und mich weiter mit allen gut zu verstehen. Ich wünschte mir einfach, dass sie in mir nicht nur die Transsexuelle sehen, sondern weiter den

Menschen und die Arbeitskraft, die sie kannten. Es ging total schnell und am Ende sagte ich noch: ›Ich nehme jetzt drei Wochen frei und danach komme ich als Frau wieder.‹«

»Gute Idee. Wie haben sie reagiert?«

»Die meisten guckten starr nach unten. Vielen waren die Betroffenheit und die Ratlosigkeit ins Gesicht geschrieben. Es herrschte Totenstille. Ich fügte noch hinzu: ›Ihr müsst das sicher erst mal sacken lassen, aber falls jemand eine Frage hat, ich wäre bereit.‹«

»Und?«

»Eine Kollegin sagte: ›Ich kann mir das nicht bei dir vorstellen‹, jemand anders rief: ›Wie heißt du denn jetzt?‹ Danach wurde noch ein bisschen durcheinandergeredet. Ob man das nicht jemandem ansehen müsse, so tuntenmäßig? Es kamen so Bemerkungen wie: ›Bei mir in der Straße wohnt ein Mann, der ist bestimmt auch eine Frau.‹ Danach wurden alle Prominenten abgeklappert, die entweder Transen sein könnten oder tatsächlich auch waren. Plötzlich hatte fast jeder schon mal eine Transsexuelle getroffen. Das hat sich für mich nicht nach Verständnis oder Sympathie angehört, sondern eher nach dem Kaffeeklatsch einer Reisegruppe. Vor allem aber nach viel Unsicherheit. Andere schienen auch gelangweilt, denen sah man an, dass sie sich mit dem Thema nicht auseinandersetzen mochten und ich ihnen nur die Zeit stahl. Sie wollten nach Hause zu ihren Familien. Da habe ich mich verabschiedet. Ehrlich gesagt war ich ganz froh, für den Rest des Abends meine Ruhe zu haben.«

»Mike hat an diesem Abend das letzte Mal sein Krankenpfleger-Dress mit dem alten Namensschild in den Spind gehängt?«

»Ja. Und dann ist er nach Hause getrabt.«

»Warst du wehmütig, als dein Leben als Mann nun zu Ende ging?«

»Ich war erst einmal froh, dass der Abend einigermaßen gelaufen war. Ich konnte es kaum erwarten, dass mein neues Leben anfing. Und zwar ganz in Ruhe im Urlaub. So konnte ich mich schrittweise dran gewöhnen. Endlich ging es los!«

»Dein erster Ausgang als Frau – wohin ging's?«

»Na rate mal! Shoppen natürlich! Gleich Montag bin ich zu C & A gefahren und habe Klamotten für meinen Neuanfang gekauft.«

»Stimmt, mit deinen vier Teilen bist du wahrscheinlich nicht mehr ausgekommen.«

»Sie passten vor allem gar nicht zur Jahreszeit. Ich brauchte warme Sachen. Ich weiß noch, wie froh ich über diese Tatsache war. So konnte ich erst mal einiges von mir darunter verstecken und fühlte mich sicherer.«

»Wie bist du los – ungeschminkt in Mike-Klamotten oder …?«

»Beim ersten Mal schon noch, zwangsläufig. Deswegen war es schwierig, unbefangen in die Damenabteilung zu gehen. Guckt jemand? Was denken die da drüben? Du bist nur am Abchecken die ganze Zeit. Aber Kaufhäuser sind toll. Da waren immer alle mit sich beschäftigt, keine Verkäuferin hat genervt, ich konnte in Ruhe ein paar Sachen raussuchen und bin danach direkt zur Kasse.«

»Wie, ohne Anprobieren?«

»Ja sicher. Wie hätte das denn ausgesehen? Mancher hätte mich sicher für pervers gehalten. Umkleidekabinen in Kaufhäusern sind eine echte Herausforderung. Die meisten haben so verkrumpelte Vorhänge, dass entweder links oder rechts ein Spalt zum Reingucken bleibt. Das war mir zu gefährlich.«

»Woher wusstest du deine Größe?«

»Erinnerst du dich an die Stretchröcke, die ich damals in der Waschküche gefunden und heimlich zu Hause getragen habe?«

»Ahhh.«

»Die hatten Größe 38, also hatte ich einen Anhaltspunkt. Den Rest musste ich mit Augenmaß schätzen. Sachen geschnappt, passt schon irgendwie, bezahlen und raus. Erst zu Hause habe ich die Sachen mit Genuss anprobiert. Zum Glück hat alles gesessen.«

»Deine erste Anschaffung?«

»Ein brauner Mantel mit weißem Pelzbesatz, Stiefel, zwei braune Veloursröcke bis übers Knie ... alles ganz klassischer Stil, fast schon konservativ. Ich wollte damenhaft aussehen, aber auf keinen Fall nuttig. Nicht nur wegen meines Jobs im Krankenhaus.«

»Kleine Vorliebe für Braun, was?«

»Hm, ich hatte mich ja vorher beraten lassen. Kurz nach meinem Outing war ich bei einer Kosmetikerin zum Augenbrauenzupfen. Ich habe ihr gesagt, was ich vorhatte, und gefragt: ›Was meinen Sie, welche Farbe entspricht meinem Typ?‹ Sie hat mir erklärt, dass ich ein Herbsttyp sei und warme, braune Töne gut wären – fürs Anziehen und fürs Schminken.«

»Hat sie dir auch gezeigt, wie man sich schminkt?«

»Na vor allem die Technik! Was man wie in den Vordergrund rückt, wie man die Augen betont. Oh, was man alles beachten musste, um nicht daneben auszusehen. Da half nur üben, üben, üben! Allein dafür war es gut, dass ich Urlaub hatte.«

»Was hast du mit den Haaren gemacht?«

»Wachsen lassen, aber das dauerte natürlich. Die waren ja seit meiner Tanzerei raspelkurz. Deswegen war eine gute Perücke das Wichtigste am Anfang. Das billige blonde Ding aus dem Sexshop mochte ich nicht mehr aufsetzen. Etwas Unauffälliges, Typgerechtes musste her.«

»Etwas Herbsttypgerechtes!«

»Genau. Und etwas mit Stil. Das war schwieriger, als ich dachte. Ich habe sämtliche Zweithaarstudios in Mannheim und Umgebung abgeklappert.«

»Was hast du den Verkäuferinnen gesagt?«

»Sicher nicht, dass ich die Perücke für den Karneval brauche. Ich habe die Karten von Anfang an auf den Tisch gelegt und erklärt, was ich vorhatte. Die meisten haben mir Kunsthaarperücken aufgetischt, mit denen ich höchstens zum Fasching gekonnt hätte. Sie drückten mir am Ladentisch, wo jeder Kunde glotzt, einen kleinen Spiegel in die Hand und fragten beim dritten Modell, ob es denn nun mal das richtige wäre. Wie soll man so in Ruhe etwas aussuchen, das einen ab sofort ein Jahr oder länger zuverlässig beim Frauwerden schützen soll? Die eine Perücke war zu lang, die andere zu kurz, die nächste passte null zu meinem Typ. Ich spürte schnell: Da kommt nur Echthaar infrage. Das sah wenigstens nicht so tuntig aus, damit konnte ich mich besser in der Öffentlichkeit bewegen und vor allem arbeiten. In einem kleinen Laden hatte ich Erfolg. Dort gab es ein separates Zimmer, wo man ungestört Perücken aufprobieren konnte. Da habe ich sie gesehen und mich spontan verliebt: Ein roter Pagenschnitt mit Pony – der passte perfekt zu mir und sah kein bisschen nach Perücke aus. Gesehen, anprobiert, meine. Da kam der Schock. 1500 Mark sollte sie kosten.«

»Hattest du als Krankenpfleger so viel Geld übrig?«

»Übrig nicht, aber ich hatte als DJ etwas gespart. Trotzdem schmerzte die Ausgabe, denn ich wusste, wie viel Geld ich noch für die OP brauchen würde. Ich habe später meiner Krankenkasse geschrieben und um eine Kostenbeteiligung gebeten. Sie zahlten mir tatsächlich 1200 Mark dazu. Das war eine irrsinnig große Hilfe.«

»Fühlt sich Perückenkaufen an wie Klamottenkaufen? Man kommt nach Hause und muss sie sofort …«

»… aufsetzen! Ja! Ich bin zum Spiegel und fand mich perfekt damit. Gegen Abend konnte ich es nicht mehr abwarten und bin runter ins Café, um mich damit zu zeigen.«

»In welches Café?«

»Bei mir in der Straße hatte das ›Helium‹ aufgemacht, ein ziemlich weltoffener Laden, wo Schwule, Lesben oder überhaupt andersartige Leute willkommen waren. Super essen konnte man da auch. Dort war ich schon mal mit der ersten, blonden Perücke gewesen, die kannten mich nur als Denise, da traute ich mich inzwischen hin, und da fühlte ich mich wohl.«

»Und?«

»Ich habe mich brav an einen Tisch gesetzt. Der Kellner, der mich kannte, stockte kurz, als er kam. ›Ach, Denise, du, hätte dich fast nicht erkannt. Schicke neue Frisur, viel besser‹, hat er gesagt. Das war die beste Bestätigung, die ich kriegen konnte. Und so habe ich mich am nächsten Tag auch auf die Straße getraut. Ich hatte zwar bei jedem Windzug Schiss, dass das Ding wegfliegt, aber weißt du, was mir auffiel?«

»Na, was?«

»Ich habe Männerblicke aufgefangen. Interessierte, wohlwollende Blicke. Das war sooo ein schönes Gefühl.«

»Das glaube ich. Hast du zu Hause eigentlich ein Fach für die Frauen-Outfits frei geräumt oder hast du sie einfach zwischen die Männersachen gelegt?«

»Ich habe meinen ganzen Kleiderschrank aussortiert. Wenn, dann musste ich das richtig durchziehen. Nur ein paar universell einsetzbare Männersachen habe ich behalten, das meiste habe ich verschenkt. Die Trennung fiel mir nicht ganz leicht. Aber nun war Platz entstanden für die neuen Sachen, die immer mehr wurden. Das war ein ganz komisches Gefühl beim Einräumen. Fast so, als ob du als Kind in die Pubertät kommst und zum ersten Mal vom eigenen Geld Klamotten kaufen warst.«

»Oder als ob du als Teenager zur Party willst und Tage vorher mit dem Vorbereiten anfängst. Klamotten kaufen, schminken, Haare tönen … Das hat bei uns früher immer Tage gedauert. Und dann saß man mit Cola-Wodka auf irgendeiner

Couch und hatte den ganzen Abend das Gefühl, dass trotzdem nichts stimmt.«

»Schön, wie du das beschreibst. Ja, das war bei mir so ähnlich. Nur habe ich nicht mal gewusst, wie ich im Rock sitzen soll, ob meine Sachen zusammenpassen, ob beim Haarezurückstreichen die Perücke verrutscht oder ob die Bartstoppeln bei Tageslicht unter der Schminke zu sehen sind.«

»Dein erster Tag als Frau in freier Wildbahn – kamen da komische Seitenblicke?«

»Schwer zu sagen, ich war zu sehr damit beschäftigt, wo ich mit meinen hohen Absätzen hinlaufe. Heute denke ich auch, dass ich am Anfang natürlich auch verstärkt auf alles geachtet habe. Sieht mich jemand, guckt der mich länger als normal an, erkennt der, dass hinter der Maske noch keine richtige Frau ist? Die ersten Tage waren schon extrem angespannt. Da reichte ein falscher Blick, und ich war unsicher. Vor jeder Männergruppe habe ich prophylaktisch die Straßenseite gewechselt. Nur keine Konfrontation mit Menschen, die blöde Bemerkungen machen könnten.«

»Was hast du in deinem Urlaub als Frau unternommen?«

»Alltag üben, das war genug. Ich ging einkaufen, ich besuchte regelmäßig das ›Helium‹ oder war spazieren.«

»Hat die Zeit dir gereicht, um dich vorzubereiten auf deinen Alltagstest?«

»Anfangs habe ich immer gedacht: ›Klar, drei Wochen reichen locker, danach gehe ich als Krankenschwester zurück.‹ Aber im Urlaub kamen die Zweifel: ›Ob das nicht ein bisschen früh ist?‹ Als Mike brauchte ich früher maximal zwanzig Minuten im Bad. Ich haute mir nach dem Rasieren eine Ladung Wasser ins Gesicht und ging los. Nun dauerten Schminken, Haaremachen und Anziehen plötzlich zwei Stunden. Dazu die Unsicherheit, ob ich rechtzeitig fertig werde. Es war Anfang Januar, als ich als Denise auf die Station zurückging. Am Abend vor dem ersten Arbeitstag war ich sehr aufgeregt. Ich legte mich aufs Bett, schaltete das Telefon auf stumm und stellte mir alle möglichen Szenarien vor, die da kommen könnten. Dabei wollte ich doch so locker und unvoreingenommen in mein neues Leben gehen. Aber nun plante ich alles im Kopf durch, damit ja keine Panne passiert. Ich habe mir abends sogar Sachen rausgelegt, weil ich wusste, dass ich künftig um vier statt um sechs aufstehen muss, bis ich Routine beim Fertigmachen bekam.«

»Was hast du angezogen?«

»Einen klassischen blauen Hosenanzug, dazu den Mantel, Pumps, blauen Lidschatten. Sehr schick, wenn auch fast ein bisschen zu festlich, aber es war ja ein besonderer Tag. Und ganz wichtig: Ich hab den Regenschirm eingepackt! Ich musste mich doch besonders schützen, wegen der Perücke und der Schminke.«

»Und bei der Arbeit? Was hast du da getragen?«

»Ich holte mir aus der Wäscherei am ersten Tag einen Schwesternkittel. Dazu hatte ich mir weiße Birkenstockschuhe und eine Strumpfhose mitgebracht.«

»Sah das nicht komisch aus?«

»Die Beine waren inzwischen durchaus rasiert – übrigens seit meinem Doppelleben schon.«

Kichern an beiden Enden der Leitung. »Und bevor du das auch noch fragst: Das mache ich seitdem zwei Mal im Monat. Jeden Tag ist mir zu anstrengend. Und du?«

»Zu anstrengend, ja, mir auch!«

Denise grinst.

»Mit welchen Gefühlen bist du zur Arbeit gegangen?«

»Mit gemischten. Ich war neugierig, aufgeregt, gespannt. Aber plötzlich war auch Panik da: ›Ich pack das nicht. Die starren mich bestimmt alle an, und bei mir ist noch viel zu viel Mike drin, das sieht doch jeder. Was mach ich, wenn ein Patient mich fragt, ob er mich nicht kennt und warum jetzt Denise auf meinem Namensschild steht?‹ Ich hatte mit der Stationsschwester ausgemacht, dass ich eine Stunde später kommen kann, um acht zur Frühstückspause. Dann liefe der Start entspannter, ich könne mich erst mal allen zeigen und so. Ich stand vor dem Aufenthaltsraum und dachte: ›So, rein jetzt.‹ Ich klopfte an, öffnete die Tür. Schon kam eine Schwesternschülerin und fragte, ob ich jemanden suche. Ich sagte: ›Ich gehöre zum Personal!‹ ›Ach so‹, schmatzte sie verdutzt mit ihrem Brötchen in der Hand. Am Tisch saßen drei Kollegen beim Kaffee und guckten genauso fragend. Sie hatten echt keine Ahnung, wer da vor ihnen stand. Ich wollte das Rätsel nicht länger im Raum stehen lassen und sagte: ›Guten Morgen, da bin ich, Denise.‹ Eine brummelte was von wegen ›Ach so, die ...‹. Meine Chefin stand auf, gab mir die Hand und sagte: ›Ich begrüße dich ganz herzlich auf der Station.‹‹«

»Ist doch lieb!«

»Ja, aber auch komisch. Als ob ich die Neue wäre. Ich verschwand erst mal im Umkleideraum.«

»Ach komm, es hat doch ganz gut angefangen.«

»Ja, aber danach ging der Tag komisch weiter. Ich konnte keinem Patienten mehr in die Augen sehen. Stammpatienten, die zur Chemo kamen oder länger mit Kehlkopfkrebs bei uns lagen, sahen mich schon im Vorübergehen fragend an. Ich spürte, dass ich noch nicht stark genug für solche Konfrontationen war. Vor allem nicht für all die Fragen, die kommen würden. Genau das wollte ich nicht: mich ständig erklären. Warum, wieso, weshalb. Ich wollte meine Arbeit verrichten und mich dabei als Frau erproben. Ich musste aus der Schusslinie raus, deswegen hatte ich meine Stationsschwester gefragt, ob sie nicht andere Arbeiten für mich hätte, bis ich sicherer geworden war. Viel blieb nicht übrig: Instrumente sterilisieren, Betten schieben oder OP-Materialen auffüllen – aber eben nicht mehr Essen austeilen, Patienten waschen oder in den OP bringen wie früher.«

»Da warst du sicher froh …«

»Hach, es war nicht so leicht mit mir. Anfangs war ich dankbar. Doch lange kam ich mit den Arbeiten im Hintergrund nicht klar, dadurch fühlte ich mich degradiert und noch mehr ausgegrenzt. Dann fing auch noch dieses Getuschel an.«

»Welches Getuschel?«

»Ist doch klar: Als sich herumgesprochen hatte, dass ich da bin, wurde geguckt und geredet. Da standen drei Reinigungskräfte auf dem Flur, die mich beäugten und lachten, jedes Mal wenn ich vorbeikam, das tat weh. Schon verständlich, dass man über mich redete. Aber so offensichtlich vor meinen Augen, ohne Distanz, ohne jeden Respekt, da kam ich mir richtig begafft vor. Aber was willst du machen? Direkt hingehen und fragen: ›Ist was?‹ Ich konnte niemandem konkret etwas vorwerfen. Zunächst war das alles ja auch nur meine persönliche Empfindung und Wahrnehmung – ich war in dieser Phase extrem sensibel. Ein Konflikt, Ärger, Theater war das Letzte, was ich wollte. Aber das Gleiche passierte auch mit zwei Ärzten. Die standen im Stationszimmer und unterhielten sich mit meiner Kollegin, dabei drückten sie abwechselnd ihre Nasen an die Scheibe, um trotz der Spiegelung einen möglichst guten Blick auf mich zu erhaschen. Als ich demonstrativ ins Zimmer ging, löste sich schlagartig die Gruppe auf, alle hatten plötzlich Wichtigeres zu tun. Solche Episoden spielten sich leider öfter ab. Alle guckten mich neugierig an, wenn ich weiter weg war. Doch sobald ich in ihrer Nähe war, wollte mich keiner mehr wahrnehmen. Viele schauten beim Grüßen sogar weg. Direkt angesprochen hat mich niemand.«

»Eigentlich feige. Aber stell es dir umgekehrt vor: Da kommt ein vertrautes Gesicht, das sie jahrelang mit Schnauzer kannten.

Und plötzlich trägt es Perücke und Lippenstift ... Daran muss man sich erst mal gewöhnen.«

»Sicher. Ich bin die Letzte, die dafür kein Verständnis gehabt hätte. Ich hatte selbst schon viel Zeit für meinen neuen Anblick gehabt. Ich will auch niemandem unterstellen, dass er absichtlich böse war. Absolut nicht. Sie wussten nicht, wie sie mit mir umgehen sollten. Da gingen sie mir lieber aus dem Weg. Aber das hat mich noch unsicherer gemacht. Weißt du, ein neugieriger Blick ist was anderes. Da guckt man, guckt wieder weg, guckt vielleicht noch mal und das war's. Aber ich wurde beguckt und in einigen Gesichtern war dabei eine Mischung aus Sensationsgier, Ekel und Tratschlust. Irgendwie war alles anders. Der Mike, der immer selbstbewusst bei der Arbeit aufgetreten war, war plötzlich unsicher. Ich hatte das Gefühl, dass mich keiner mehr ernst nahm. Innerhalb von ein paar Stunden war ich innerlich völlig verkrampft und musste mich auf der Toilette einschließen. Dort saß ich auf dem runtergeklappten Klodeckel und sagte mir immer wieder: ›Bloß nicht heulen, sonst verläuft noch die Schminke.‹ Nach ein paar Minuten ging es wieder. Ich wusste ja, dass der Alltagstest nicht leicht werden würde, und wollte mir und meinem Arbeitsumfeld erst mal eine Chance geben.«

»Dann ging dein erster Tag im neuen Look wohl nicht besonders feierlich zu Ende?«

»Nein. Ich bin heulend nach Hause. Mein Fußweg dauerte etwa zwanzig Minuten, ich lief am Neckar lang – mit einem Taschentuch vor dem Gesicht, das schon ganz schwarz von der Wimperntusche war. Ich fühlte mich wie eine Ausgestoßene. Nicht gewollt, nicht akzeptiert. Zu Hause habe ich mich abgeschminkt und völlig kaputt aufs Bett geschmissen. Das war alles ganz schön viel am ersten Tag. Keiner hatte mal gefragt, wie es mir eigentlich ging. Die ganze Zeit nicht. So viel wie du hat mich überhaupt noch nie jemand gefragt. Tut aber gut. Ich

habe das Gefühl, dadurch noch mal mein ganzes Leben aufzu-
arbeiten.«

»Ich hoffe, es ist nicht zu schmerzhaft.«

»Es pikst schon manchmal, aber das ist okay. Du, der Kohl
ist langsam schon pappweich, ich muss mal Joseph zum Essen
holen. Willst du morgen trotzdem telefonieren?«

»Morgen ist Yoga, das hatte ich fast schon vergessen. Übermorgen?«

»Okay, Jana. Sag deinem Mann einen schönen Gruß.«

»Du auch. Bis bald.«

»Ach, Denise?«

»Ja?«

»War denn dein zweiter Tag leichter?«

»Nein. Er sollte der Horror werden.«

Aufsteiger: Mike mit vier Jahren im Kindergarten – ein schüchternes Kind, das auf dem Spielplatz oft allein bleibt.

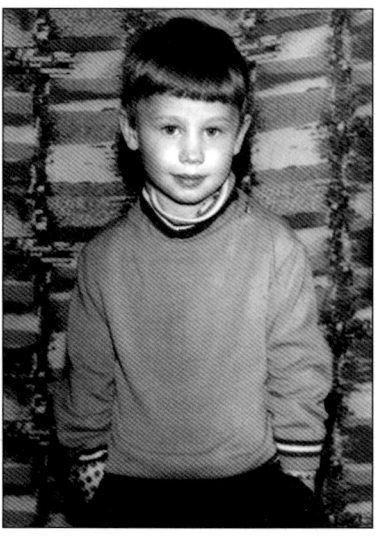

Hosenfratz: Kurze Haare, jungenhaftes Outfit – so sieht er mit fünf aus. Zu Hause probiert er bereits heimlich die Röcke seiner Schwester an.

Muttersohn: Wenn Mama ihre Haare föhnt oder sich schminkt, schaut der Junge (hier 12) fasziniert zu. »Sie war mein Idol, ich fand sie so schön.«

Schützenkönig: Statt mit Mädchen zu flirten, sucht Mike mit 14 im Ferienlager lieber durch männliches Auftreten die Anerkennung der Kumpels.

I

Im Rampenlicht: Mike als Model. Der 30-Jährige arbeitet als Tänzer, DJ und Schauspieler. Nicht nur schwule Männer fliegen auf seinen durchtrainierten Körper.

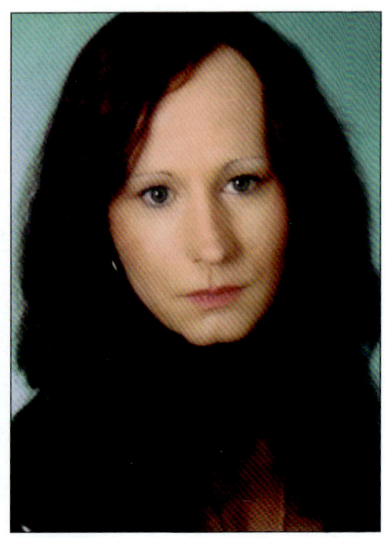

Verwandlungskünstlerin: Der Alltagstest hat begonnen. Ab 1999 nennt sich Mike Denise, trägt öffentlich Perücke und gepolsterte BHs.

Etappensiegerin: Das Bild für ihren ersten Personalausweis als Frau. Allein für die Namensänderung braucht sie zwei Gutachten.

Turteltaube: Im April 2000 verliebt sich Denise mit 34 Jahren in Joseph. Er ist der erste Mann, bei dem sie sich ganz als Frau fühlt – obwohl sie körperlich noch keine ist.

Kurvenstar: Denise präsentiert ihre neue Weiblichkeit, als die Hormonbehandlung erste Erfolge bei
der 35-Jährigen zeigt. Noch ein Jahr bis zur OP.

Kostümträgerin: Denise mag es elegant. Zweieinhalb Jahre nach ihrem Coming-out ist sie bereits
so selbstsicher, dass sie auch Miniröcke trägt.

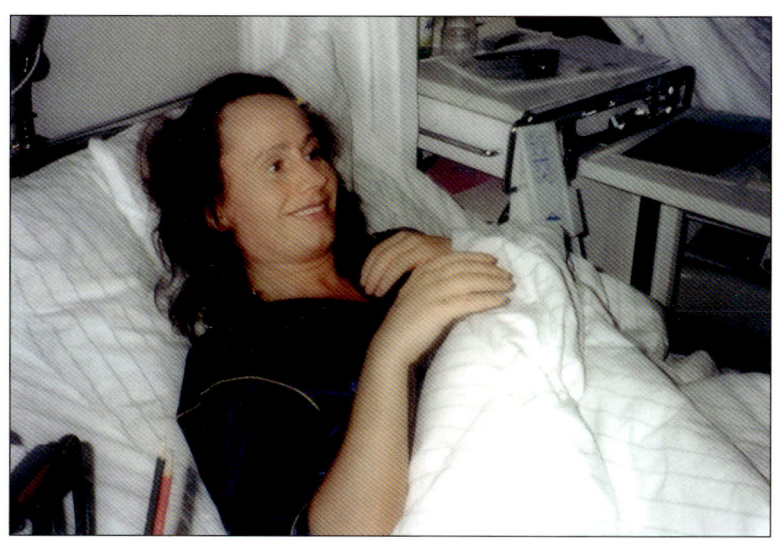

Patientin: Am 14. Mai 2001 wird es ernst. In München-Bogenhausen operiert Dr. Spehr
Denise endgültig zur Frau. Das Bild entstand kurz vor dem Eingriff.

Der große Tag: Joseph erfüllt Denise im Mai 2003 ihren größten Traum. Er heiratet die 37-Jährige im historischen Standesamt von Schifferstadt.

Die wilde Seite: Für ein privates Fotoshooting posiert Denise im Jahr 2004 mit Perücke und Hut als Femme fatale.

Die schönsten Schätze: Hier präsentiert die 41-Jährige ihre umfangreiche Handtaschenkollektion. Außerdem sammelt sie Schuhe.

Die stillen Momente: In der Natur sucht sie Ruhe, Entspannung und manchmal Abgeschiedenheit für ihre Meditation. Das Bild zeigt sie im Sommer 2006 im Garten.

Das glückliche Paar: Die Pfälzerin im gleichen Jahr mit ihrem Mann Joseph in Schifferstadt. Im Alter wollen die beiden ans Meer ziehen.

Der lange Weg: Denise mit 42 im Zug unterwegs zum Arbeitsamt. Die einstige Krankenschwester will nach einer Jobpause Heilpraktikerin werden.

Am Ziel: Denise im Sommer 2007. Auch wenn sie manchmal an Mike zurückdenkt, ist sie in ihrem neuen Körper angekommen und genießt das Leben.

DER SEELISCHE ABSTURZ

Es war geschafft. Der Schritt in die Öffentlichkeit war gewagt. Von nun an sollte es aufwärts gehen. Eigentlich. Doch der Absturz hatte längst begonnen – langsam, aber unaufhaltsam.

»Was war so furchtbar am zweiten Tag?«

»Als ich morgens aufstand, dachte ich noch: Nimm nicht alles so tragisch, der erste Tag ist immer komisch, heute wird es besser. Wurde es aber nicht. Nicht am zweiten Tag und auch am dritten und vierten nicht.«

»Womit hast du am meisten gehadert?«

»Dass ich keinen Weg fand, über die schrägen Seitenblicke hinwegzusehen. Ich ertrug es nicht, gemustert zu werden, auch nicht das Getuschel der Leute, oder wenn sie verstummten, sobald ich ins Zimmer kam. Mir war zum Heulen, wenn ich nur annähernd das Gefühl bekam, dass sich jemand über mich lustig machte. Auf dem Flur traf ich zwei Patientinnen, die mir lachend entgegenkamen, mir ins Gesicht schauten wie einer Verrückten und sich umdrehten, sobald ich an ihnen vorbeigelaufen war. Meine einst so lockere Art war dahin. Als Mike habe ich immer mal einen lustigen Spruch gemacht, aber nun blieb mir jeder Witz im Hals stecken. Auch meine Kolleginnen gingen anders mit mir um, sahen mir nicht ins Gesicht, vermieden es, mich direkt anzusprechen … Die Unbefangenheit war weg. Es war, als würden wir uns gar nicht richtig kennen. Und genau das tat mir so weh. Verdammt, ich hatte mich äußerlich verändert, ja. Aber innerlich war ich doch immer noch der Mike geblieben.«

»Hast du dich wenigstens äußerlich sicherer gefühlt am zweiten Tag?«

»Nein, eher gehemmter. Was das Schminken angeht, habe ich bestimmt ein halbes Jahr gebraucht, bis ich mir sicher war, dass ich normal aussah.«

»Aber du sagtest doch, du wärst so gut vorbereitet in deinen Alltagstest gegangen.«

»Ja, das dachte ich anfangs auch. Aber ich hatte ja mit meinem Übungs-Make-up selten andere Menschen getroffen. Ich hatte es überwiegend vor den Herren ausprobiert, die mich während meines Doppellebens bei dezentem Wohnzimmerlicht besucht hatten. Bei der Arbeit hab ich schnell gemerkt, dass es etwas komplett anderes war, sich für das erbarmungslose Tageslicht zurechtzumachen. Normal auszusehen, und nicht wie eine Fratze, vor der sich Kollegen oder Patienten erschrecken, das war schwer. Mein Bad zu Hause war relativ dunkel, ich sah mich beim Schminken im Spiegel ganz anders, als ich draußen wirkte. Hinzu kam, dass das Make-up, das ich bisher benutzt hatte, nun nicht mehr ausreichte. Mein Bartansatz kam viel zu stark durch, egal, wie oft ich mich rasierte. Zum Glück hatte mir damals die Kosmetikerin bei der Schminkberatung verraten, welche Wunder Theaterschminke vollbringen kann. In einer Illustrierten hatte ich eine Anzeige von einem Versand in Berlin entdeckt und sofort bestellt. Diese Camouflage war ganz schön teuer: 25 Gramm kosteten 33,30 Mark, dazu kam das Fixierpuder mit 19,95 Mark.«

»Du weißt die Preise noch?«

»Ich habe die Rechnungen alle aufgehoben – als Souvenirs. Aufgetragen habe ich das alles aber erst in den ersten Arbeitstagen als Frau. Sehr leichtsinnig! Morgens, wo man eh unter Zeitdruck ist, sagte ich mir jedes Mal: ›Mann, das deckt ja vielleicht stark, warum hast du das Zeug nicht bloß ein paar Tage eher ausprobiert?‹ Aber ich musste los und dachte: ›Deine Kollegen werden dir schon Rückmeldung geben, falls es wirklich daneben aussieht.‹«

»Hast du Feedback bekommen?«

»Nein, es hat keiner was gesagt, aber wer traut sich das auch schon, wenn einem so ein verunsicherter Mensch gegenübersteht. Außerdem habe ich nicht danach gefragt. Es gab Wichtigeres. Ich musste erst mal mit dem neuen Arbeitsalltag klarkommen.«

»Die ersten Tage als Frau waren wohl sehr anstrengend für dich?«

»Und wie. Nachdem der erste Tag nicht so gut gelaufen war, wollte ich am zweiten alles perfekt machen – nicht nur hundertprozentig, sondern am liebsten zweihundertprozentig. Ich war jede Sekunde beschäftigt mit mir selbst, mit meiner Mimik und Gestik, damit, ob die Perücke gut sitzt oder die Klamotten harmonisch abgestimmt sind. Und je stärker ich mich darauf konzentrierte, desto mehr begann ich, unter der Camouflage zu schwitzen. Die Nylonstrumpfhose klebte an meinen Beinen. Das war alles so ungewohnt für mich. Ich war permanent angespannt, und je mehr ich mich beobachtet fühlte, desto labiler wurde ich psychisch.«

»Haben denn wirklich so viele geguckt? Ich meine, wenn die Nerven blank liegen, dann achtet man ja auch viel mehr auf so was.«

»Das kann gut sein. Wie gesagt: Ich war schon sensibler, hellhöriger und empfindlicher. Aber mir fiel das nicht nur bei der Arbeit auf. In der Bahn, an der Supermarktkasse, im Wartezimmer beim Arzt – überall dort, wo Leute zu viel Zeit haben, lauerten potenzielle Gefahren, angeglotzt zu werden. Manche Leute waren teilweise richtig verstört, andere drehten sich verschämt zur Seite. Je öfter mich jemand länger als eine Sekunde anschaute oder mit anderen tuschelte, desto schwerer ertrug ich das. Ich sah genau, wie viel Spott da im Spiel war. Ohne jemandem zu nahe treten zu wollen, aber in dieser Phase hätte ich alles andere gebraucht als Respektlosigkeit oder Diskreditierung.«

»Wie bist du damit umgegangen?«

»Ich habe gelernt, diese Menschen oder diese Situationen zu ignorieren. Immer, wenn es wieder so weit war, nahm ich mir ein bestimmtes Objekt vor und beschäftigte mich intensiv damit. Ob es nun meine Fingernägel waren, die besondere Aufmerksamkeit brauchten, oder das Zeitschriftenregal, das nicht so perfekt eingeräumt war. Egal. Hauptsache raus aus dieser Situation, in der ich nur das Negative wahrnahm.«

»Und das hat funktioniert?«

»In Grenzen. Ich konnte nicht verhindern, dass der Optimismus, mit dem ich in den Alltagstest gegangen war, zusammenbrach. Bei der Arbeit kam ich gar nicht mehr zurecht. Als ich bei einer Patientin Blutdruck messen wollte und sie sagte: ›Gibt es keine andere Kollegin? Von Ihnen lass ich mich nicht anfassen!‹, war das Maß voll. Ich rannte raus, drückte einer Schwesternschülerin das Gerät in die Hand und habe mich mal wieder auf dem Klo ausgeheult. Ich wollte arbeiten, ich wollte mich ablenken, wollte das tun, was ich gut konnte, weiter unter meinen Kollegen sein. Aber es ging einfach nicht. Jeden Abend, wenn ich zu Hause im Bett lag, dachte ich: ›Da gehe ich nicht mehr hin.‹ Dann habe ich mich doch noch mal aufgerafft. Nach einer knappen Woche war ich fix und fertig. Ich spürte: Noch ein Tag länger im Krankenhaus und ich liege am Boden. Ich bin zu meinem Hausarzt gegangen und wurde erst mal für zwei Wochen krankgeschrieben.«

»Darf man das im Alltagstest? Wie sollst du dich im Alltag testen, wenn du vor ihm davonläufst?«

»Na ja, weglaufen nenne ich was anderes, Jana. Ich habe schon mein Bestes gegeben, ich habe es mir nicht leicht gemacht. Aber ich musste durch die Krankschreibung erst mal Abstand kriegen.

Ich bin während dieser Zeit trotzdem ins Krankenhaus gefahren, um die Stationsschwester und den Betriebsrat noch einmal zu fragen, ob wir vielleicht eine andere Regelung für mich finden, in der ich ohne Patientenkontakt weiter als Krankenschwester arbeiten könnte.«

»Aber sie hatten dich doch schon am Tag zuvor nicht mehr für die Pflege eingeteilt, was wolltest du genau?«

»Klar war ich dankbar für das Entgegenkommen der Kollegen, es schien mir anfangs als super Lösung, dass ich Material auffülle oder putze, um den Blicken der Patienten zu entkommen. Es machte mir auch nichts aus. Aber ich merkte schnell, dass ich auf den Gängen genauso angestarrt wurde – es ließ sich ja schlecht vermeiden, dass ich dort Patienten und Besuchern begegnete. Außerdem fühlte ich mich meiner Fachkompetenz total beraubt. Ich weiß nicht, wie ich das beschreiben soll. Ich wollte keinen besseren Job als vorher, aber in dieser schwierigen Zeit wollte ich auch nicht nur Hilfskraft sein. Die Transe mit dem Putzeimer in der Hand – das hätte so richtig mies ins Klischee gepasst, in das man Leute wie mich eh viel zu oft reinpresst. Es ging nicht darum, dass ich mir zu fein dafür gewesen wäre, ich hätte diese Arbeiten auch weiter gemacht, meinetwegen auch die Spülmaschine ausgeräumt oder die Küche geputzt – aber doch wenigstens ein bisschen in Verbindung mit dem, was vorrangig mein Job war. Da hätte es genug Aufgaben gegeben, die ich hätte machen können. Warum ließ man mich beispielsweise nicht im Schreibzimmer Patientenakten bearbeiten, Infusionen oder Medikamente richten? Aber als ich meine Bitte noch mal vortrug, hieß es nur: ›Wir gucken mal‹, ein Angebot kam nicht. Ich spürte, dass sie mich dort nicht mehr wollten, es sollte keine andere Möglichkeit geben. Ich fühlte mich fehl am Platz und ging nicht mehr auf die Station zurück.«

»Was hast du getan während deiner Krankschreibung?«

»Ich habe den Alltagstest im Privatleben fortgesetzt, bin weiter zu meinem Therapeuten gegangen, habe gelesen oder war einen Kaffee trinken, damit ich nicht ganz durchdrehe.«

»Haben deine Kollegen mal angerufen?«

»Nein, es hat sich keiner gemeldet, um zu fragen, wie es mir geht. Ich wollte sie auch nicht belästigen. So blieben beide Seiten stumm.«

»Wann bist du wieder arbeiten gegangen?«

»Erst ein halbes Jahr später. Im Juli wurde ich in die Rufzentrale des Hol- und Bringdienstes versetzt.«

»Ging es dir dort besser?«

»Ja. Endlich raus aus dieser verfahrenen Situation. Dafür nahm ich in Kauf, dass ich nicht mehr viel anderes tat, als den Hörer abzunehmen.«

»Hey, du bist aber auch nicht einfach, irgendwo musstest du doch Abstriche machen, wenn du erst mal inkognito weiterarbeiten wolltest.«

»Ich habe mich auch nicht beschwert, Madame. Ich wollte gerade noch sagen, dass die Arbeit mir Spaß machte, weil sie total abwechslungsreich war.«

»Was war denn deine Aufgabe?«

»Patienten, die klingelten, fragen, was ihnen fehlt, und den Schwestern der zuständigen Station Bescheid geben. Zivis organisieren, die Patienten von der Aufnahme abholen und aufs Zimmer oder in den OP bringen. So was halt. Ich war dankbar, dort arbeiten zu können, meine Kollegen waren nett. In dieser Zeit habe ich mich schon wohl gefühlt. Bis ich innerhalb des Krankenhauses in eine andere Rufzentrale versetzt wurde. Dort kam es immer wieder zu Situationen, die mich psychisch sehr belasteten.«

»Mobbing?«

»Na ja … lass mich mal eine Situation beschreiben. Einmal nahm ich den Hörer ab, da hörte ich, wie im Hintergrund ein

Pfleger seine Kollegin fragte: ›Ach, ist diese Transe dran?‹ Als ich mich bemerkbar machte, bestellte sie nur forsch etwas, ohne Bitte und Danke. Wie ein räudiger Hund kam ich mir vor. Dann wurde vermehrt mein Arbeitsstil kritisiert, Kollegen machten versteckte Bemerkungen, weil ich oft im Spätdienst arbeitete. Ich habe das Gespräch mit meinem Vorgesetzten nicht nur ein Mal gesucht, er wimmelte mich immer ab. Mal hatte er keine Zeit, mal sprachen wir nur kurz vor den Kollegen. Schließlich gab es Äußerungen, dass ich nicht alles so persönlich nehmen solle. So liefen die Tage ab, an denen ich weinend nach Hause ging. Ich habe den Fehler oft bei mir gesucht, aber ich fand keinen, dafür wurde ich immer unsicherer und angreifbarer. Nach ungefähr zwei Monaten sagte ich mir: ›Schluss, aus, deine Gesundheit geht vor‹, und ließ mich weiter krankschreiben.«

»Wegen dieser paar Idioten?«

»Jana, für dich klingt das jetzt vielleicht alles nicht so schlimm. Aber ich war damals kurz vor dem Zerbrechen, ich hatte noch nicht die Stabilität, die ich heute habe, wenn ich darüber rede. Es sind auch noch andere Dinge passiert, die mich so belasteten.«

»Welche?«

»Als ich an einem Augusttag mal wieder gegen 16 Uhr meine Pause auf dem Hof verbrachte, stand da eine Gruppe Jugendlicher, die so laut herumgrölten, dass man es bis ins Krankenhaus hören konnte. Ich biss in meinen Apfel und überlegte gerade noch, ob ich lieber woanders Luft schnappen gehe, da kam ein 13-Jähriger auf mich zu und schrie: ›Hey, haben Sie eine Uhr?‹ Er sah aus wie ein Roma-Junge, dunkle Haare, braune Haut, abgerissene Sachen. Ich sagte ihm höflich die Zeit. Er drehte sich wortlos um und kehrte zu seiner Gruppe zurück. Gerade hatte ich mich entschieden, bei diesem schönen Wetter doch noch unten zu bleiben, da fiel mir auf, dass der Haufen immer unruhiger wurde und zu mir rübersah. Nun bewegten sich die Ersten auf mich zu. Ein Gefühl sagte mir: ›Mach, dass du fortkommst.‹ Da ging es auch schon los. Einer rief in gebrochenem Deutsch: ›Ey, du keine richtige Frau.‹ Ich wurde von einer Salve von Beleidigungen überschüttet. Schwuchtel! Tunte! Transe! Sie holten das ganze Repertoire an Schimpfwörtern raus. Ich stand wie gelähmt da und dachte: ›Was habe ich denen getan, warum attackieren diese wildfremden Menschen mich?‹ Plötzlich war ich von dieser Gruppe umringt, sie holten immer neue Beleidigungen raus. Inzwischen hatten sich ein paar kleine Kinder um uns versammelt, die halb entsetzt, halb amüsiert zusahen. Ein kleiner Junge war mutig geworden, rief ›Vogelscheuche, Vogelscheuche‹ und lachte mir frech ins Gesicht.«

»Was hast du gemacht?«

»Ich hatte riesige Angst, dass sie handgreiflich werden oder mir die Perücke runterreißen. Ich beruhigte mich im Geiste damit, dass im Notfall sicher noch was von meinen Judo-Künsten übrig geblieben sei, und verließ den Kreis schweigend, um zum Eingang der Klinik zurückzugehen. Die paar Schritte lang klopfte mein Herz zum Zerspringen, ich hatte Panik, dass die Typen mir folgten. Als ich wieder oben in der Rufzentrale war, schloss ich die Tür hinter mir und brach in Tränen aus. Um 17 Uhr machte ich die Durchsage zum Abendessen und klang dabei, als hätte ich Bronchitis. Den Rest der Zeit bis 20 Uhr jagte eine Weinattacke die nächste. Die Beleidigungen hatten so weh getan, als hätte man mich zusammengeschlagen. Eigentlich noch mehr. Wenn einer zulangt, das spürst du einige Zeit später nicht mehr. Aber verbale Beleidigungen dringen wie ein Dorn in deine Seele. Erst recht, wenn sie sich wiederholen. Drei Tage später, ich hatte mich noch nicht ganz von dem Schock erholt, pöbelten mich mittags auf dem Arbeitsweg drei junge türkische Männer wieder mit ›Schwuchtel‹ und ›Tunte‹ an, klopften sich dabei gegenseitig prahlerisch, lachend und dämlich stolz auf die Schultern, wie männlich und wie lustig sie doch seien. Ich möchte hier keine Bewertung über andere Kulturkreise abgegeben. Aber es fiel schon auf, dass genau diese Gruppen, die für sich selbst Respekt und Toleranz einfordern, einen anderen Menschen ausgrenzten und verletzten. Das hat mich tief getroffen. Weil ich nicht verstand, warum ein Mensch so böse zu einem anderen Menschen ist, nur weil dieser nicht in sein Schema passt. Jede einzelne Situation an sich ist vielleicht gar nicht so schlimm. Aber in der Summe brachten sie das Fass irgendwann zum Überlaufen.«

»Du klingst immer noch bitter. Gab es irgendetwas, das dir zu dieser Zeit Trost oder Ablenkung gegeben hat?«

»Wenig. Musik hören vielleicht.«

»Was ist aus deinen ganzen Hobbys geworden? Du warst doch mal so aktiv?«

»Die waren da schon längst alle auf Eis gelegt. Ich vermisste meine kreative Arbeit schon sehr, sie war toll, aber sie verbrauchte auch so verdammt viel Energie, die ich nun anders einsetzen musste. Das Tanzen hatte ich bereits 1997 an den Nagel gehängt, auch die Theater- und DJ-Auftritte. Denise war zu wichtig geworden, ich musste mich ihr voll widmen. Ich brauchte meine Freizeit, um mich als Frau auszuprobieren. Ab der Sekunde, wo ich das erkannt hatte, war Tanzen kein Thema mehr. Ich konnte unmöglich zurück in diese Clubs, zurück zu meinen schwulen Freunden. Ich hatte dort als Mann getanzt, als Frau gehörte ich da nicht mehr hin, das passte einfach nicht. Die Einsicht war schmerzlich, die Zeit dort war schön, die Leute waren mir ans Herz gewachsen. Als ich nicht mehr hinging, war es, als würde eine Familie sterben. Getanzt habe ich höchstens noch allein zu Hause …«

»Mit wem hast du deinen Kummer besprochen?«

»Eigentlich nur mit meinem Therapeuten. Der sagte aber auch nichts anderes, als ich schon herausgefunden hatte: ›Menschen sind so, Sie können sie nicht ändern, lernen Sie, damit umzugehen.‹«

»Gab es keine Freunde, die dich in dieser Zeit aufgefangen haben? Einer muss doch übrig geblieben sein, bei dem du dich mal auf der Couch ausheulen konntest oder der dir mal eine heiße Schokolade gekocht hat.«

»Nein. Nur fünf von meinen engen Bekannten haben mich überhaupt als Frau erlebt. Aber das war alles andere als tröstlich. Ich kann dir ja mal erzählen, wie das teilweise lief. Da war zum Beispiel Manuel*. Wir hatten uns 1991 beim Tanzen im ›Connection‹ kennengelernt, er war neu in der Schwulenszene, ich war viel mit ihm unterwegs, zeigte ihm Bars und Discos. Manchmal sahen wir uns fast jeden Tag, sind zusammen einkaufen gegangen, haben bei seinen Eltern Mittag gegessen. Es lief nie was zwischen uns, aber wir hatten ein ganz inniges, freundschaftliches Verhältnis. Als er mich ein paar Tage nach meinem Outing anrief, spürte er gleich, dass ich anders klinge. Auf sein Nachfragen sagte ich, dass ich ihm etwas Wichtiges unter vier Augen sagen müsse. Seine Neugier war zu groß, um zu warten, immer wieder forderte er mich auf, ihm doch schon am Telefon zu erzählen, worum es ginge. Da habe ich mich offenbart. Er lachte mich aus. Ich redete auf ihn ein, erklärte ihm meine Suche, meine Sorgen, wiederholte, dass es mein voller Ernst sei. Statt Fragen zu stellen, statt sich wenigstens ein bisschen dafür zu interessieren, sagte er nur: ›Du verarschst mich doch.‹ Da habe ich aufgelegt und den Kontakt abgebrochen. Er hat sich auch nicht mehr gemeldet.«

»Ich kenn ja den Tonfall nicht, in dem er das gesagt hat. Aber findest du nicht, dass du ihm eine Chance hättest geben können, sich an die neue Situation zu gewöhnen?«

»Ich bin immer dafür, jemandem eine Chance zu geben. Aber von einem Freund hätte ich erwartet, dass er sich ins Auto setzt und zu mir kommt. Sicher wurde ihm bewusst, dass er einen schwulen Freund verloren hatte – ab da interessierte ich ihn nicht mehr.«

»Für mich klingt das alles so oberflächlich, meine Freunde würden sicher nicht einfach wegbleiben, wenn ich ihnen sagen würde, dass ich ...«

»Das sagst du jetzt, Jana. Die Realität sieht meistens anders aus. Aber vielleicht hast du ja auch sehr viel tolerantere Freunde als ich damals.«

»Was war mit den anderen vier Leuten?«

»Die blieben noch eine Zeit lang aus Neugier, wollten beobachten, was der ausgeflippte Mike da tat. Als sie merkten, dass es mir damit ernst war, haben sie meine Veränderung einfach ignoriert.«

»Wie, ignoriert?«

»Sie haben mich weiter mit Mike angesprochen. Oder gar nicht mehr direkt angeredet. Sie sagten ›Du spinnst doch‹ oder ›Ich kann mit dir nichts mehr anfangen‹. Keine ernstgemeinten Fragen, keine Toleranz, kein Verständnis. Verstehst du, dass mir das zusetzte? Ich konnte in meiner Situation nicht auch noch um Freunde kämpfen. Mag sein, dass ihr Verhalten nicht böse gemeint war. Aber als Denise fand ich einfach keinen Draht mehr zu ihnen und keine Kraft, darüberzustehen. Ich wollte mich weder ständig neu erklären noch andere aufmuntern, mir doch treu zu bleiben. Ich musste schließlich erst mal zusehen, dass ich innerlich stabil wurde. Ich zog mich von allen zurück und konzentrierte mich auf meinen Weg. Geöffnet habe ich mich erst zwei Jahre später wieder, als ich Joseph kennenlernte. Heute denke ich, ich brauchte diese Zeit allein, denn damals habe ich in mir eine ungeahnte Stärke entdeckt. Ich habe gelernt, dass es nicht immer schlimm ist, wenn sich eine Tür hinter dir schließt. Es geht auch wieder eine neue auf.«

»Trotzdem stelle ich es mir schwer vor: keine nahestehenden Kollegen, keine Freunde, kein Partner, keine körperliche Liebe, nie fragt mal jemand, wie es einem geht ...«

»Ab und zu kam ja das Fernsehteam vom RNF vorbei.«

»Hä?«

»Das ist das Rhein-Neckar Fernsehen, der Regionalsender hier bei uns. Die haben mich während des Alltagstestes begleitet.«

»Und das erzählst du erst jetzt? Wie kam es dazu?«

»Die Schwester einer Kollegin hat dort gearbeitet. Kurz nach meinem Outing wollte ich an die Öffentlichkeit gehen, um zu erklären, wie Transsexuelle ticken, und anderen Betroffenen Mut zu machen, auch ihren Weg zu gehen. Ich habe angerufen, ein Reporter war total interessiert und hat sofort einen Beitrag über mich gedreht.«

»Gibt es den Film noch?«

»Sicher, ich hab ihn hier. Und bevor du fragst: Ja, ich schick dir eine Kopie. Dann kannst du dir auch besser vorstellen, wie ich damals aussah.«

»Unbedingt, bitte!«

Sie gähnt. »Oh, halb zwölf.«

»Dann lass ich dich mal ins Bett, was? Wann gehst du eigentlich normalerweise schlafen – so außerhalb unserer Kerntelefonzeit?«

»Um halb elf. Da schnappe ich mir meine Tafel Schokolade und verschwinde.«

Jeden Tag eine Tafel. Entweder braucht sie den Zucker oder den Trost.

Die letzte Frage bleibt unausgesprochen.

16. Anruf

SZENEN EINER VERWANDLUNG

Wie hast du eigentlich Brüste bekommen?«
»Tja, wiiiie?«, fragt sie mit einem Grinsen in der Stimme zurück, und im selben Augenblick wird mir bewusst, wie dämlich die Frage klingt. »Äh, ich meine, wann …« Zu spät, die Retourkutsche ist unterwegs.

»Also, ich bin in den Supermarkt gegangen und hab gesagt: ›Zweimal Körbchengröße 80 B bitte!‹«

Ich knurre, sie amüsiert sich – diese Reihenfolge hat sich inzwischen eingespielt, wenn sie mich auf den Arm nimmt. Dann fängt sie an zu erzählen.

»Heute sind die Hormone dran, ich weiß. Also, das ging so: Als meine Therapie fast ein halbes Jahr lief, hat mich Doktor Will zu einem Facharzt für Endokrinologie in Heidelberg vermittelt …«

»… ein Hormonspezialist, nehme ich an?«

»So ist es. Da habe ich mich im Mai vorgestellt. Der Arzt sagte, dass die Hormonbehandlung der erste Schritt bei der körperlichen Angleichung sei, und erklärte mir genau, wie diese abläuft. Als Erstes müsse er mir Blut abnehmen, um meinen Hormonhaushalt zu bestimmen. Dann würde er das Präparat und die Dosis festlegen, die ich bekommen sollte.«

»Warte mal, im Mai? Da warst du ja dann, lass mich kurz rechnen, erst fünf Monate im Alltagstest – wie konnte dein Therapeut da schon sicher sein, dass du wirklich transsexuell bist? Sagtest du nicht, dafür bräuchte er mindestens ein Jahr?«

»Bis zur OP muss man so lange warten, stimmt. Bei den Hormonen gibt es Sonderreglungen. Man darf früher anfangen, wenn die Diagnose besonders eindeutig ist. Ich hatte also Glück.«

»Was war mit deinem Hormonhaushalt?«

»Nichts Auffälliges. Ich hatte normale Testosteronwerte.«

»Man könnte annehmen, Transsexuelle haben von Natur aus einen Überschuss an weiblichen Hormonen ...«

»Oh, nein, das hat damit nichts zu tun. Mann-zu-Frau-Transsexuelle müssen sich die Östrogene künstlich zuführen. Okay, einige kriegen vor ihrer großen OP zusätzlich Mittel, die ihre Männlichkeit hemmen – wenn sie sehr viel Testosteron haben beispielsweise und ihren Sexualtrieb drosseln wollen. Ich brauchte das nicht, ich hatte meine Sexualität als Mike ja gar nicht richtig ausgelebt. Mir reichten die weiblichen Hormone.«

»Was hast du bekommen? Tabletten?«

»Nein, am Anfang Spritzen, und zwar direkt in den Muskel. Das Medikament hieß ›Progynon‹, das gibt's heute gar nicht mehr. Ich sollte mit einer kleinen Dosis anfangen und ein halbes Jahr lang alle zwei bis drei Wochen ganz langsam die Menge erhöhen, wobei das Blut ständig kontrolliert würde. Mir war das recht, dass wir so sachte anfingen. Manche Transsexuelle hauen sich zu Hause heimlich Unmengen Hormone rein, die sie sich illegal beschaffen. Andere flehen den Arzt an, ihnen die doppelte Dosis zu geben, damit es schneller geht. Das hätte ich schon aus Angst vor den Nebenwirkungen nie gemacht, das ist viel zu gefährlich. Außerdem bringt bei uns nicht viel automatisch viel. Du kannst deine Weiblichkeit nämlich nicht beschleunigen, nur weil du mehr Medikamente kriegst.«

»Hast du dir die erste Spritze selbst gegeben?«

»Nein. Das hat mein Hausarzt gemacht. Ich lag bei ihm mit runtergelassener Hose auf der Pritsche, und er hat mir 100 Milligramm in den Allerwertesten gespritzt.«

»War das ein stolzer Moment für dich?«

»Nein, erst mal war es ein schmerzhafter. Hast du schon mal Spritzen in den Muskel bekommen? Das tut weh.«

»Wie lange hat es gedauert, bis du die ersten Veränderungen an dir bemerkt hast?«

»Es macht nicht patsch oder so. Es dauert Wochen und Monate, bis du Veränderungen an dir siehst. Das ging alles sehr, sehr langsam.«

»Wann fingen deine Brüste an zu wachsen?«

»Vielleicht nach einigen Wochen. Ich war nicht so zufrieden. Immerhin hatte ich von anderen Transsexuellen gelesen, dass sie beachtlich zugelegt hatten. Na ja, vielleicht waren die zierlicher und es fiel bei ihnen mehr auf. Aber bei mir ...«

»Warst du enttäuscht?«

»Etwas. Natürlich habe ich oft suchend vor dem Spiegel gestanden wie ein Mädchen, das in der Pubertät ist. Aber mir war von Anfang an klar, dass der größte Schub sowieso erst nach der Operation kommt, wenn die Hoden weg sind und mein Körper kaum noch Testosteron bildet. Deswegen habe ich keine Wunder erwartet. Das Bescheuerte war nur, dass ich deswegen all die kleinen Dinge, die längst passierten, kaum wahrnahm. Ich war richtig überrascht, als mir Bekannte und meine Familie nach ein paar Monaten sagten, dass mein Gesicht rundlicher geworden war.«

»Was hat sich noch an dir verändert?«

»Die Haut wurde weicher, die Muskeln bildeten sich zurück, dafür kamen kleine Fettpolster, meine Konturen wurden fraulicher. Aber was soll's, man kauft eben das ganze Paket, wenn man eine Frau sein will. Dafür beobachtete ich mit riesiger Freude, wie meine Haare stärker wuchsen.«

»Und deine Stimme? Hast du dich früher anders angehört als jetzt?«

»Ein bisschen vielleicht, aber das hat nichts mit den Hormonen zu tun. Östrogene können nicht mehr rückgängig machen, was der Stimmbruch bei einem Mann hinterlassen hat – die Stimmlage bleibt, wie sie ist. In diesem Punkt haben es Frau-zu-Mann-Transsexuelle besser. Ihre Stimme wird durch die Hormonbehandlung dunkler. Ich muss damit leben, dass ich immer etwas tiefer klingen werde, wenigstens habe ich den Vorteil, dass ich schon als Mike eine relativ hohe Stimme hatte. Es gibt Transsexuelle, die lassen sich auch noch die Stimmbänder operieren. Da hört es für mich auf. Ich verstehe, wenn sich jemand einen sehr großen Adamsapfel abfeilen lässt, das ist ja wirklich ein männliches Attribut und die Narbe nach so einem Eingriff ist oft kleiner als ein Zentimeter, man sieht sie kaum. Doch die Risiken, bei einer OP meine Stimmbänder zu verletzen und danach wie Rod Stewart zu klingen, die wären mir echt zu groß. Ich habe da lieber auf Stimmtraining gesetzt.«

»Wie geht das?«

»Die Stimme hat viel mit der Sprechweise und mit der Modulation zu tun, auch da gibt es Unterschiede bei Mann und Frau. Ich wusste von meiner Schauspielausbildung, dass man höher klingt, wenn man bewusster spricht, behutsamer, mehr mit der Kopfstimme. Das habe ich trainiert.«

»Um mal zu den positiven Dingen zu kommen: Hast du dich durch die Hormone fraulicher gefühlt?«

»Das tat ich ja schon – innerlich! Natürlich halfen die Hormone, das auszuleben. Aber sie waren nicht allein für mein Gefühl verantwortlich.

Mein Therapeut Doktor Will hatte mal zu mir gesagt: ›Mit weiblichen Hormonen kann man aus jedem Mann eine körperliche Frau machen, aber darin besteht nicht die Kunst!‹ Das nahm ich mir sehr zu Herzen. Frauwerden bestand für mich, sorry, nie nur aus Tittenkriegen. Das betraf immer mehrere Ebenen – wie man sich bewegte, wie man aussah, wie man sich im Job benahm, wie man sich anzog, vor allem aber, dass man mit sich im Reinen war, sich wohl fühlte. Auf jeden Fall hing es nicht nur an den Hormonen.«

»Ich wollte dich nicht darauf reduzieren, Denise.«

»Das habe ich auch überhaupt nicht so verstanden. Wollte es nur trotzdem mal erklären. Aber zu deiner Frage: Wenn ich ehrlich bin, habe ich anfangs vor allem die negativen Auswirkungen meiner neuen Seiten gespürt. Ich wurde weicher und sensibler, das kannte ich so in der Form nicht. Sicher war ich als Mann sensibler als andere Männer, sicher gibt es toughe und zarte Frauen, aber ich fühlte richtig, dass ich nun schneller weinte, mir Dinge zu Herzen nahm, über die ich früher nur gelacht habe, dass ich gereizter war. Und oft überfiel mich eine furchtbare Trägheit. Das mag jetzt komisch klingen, aber plötzlich verstand ich Frauen, die früher antriebslos auf mich wirkten oder von Stimmungsschwankungen gesteuert waren. Während ich damals erwartungsvoll und fit aus dem Bett gesprungen war, kam ich nun kaum aus den Federn. Das treibende Testosteron fehlte – ausgerechnet jetzt, wo ich doppelte Kraft brauchte, um mich zurechtzumachen und in meinem neuen Leben einzurichten.«

»Ist das eine typische Nebenwirkung?«

»Vielleicht, jeder reagiert da anders. Ich hatte Hitzewallungen, kam schnell ins Schwitzen und merkte erst mal, wie Perücke und Make-up einen im Sommer fertigmachen können.

»Ich habe gelesen, dass das sexuelle Verlangen abnimmt, wenn der Testosteronspiegel sinkt. War das bei dir auch so?«

»Ja, schon. Tote Hose sozusagen.«

»Hat dir das gar keine Sorgen gemacht?«

»Nein, überhaupt nicht. Ich hab dir ja erzählt, dass der Sex in meinem früheren Leben keine wichtige Rolle gespielt hatte. Jetzt hatte ich erst mal ein Ziel: Frau werden. Alles andere würde sich danach finden. Es hat mir mehr Sorgen gemacht, dass ich so zunahm.«

»Zahlen, bitte.«

»Ich bin 1,70 Meter groß. Vor meinem Outing wog ich 77 Kilo. Als du mich in Schifferstadt besucht hast, waren es 86. Neun Kilo, die sich seit der Hormonumstellung angesammelt haben, das sägte an meinen Nerven ...«

Mir fällt der gestrige Abend ein, unsere Verabschiedung.

»Vielleicht hast du auch einfach zu viel Schokolade gegessen?«

»Ich geb's ja zu. Vollmilch und Nougat. Ach, auch Lakritz. Ich habe viel mehr nach Süßkram gegriffen als früher, phasenweise habe ich auch beim Essen völlig unkontrolliert reingehauen. Früher als Mike hätte ich die Auswirkungen nicht so doll gespürt, da habe ich mehr trainiert, dann war die Sache vergessen. Als ich zu Denise wurde, hatte der Sport Pause, dann die OP, der Stress mit der Umschulung, und die Hochzeit ... Es war sehr viel Neues, was auf mich zukam, und alles in dichter Folge. Das brauchte enorme Kraft.«

»... und dann nimmt man bekanntlich immer zu.«

»Du denkst, ich rede mich raus?«

»Im Gegenteil, ich kenne die verheerenden Folgen zweisamer Winterwochenenden mit Pasta, Käsekuchen und der Couch-Frage: ›Haben wir noch was zu naschen?‹ Zack, hast du Montag zwei Kilo mehr drauf.«

»Ich würde trotzdem nicht mehr mit einem Single tauschen wollen. Mit Joseph ist es so liebevoll, ich brauche diese gemeinsamen Mahlzeiten inzwischen richtig.«

»Geht mir genauso. Da bewege ich mich doch lieber. Machst du heute eigentlich wieder Sport?«

»So langsam komme ich wieder auf den Geschmack. Ich laufe dreimal die Woche und esse bewusster. Aber ohne Stress. Ich habe gelernt, geduldig und verständnisvoll mit meinem Körper umzugehen. Vier Kilo habe ich schon runter.«

»In der Phase der Hormonumstellung – da hast du ja quasi angefangen, dich als Frau einzurichten. Kam da nicht der Kaufrausch?«

»Jein. Klar hatte ich Nachholbedarf, aber der musste erst mal geordnet werden, irgendwie reifen. Weißt du, für mein Frausein begann jetzt fast so etwas wie Alltag. Als durch die Krankschreibung meine Depri-Stimmung wegfiel, lebte ich mich zum ersten Mal so richtig als Frau aus. Der Kopf war freier als die Tage zuvor, um ausgedehnte Einkaufsbummel zu machen und den Markt zu checken. Ich hatte zwar schon als Mike ab und zu in der Frauenabteilung eingekauft, wenn mir ein Teil gefiel, egal, ob der Knopf links oder rechts geschlossen wurde. Ein Indiz für die versteckte Frau in mir? Wer weiß. Aber jetzt nahm ich die Geschäfte und Schaufenster zum ersten Mal anders wahr. Plötzlich waren sie für mich gemacht. Ich schlenderte, ich blieb stehen, ich schaute mir die Kleider darin an, ich verglich mit meiner Figur und Größe, ich lernte, was modern ist und zueinander passt. Ein anderes Mal fasste ich mir ein Herz und ging in Mannheim in eine edle Boutique rein, ich wollte nichts kaufen, ich wollte nur gucken, wie sich das anfühlte, unter den anderen Frauen dort zu sein, es war grandios. Ich spürte: Hier ist kein Mike mehr, hier ist Denise, ich bin eine von ihnen, hier bin ich richtig, hier gehöre ich hin. Alles war völlig natürlich und gleichzeitig neu. Mit jedem Ausflug bewegte ich mich sicherer und begann, einen Blick zu entwickeln, wie ich mich als Frau richtig zurechtmache. Das musste natürlich in die Tat umgesetzt werden. Na ja, und dann ging ich einkaufen: Röcke, Röcke, Röcke. Und Kleider.«

»Keine Hosen?«

»Um Gottes willen, die waren erst mal tabu, die zogen doch nur Männer an.«

»Ich trage fast nur Hosen.«

»Du hast aber auch eine andere Biographie. Ich habe da anfangs ganz schön in Schubladen gedacht. Meine erste Jeans habe ich erst vor drei Jahren gekauft, Joseph findet mich super darin – und ich mich jetzt auch. Aber wenn ich die Wahl habe, ziehe ich immer noch lieber Kleider oder Röcke an. Diese entspannte Haltung, einfach auszuwählen, worauf ich Lust habe, die hatte ich damals noch nicht. Mit Accessoires habe ich mich da leichter getan.«

»Handtaschen?«

»Handtaschen! Ich erinnere mich noch ganz genau an meine erste. Sie war grau, wuchtig, hatte einen langen Umhängegürtel und es passte jede Menge Zeug rein. Sie war perfekt für all die Puderdosen und Schminktiegel, die ich nun immer mit mir herumschleppte. Außerdem war sie von vierzig auf zehn Mark heruntergesetzt. Und falls man das bei Taschen so sagen kann: Die passte mir ab der ersten Sekunde wie angegossen – wie all die anderen, die ich danach gekauft habe, wenn ich mich mal wieder unsäglich in eine verliebte. Ich habe heute bestimmt dreißig Stück. Handtaschen waren eigentlich nie Fremdkörper an mir, da gab es nichts, woran ich mich gewöhnen musste, ich habe mich sofort mit ihnen wohl gefühlt. Ging mir mit Schuhen übrigens genauso. Aber ich war da schon immer so und musste mich eigentlich gar nicht so viel umgewöhnen.«

»Keine neue Welt?«

»Nicht wirklich. Das ist doch Typsache, ob du auf diesen Kleinkram Wert legst. Für mich gehört auch das zum Frausein. Aber ich hatte auch schon als Mike ein Faible für Accessoires. Ich liebte damals meine Versace-Bauchtasche, die ich zum Tanzen ummachte. Und Schirmmützen. Ich hatte eine Schwäche für kleine schöne Details wie Zigarettenetuis oder Krawattennadeln.«

»Hast du als Mike Schmuck getragen?«

»Einen kleinen Ohrring, sonst nichts. Auch das wurde natürlich sofort geändert. Auf einer meiner ersten Shopping-Touren habe ich mir eine Perlenkette mit passendem Armband zugelegt. Und Ohrringe.«

»Was für welche?«

»Schöne große Kreolen. Ein Ohrloch hatte ich ja, das zweite habe ich mir kurz nach dem Outing stechen lassen.«

»Ich wollte nie Ohrringe haben. War immer die Einzige, die in der Klasse keine hatte.«

»Doch, ich finde das toll. Je größer, desto besser. Bei mir müssen das richtige Klunker sein. Ich steh auch total auf Hänger mit Strass. Aber fast noch wichtiger war mir, die richtige Mimik und Gestik zu lernen.«

»Du hast das richtig gelernt?«

»Na was denn sonst?«

»Wie?«

»Durch Beobachten anderer Frauen: Was machen die, wie sitzen die da, wie reden die, was machen die mit ihren Händen, wie laufen die? Und dann habe ich mich kontrolliert: Wie sitze ich da, wie laufe ich, wie rede ich …«

»Nehmen wir das Sitzen – wie hast du gesessen?«

»Breitbeinig. Und das war mühsam antrainiert als Mike. Da gibt es eine schöne Anekdote. Ganz früher, als ich noch nichts von meinen Gefühlen als Frau ahnte, habe ich beim Sitzen nämlich immer die Beine übereinandergeschlagen. Bis mal ein Freund zu mir sagte: ›Oben bist du ein Mann, aber unten sitzt du wie eine Frau.‹ Hilfe! Natürlich habe ich mir das damals sofort abgewöhnt. Jetzt durfte ich wieder – wie bequem. Fühlte sich fast wie Urlaub für die Beine an.«

»Und laufen?«

»Das ging super, von Anfang an. Als ich meine ersten Pumps mit elf Zentimetern Absatz anzog und mich aufrichtete, dachte ich: ›Entweder brechen die gleich unter meinem Gewicht zusammen oder ich knall hin.‹ Dann bin ich gelaufen. Unsicher, klar, aber nach ein paar Schritten lief ich schon ohne Umknicken auf und ab. Das machte so Spaß, auszuprobieren, wie ich den Gang wechseln kann oder meine Hüften sexy hin und her schwingen lassen kann. Als mich eine Kollegin später auf der Straße sah, sagte sie zu mir: ›Du läufst auf deinen Stilettos, als hättest du nie andere Schuhe besessen.‹«

»Nicht schlecht. Was hast du noch üben müssen?«

»Was war da noch? Ach ja, ich hatte beobachtet, dass viele Frauen sich gern mit den Fingern durch die Haare fahren oder eine Strähne hinters Ohr streichen. Das gefiel mir. Am Anfang habe ich das völlig übertrieben und mir bei jeder Gelegenheit am Pony gezupft. Aber das wirkte genauso aufgesetzt wie meine Art, bei Hitze einen Fächer zu benutzen …«

»… so habdidei?«

»Haha, du meinst tuckig? Nein. Eher wie eine Latina beim Fasching. Spanierinnen und Südamerikanerinnen haben mir schon immer gefallen, aber das maßvolle Dosieren beim Nachahmen, das kam wie so viele Dinge auch erst nach und nach. Und damit die Beobachtung, dass es eine rein weibliche Gestik oder Mimik nicht gibt.

Ich spürte, ich muss meine Natürlichkeit, meine eigene Weiblichkeit entdecken und zulassen. Erst dann bekomme ich eine individuelle Ausstrahlung, die mich als Frau ausmacht. Und die auch Männer anzieht.«

»Ahaaa?«

»Wie, ahaaa?«

»Männer?«

»Na ja, nach ein paar Monaten Alltagstest haben mich schon die ersten angesprochen. Ich erinnere mich noch, dass ich einmal aus meiner Haustür rauskam – ich wohnte an einer Hauptverkehrsstraße – und einer guckte interessiert und sagte: ›Wie geht's, hast du mal Zeit?‹«

»Wie hast du reagiert?«

»Wie ein scheues Reh«, sagt Denise mit aufgesetzter Schüchternheit und wird wieder ernst. »Ich guckte erst mal nach links und nach rechts. Hatte das eben wirklich mir als Frau gegolten? War das für Denise? Weißt du, ich stand schon als Mike nicht besonders darauf, auf der Straße angemacht zu werden, aber diesmal habe ich immerhin zurückgelächelt, bevor ich weiterging. Schüchtern zwar, aber auch stolz. Genauso wie bei dem Mercedes-Fahrer, der mal ein Stück neben mir fuhr und mich mit interessierten Blicken verfolgte. Ich habe erst sehr viel später gelernt, zwischen Blicken niedriger Natur und Blicken des Respekts zu unterscheiden. Aber fürs Erste tat es unbeschreiblich gut, zu spüren, dass ich als Frau für Männer attraktiv war. Die Endorphine, die da hochkamen, reichten einen ganzen Tag.«

»Na siehst du, keine blöde Anmache mehr, wie damals auf dem Klinikhof.«

»Ja, vielleicht lag es auch an meiner Ausstrahlung, ich wurde mit jedem Monat selbstbewusster, bewegte mich selbstverständlicher. Und ich nahm mir nicht mehr alles so zu Herzen. Einmal war ich beim Einkaufen, zwei kleine Jungs sprachen mich an: ›Stimmt's, Sie haben mal Sport gemacht?‹ Sie starrten fasziniert auf die Arme, die aus meinem Sommerkleid guckten. Da musste ich lachen und sagte einfach: ›Ja, Jungs, Bodybuilding!‹, bevor ich weiterging. Früher wäre ich wegen so einer Begegnung deprimiert gewesen, hätte ewig analysiert, was die wirklich wollten oder ob ich zu männlich wirke. Nun stand ich einfach dazu, wie ich war. Hey, ich wurde lockerer. Es ging voran!«

»Vielleicht war da auch schon ein großer Teil der Hormonumstellung geschafft, und du warst nicht mehr so dünnhäutig wie am Anfang.«

»Vielleicht, ja. Du wächst eben mit jedem Tag in deine neue Rolle rein. Das zu spüren gehörte zu den schönsten Gefühlen in meinem Alltagstest.«

»Und wie ist das heute, musst du immer noch Hormone nehmen?«

»Sicher, bis an mein Lebensende.«

»Lebenslang Spritzen?«

»Nein, ich wurde nach einem halben Jahr auf Tabletten umgestellt. Viel praktischer. Die heißen ›Estrifam‹ und enthalten Östradiol, das Hormon, das auch in den Eierstöcken der Frau gebildet wird. Ich vertrage die Tabletten super und nehme sie jeden Tag.«

»Und wenn du sie mal vergisst, was ist dann?«

»Na, schwanger werde ich jedenfalls nicht. Und ich spüre es auch nicht gleich, da ich inzwischen einen stabilen Hormonspiegel habe.«

»Hat es dich irgendwann mal gestört, dass du täglich Medikamente nehmen musst?«

»Nein. Diese eine Tablette gehört jetzt für immer zu meinem Leben. Ich bin dankbar, dass es sie gibt. Sie ist eben meine Art der Pille.«

»ES TUT WEH, EINE FRAU ZU WERDEN«

Der Film ist angekommen. Meine Neugier ist noch unerträglicher als damals bei den Fotos. Denise als Mann – mit Stimme und allem. Näher kann ich dieser Zeit nie mehr kommen. Ich habe noch die Jacke an, als ich den DVD-Player einschalte.

Niedliches Startbild hat sie entworfen: Eine Wäscheleine, auf der eine Hose und zwei Kleider in den blauen Himmel flattern, darüber steht »My Way«.

Und dann ist da Mike. Mike, der ein bisschen aussieht wie Denise, und der sich in den folgenden Minuten auf den Weg zu ihr macht – im Zeitraffer. Er liegt mit traurigem Blick im Seidenkimono auf seinem Bett. Die Haare sind schon länger als auf den letzten Fotos. Mal spielt er mit langen Nägeln an der Fernbedienung, mal sitzt er schwitzend auf einem Hometrainer und strampelt, während sich die Falte zwischen den gezupften Augenbrauen immer tiefer in die Nasenwurzel gräbt. Diese Falte verrät, was Denise mir mit Worten nie ganz beschreiben können wird: wie schwer diese Reise wirklich war. So hilflos wirkt der Mensch, der dort das Bad betritt, sich mit nacktem Oberkörper vor den Spiegel stellt, die wachsende Brust betrachtet, die Augen schminkt, den Bartwuchs kontrolliert. Erst als er die Perücke aufsetzt und mit einem Kamm glatt streicht, lächelt er sein Gegenüber an.

In der nächsten Szene sind die langen Haare verschwunden. Denise, jetzt wieder erkennbar als Mike, trägt nun eine Schirmmütze, ein weißes Hemd, schwarze Hosen und ein helles Jackett mit großen Schulterpolstern, unter denen er wirkt, als suche er

Schutz, während er die Laserklinik in Karlsruhe betritt. ›Die Härchen, die stören, die müssen weg‹, sagt seine Stimme aus dem Off, sie klingt so zaghaft und dabei doch so viel tiefer als die, die ich von Denise kenne. Kurz darauf liegt er mit einer Schutzbrille auf der Pritsche, an der linken Wange setzt ein Arzt die Laserpistole an.

Ab da zuckt der ganze Körper im Sekundentakt, als würden tausend Nadeln unter Starkstrom ins Gesicht gejagt. Mike presst die Lippen aufeinander, spannt die Bauchmuskeln an, ballt die Fäuste, um die Finger wieder auseinanderzuspreizen, als wolle er Stopp sagen. Der Arzt arbeitet langsamer, fragt, ob es besser zu ertragen sei, wenn er mehr kühle, doch es kommt nur ein leichtes Stöhnen und ein Abwinken, dann springen die Barthaare in der Nahaufnahme weiter aus der Haut. Als es zu Ende ist, zieht sich Mike verstört die Jacke an, drückt sich Kühlakkus auf das rote Gesicht und sagt leise, als wolle er sich selbst aufbauen: »Na ja, man muss nach vorne schauen. Ich weiß ja, wofür es ist.«

Die DVD muss erst mal warten, der Drang, Denise anzurufen, ist größer. Sie ist zu Hause.

»Dein Film ... du tust mir so leid. Warum hast du dir das nur freiwillig angetan?«

Die Antwort kommt prompt. »Weil die Schmerzen vorher schlimmer waren, ganz einfach.«

»Ich meine nicht deinen Weg zur Frau, sondern: Gab es keine schmerzfreie Variante, den Bart loszuwerden?«

»Wenn er dauerhaft weg soll: nein. Nur der Laserblitz zerstört die Haarwurzeln komplett.«

»Wie oft musstest du das ertragen?«

»Es waren 16 Sitzungen, glaube ich, über fast zwei Jahre.«

»Uff. Wie lange hat diese Tortur jedesmal gedauert?«

»Etwa zwanzig Minuten. Zwischendurch hatte ich immer vier bis sechs Wochen Pause, damit die Haut sich erholen konnte. Es dauert eben, bis man alle Haare erwischt hat. Die wachsen ja nicht alle gleichzeitig, sondern in Phasen.«

»Bist du im Film deswegen in Männerklamotten zum Lasern gegangen? Ich meine: Es ist total schön, dich mal so live in dieser Übergangszeit zu sehen. Aber dieser Wechsel zwischen Mike und Denise war gerade ziemlich verwirrend ...«

»Das glaube ich, das ist ja für dich total fremd. Aber nein, diese Klamotten, in denen du mich da siehst, die trug ich nur noch, wenn ich zum Lasern ging. Ich bin da anfangs als Mike hingegangen, obwohl ich innerlich längst Frau war. Das war übrigens alles andere als schön.«

»Warum hast du die Sachen dann getragen?«

»Wie soll ich dir das erklären? Es war eine Notwendigkeit in dieser Zeit. Weißt du, man darf sich ein paar Tage vor dieser Behandlung nichts zupfen oder rasieren, sonst sind die Barthaare zu kurz und der Laser erkennt sie nicht. Weil ich in dieser Zeit auch nicht in die Sonne durfte, fielen die Stoppeln in meinem blassen Gesicht nach ein paar Tagen doppelt auf. Das war mir sehr unangenehm, und der Bart ließ sich auch nicht mehr verstecken. Ich musste nämlich immer ungeschminkt dorthin kommen, und die Perücke hätte bei der Behandlung auch nur gestört. Was denkst du, wie ich unterwegs angestarrt worden wäre als Frau mit kurzen Haaren und Dreitagebart. Nee, das wollte ich mir nicht auch noch antun. Deswegen die Sachen. Ich wurde in der Laserklinik trotzdem von Anfang an als Frau angesprochen, obwohl ich schon drei Monate nach meinem Outing das erste Mal in Karlsruhe war. Der Arzt und seine Mitarbeiter waren in diesem Punkt sehr tolerant und aufgeschlossen.«

»Warum hast du das eigentlich in Karlsruhe machen lassen?«

»Ganz einfach: Ich wollte für jeden Schritt zu einem Arzt gehen, der mir nicht nur das Geld aus der Tasche zieht, sondern auch was kann. In Mannheim habe ich keinen Spezialisten gefunden. Von meinem Therapeuten hatte ich gehört, dass einige seiner Patientinnen zu Professor Doktor Raulin gehen. Ich bin zu einem Aufklärungsgespräch gefahren und war sofort überzeugt. Er wirkte nicht nur kompetent, sondern auch sehr sympathisch.«

»Weil du gerade von Geld sprichst: Was haben diese Behandlungen denn so gekostet?«

»Damals noch 350 Mark.«

»Eine?«

»Na, was denkst du denn? Billig ist der Spaß nicht.«

»Wie hast du das bloß bezahlt?«

»Meine Krankenkasse hat mir nach der zweiten Sitzung geholfen, damit ich mich besser in die Gesellschaft integrieren kann. Allein hätte ich das nicht geschafft.«

»Und ab wann hast du ein Ergebnis gesehen?«

»Nach dem sechsten Mal etwa.«

»Ganz schön lange Durststrecke, was?«

»Anfangs störte mich das nicht so, denn wir fingen mit einer anderen, weniger schmerzhaften Technik an, die sich ›EpiLight‹ nannte. Dabei werden Lichtimpulse auf ein großes Hautareal geschickt, das Kneifen dabei ist erträglich, die Haare fallen danach aus. Doch das Verfahren schlug bei mir nicht so gut an, deshalb wechselten wir nach der dritten Behandlung zum ›Alexandritlaser‹. Da ist die Laserfläche sehr punktuell, dafür intensiver.«

»Punktuell – heißt das, der Laser bohrt sich Barthaar für Barthaar in die Wurzel?«

»So kann man sich das ungefähr vorstellen.«

»Aua, aua, aua!«

»Ja, das ist wirklich fies, vor allem an der Oberlippe und am Kinn. Danach fühlt es sich an wie ein starker Sonnenbrand.«

»Wie schnell geht das wieder weg?«

»Na ja, du musst eisern kühlen, und wenn nichts schief geht, wenn du keine Verbrennungen bekommst, dann sieht man das

Schlimmste nach einer Viertelstunde nicht mehr. Dafür spürst du es noch zwei, drei Tage. Zu Beginn der Behandlung hatte ich noch gearbeitet, da habe ich es so organisiert, dass ich immer freitags einen Termin bekam, dann konnte alles übers Wochenende heilen. Ich ging diese zwei Tage meistens gar nicht aus dem Haus, denn ich durfte mich ja nicht schminken – und wie gesagt: ganz oder gar nicht … Stattdessen hab ich mich mit Wundsalbe verarztet.«

»Sei froh, dass du es hinter dir hast.«

»Ich fürchte, ich muss da noch mal hin. Da sind noch ein paar Haare nachgewachsen, die scheinen geschlafen zu haben, und die kriege ich so schlecht mit der Pinzette raus. Mir graut es schon wieder …«

»Ziemlich schmerzhaft, eine Frau zu werden, was?«

Sie denkt kurz nach, während ich mir gedankenverloren über die Wange streiche, die solche Behandlungen glücklicherweise nie erleben musste.

»Diese Prozedur war nicht unbedingt schmerzhafter als manches andere auf meinem Weg. Das Gute am körperlichen Schmerz ist, dass er wieder vergeht – während man all diese kleinen Demütigungen und seelischen Desaster, die man dabei erleidet, nicht so schnell vergisst. Es kostet schon viel Kraft, Energie und starke Nerven, daran nicht kaputtzugehen.«

»Ich frage mich sowieso ständig, wie du das alles durchgestanden hast – vor allem in der Zeit, in der du nicht mehr Mann, aber auch noch nicht ganz Frau warst.«

»Du, das frage ich mich inzwischen selbst. Jetzt, wo ich dir das alles noch mal so erzähle, da wird mir erst bewusst, wie weit dieser Weg doch war. Aber heute kann ich meinen Leidensgenossinnen sagen: Haltet durch. Ein, zwei Jahre sind knallhart, aber wenn du die überstanden hast, dann wird es besser.«

»Aber das weiß man ja noch nicht, wenn man mittendrin ist.«

»Stimmt, da kannst du dich nur selbst motivieren. Ich hatte meine Tricks in der Zeit, in der ich mich so unwohl fühlte als zwischengeschlechtliches Objekt. Immer, wenn es Probleme gab, dann stellte ich mir mein Ziel als ein Bild vor: Ich lief in einem wadenlangen roten Sommerkleid und mit der schönsten aller Handtaschen die Straße entlang.«

»Als ich dich damals besucht habe, hattest du ein rotes Kleid an.«

»Siehste. Hat geklappt. Aber es stimmt wirklich: Mit diesem Fixstern ertrug ich alles, denn ich wusste, dass bald wieder eine andere Zeit kommt. Damit ließ sich jeder Schmerz ertragen. Das mit dem Fixstern habe ich übrigens von einer Management-Trainerin.«

»Oh, Management-Trainerin – hab ich bei dir beruflich was verpasst?«

»Nein, diese Frau macht auch andere Sachen, Bücher zur Persönlichkeitsentwicklung und so. Irgendwann bin ich mal auf eine leicht esoterische DVD von ihr gestoßen, in der es darum ging, wie man sich selbst findet. Das sprach mich total an, ich habe sie gleich bestellt. Später saß ich vor dem Fernseher und habe den Mund nicht mehr zugekriegt. Inzwischen habe ich … warte mal …«

Absätze klackern durch das Haus.

»… zwei, vier, sechs, acht … zweiundzwanzig DVDs von der Dame.«

»Alles über Esoterik?«

»Um Gottes willen, nicht nur. Es geht unter anderem um gehirngerechtes Lernen und Lehren oder um Erkenntnisse aus der Neuropsychologie. Das Letzte beschäftigt sich sogar mit Quantenphysik.«

»Du kannst ja Hobbys haben.«

Sie lacht.

»Traut man mir gar nicht zu, was? Aber mich interessiert so vieles, vor allem die Dinge, die unsere Gesellschaft prägen und das Zusammenleben beeinflussen.«

»Meinst du, das liegt an deiner Geschichte?«

»Mich haben solche Themen schon immer fasziniert. Aber während meiner Selbstentdeckung noch mal mehr, das stimmt schon.«

»Haben dir solche Erkenntnisse geholfen, dich besser in die Gesellschaft zu integrieren?«

»Hm, Jana, über die Frage muss ich erst mal nachdenken. Ich würde sagen, ich habe gelernt, einige Reaktionen auf Menschen wie mich besser zu verstehen und zu akzeptieren. Aber mit einer Sache werde ich wohl immer leben müssen.«

»Mit welcher?«

»Ich habe ständig das Gefühl, ich würde die Gesellschaft stören.«

Zitat

»Und dann kam mein Joseph«

Das Outing, das Schminkenlernen, das Bartlasern, die Hormone, der Alltagstest – es sind lauter kleine Mosaiksteinchen, die mühsam zusammengesetzt werden mussten, bis aus Mike Denise geworden ist. Doch plötzlich vergeht die Zeit schneller. April 2000 – noch ein Jahr bis zur ersehnten Operation.

»Wie ging es dir, als der Termin näher rückte?«

»Verglichen mit allem, was vorher gewesen war, sehr gut. Der Alltagstest lag hinter mir, ich war sicherer mit mir und meiner Umwelt geworden. Ich konnte es kaum erwarten, endlich ganz Frau zu werden, meine Gedanken waren längst bei meinem großen Tag. Die Operation sollte gleichzeitig Abschluss und Neuanfang für mich werden. Ich überlegte, wie mein Leben danach weitergehen könnte, was ich tun sollte, wenn mein altes Umfeld es mir zu schwer machen würde. Vielleicht würde ich nach Italien auswandern. Dort fühlte ich mich wohl, dort hatte ich zu mir gefunden, es wäre ein passender Ort. Es war Frühling, ich war noch krankgeschrieben und ging viel spazieren oder in die Stadt. Hauptsache raus und unter Menschen. Besonders gern war ich immer noch im Café ›Helium‹ in meiner Straße. Auf dem Weg dorthin ist mir dann eines Tages etwas passiert, wovon ich vor der OP nicht mal mehr zu träumen gewagt hatte.«

»Na was?«

»Ich traf meine große Liebe – Joseph.«

»Na endlich kommt Joseph mal ins Spiel! Erzähl, wie habt ihr euch kennengelernt?«

»Es war einer der besseren Apriltage, trocken und warm, die Vögel zwitscherten. Der Frühling lockte mich am Abend aus der Wohnung. Es war gegen halb acht, als ich beschloss, in meinem Stammcafé einen Kakao trinken zu gehen. Dort quatschte ich eine Weile mit dem Besitzer über neue House-Musik-Hits. Er war genau so ein Musik-Freak wie ich. Ich genoss die herzliche Atmosphäre, die Leute dort kannten mich mittlerweile gut, auch meine Entwicklung, sie akzeptierten mich so, wie ich dort hinkam: als Frau. Als ich an diesem Abend wieder auf die Uhr guckte, war es viertel nach neun, ich war müde, zahlte, ging nach draußen. Fünf Schritte, und ich wäre zu Hause gewesen. Doch mir erschien der Abend immer noch viel zu schön, um ihn zu verschlafen. Nein, sagte ich mir, eine Runde musst du noch um den Block gehen. Obwohl, das heißt ja eher ums Quadrat – die Innenstadt von Mannheim ist ja in Quadrate eingeteilt.«

»Typische Frauenfrage: Was hattest du an?«

»Nichts Besonderes. Einen langen blauen Rock und eine kurze Jacke mit Pumps. Ich lief die Häuserzeile lang, als neben mir jemand hupte. Ich erschrak und schaute reflexartig rüber, da kurbelte ein junger Mann die Scheibe seines Mercedes runter. ›Der will bestimmt nach dem Weg fragen‹, dachte ich und beugte mich runter. Worauf er gleich zur Sache kam: ›Na Schätzchen, Lust auf eine Spritztour?‹ Eine der billigsten Anmachen, die ich kannte.«

»Ich dachte, Joseph sei so stilvoll!«

»Das war nicht Joseph. Das war irgendein Idiot. Ich ging schnell weiter. Die Fußgängerampel stand auf Rot, ich musste warten und ärgerte mich noch über diese plumpe Art, als wieder ein Auto neben mir hielt. Ich wollte schon losschimpfen: ›Du Blödmann, lass mich in Ruhe‹, als ich sah, dass es ein anderes Auto war: ein roter Citroën. Ich erkannte noch, dass darin ein Mann saß, circa zehn Jahre älter als ich, der sich freundlich nach mir umschaute, dann war er weg. Trotzdem dachte ich: ›Ist vielleicht eine blöde Zeit, um als Frau allein draußen herumzulaufen. Vielleicht sollte ich lieber noch einen Kaffee trinken und dann wirklich nach Hause gehen.‹ Ich drehte um, betrat noch mal das ›Helium‹ und bekam an der Theke gerade meine Tasse gereicht, als sich ein Mann neben mir auf den Barhocker setzte. ›Der sieht ja nett aus‹, dachte ich. Und dann: ›Hey, das ist doch der Mann aus dem Citroën!‹ Merkwürdiger Zufall. Oder nicht? Ich wollte es wissen und sprach ihn an.«

»Was hast du gesagt?«

»Einfach nur: ›Darf ich Sie was fragen? Fahren Sie einen roten Citroën?‹«

»Und? Was hat er gesagt?«

»Er grinste und nickte. ›Aha‹, dachte ich, ›er ist dir gefolgt.‹ Mehr wollte ich gar nicht wissen. Aber als ich spürte, wie sehr er mir zugewandt war, bekam ich Lust, mich weiter mit ihm zu unterhalten. Er war so nett, wie er aussah. Und er war nicht wie die anderen Männer, die mich angebaggert hatten: Er wirkte ehrlich interessiert daran, wer ich war. Seine Blicke haben mich völlig überrascht, sie schmeichelten mir. Also sagte ich nicht Nein, als er mich auf eine Tasse Kaffee einlud. Es wurden drei daraus, während er sich an seinem Mineralwasser festhielt. Er erzählte mir, dass er von der Arbeit käme und gerade auf dem Heimweg gewesen sei.

Ich fühlte mich wohl und entspannt neben ihm. Schon nach wenigen Sätzen merkte ich, wie gut wir uns verstanden, wie sehr wir auf einer Wellenlänge waren. Wie gesagt: Das Thema Liebe hatte ich zu der Zeit gar nicht mehr auf dem Zettel. Klar wollte ich irgendwann einen Partner, der mich als das akzeptiert, was ich bin: eine Frau mit einer besonderen Vergangenheit. Aber ich hatte dieses Thema auf die Zeit nach der OP vertagt, wenn ich körperlich komplett sein würde. Deswegen schob ich alle Hintergedanken beiseite.«

»Was für ein Gefühl lag zwischen euch in der Luft?«

»Anfangs freundschaftliches Interesse, ich fand ihn sympathisch, warmherzig, nett, konnte mit ihm über nicht alltägliche Dinge reden. Na ja, ein bisschen mehr war es vielleicht da schon.«

»Habt ihr geflirtet?«

»Ich jaaa.«

»Also doch.«

»Na ja, er war ja auch sehr attraktiv. Da war irgendetwas zwischen uns, das uns einnebelte. Aber dann kam die Frage, vor der ich mich instinktiv schon gefürchtet hatte. Er schaute mich an und sagte: ›Sag mal, du bist doch eine transsexuelle Frau, oder?‹«

»Oh. Und du? Was hast du gesagt?«

»Ich hab erst mal geschluckt und nach Worten gesucht. Dann nickte ich einfach und sagte aber schnell, dass ich mich bald operieren lassen würde. Joseph war kein Typ, der auf Männer oder Transvestiten steht, dafür hatte ich inzwischen einen Blick.«

»Wie hat er reagiert?«

»Ganz toll. Er hat sich erst mal entschuldigt, dass er so direkt gefragt hat, aber es hätte ihn eben interessiert. Er meinte, mir müsse das nicht unangenehm sein. Er würde in mir in erster Linie einen liebenswerten Menschen sehen und nicht ein Geschlecht.«

»Hat Größe, der Mann.«

»Die hat er, absolut. So viel Größe hat mich regelrecht sprachlos gemacht – und das passiert selten. Joseph zeigte von Anfang an viel Verständnis gegenüber meinem Anderssein, er hatte eine Art, über diesem ganzen Mann-Frau-Schubladendenken zu stehen, die mir sofort imponierte. Er gab mir das Gefühl, besonders und interessant zu sein, er machte da überhaupt keinen Unterschied zu einer vollwertigen Frau.«

»Wie lange dauerte euer erster gemeinsamer Abend?«

»Nicht lange, eine Stunde vielleicht. Für mich war das jedenfalls entschieden zu kurz, als Joseph gegen 23 Uhr sagte, dass er sich für heute verabschieden müsse. Er hatte ja schon einen Spätdienst hinter und noch 25 Minuten Fahrt vor sich, da er in Schifferstadt wohnte. Netterweise fragte er, ob er mich nach Hause begleiten solle. Ich hatte es nicht weit, aber das ließ ich mir nicht entgehen. Wir bestellten die Rechnung, er lud mich ein. Draußen waren wir keine fünf Schritte gegangen, da sagte ich: ›Danke fürs Heimbringen.‹ Er dachte, ich wolle ihn veralbern. Als ich meinen Schlüssel in die Haustür steckte, lachten wir los. Es war so angenehm mit ihm. Diesen Mann wollte ich unbedingt näher kennenlernen. Aber wollte er das auch? Durfte ich mich aufdrängen? Bevor er weg war, nahm ich meinen ganzen Mut zusammen und fragte, ob wir uns noch mal zu einer früheren Tageszeit treffen wollten. Er nickte, ich schrieb ihm meine Telefonnummer auf, damit er selbst entscheiden konnte, ob er anrief. Er nahm den Zettel und stieg in sein Auto, das vor dem Haus parkte.«

»Und dann fing das Warten auf seinen Anruf an. War's schwer?«

»Teils, teils. Ich hab natürlich gehofft, dass er sich meldet. Aber ich sagte mir auch: Vergiss es, der meldet sich sowieso nicht. Doch dann, ein paar Tage später, kam sein Anruf. Er fragte, wie es mir ginge. Ich war hingerissen und fragte, wie es mit einem Kaffee wäre, damit wir unser nettes Gespräch fortsetzen könnten. Er sagte Ja, und wir hatten ein Date.«

»Erzähl, wie ist es gelaufen?«

»Genauso nett wie beim ersten Mal. Ab da rief er jeden Tag an.«

»Ein klarer Fall von Sehnsucht!«

»Kann man so sagen. Ich habe mich immer total gefreut, auch wenn ich dieses Gefühl nicht gleich zulassen wollte. Ein paar Tage später erzählte er mir, dass ein Freund eine Billard-Show präsentiert und er da mit ein paar Leuten hingeht. Er fragte, ob ich nicht Lust hätte, mitzugehen. Puh, da musste ich erst einmal ein langes ›Weiß nicht‹ hinterherschieben.«

»Du warst unsicher wegen seiner Freunde, was?«

»Und wie. Joseph sagte, ich solle es mir überlegen, mir aber nicht zu viele Gedanken machen, schließlich würde ich früher oder später eh sein Umfeld kennenlernen.«

»Er meinte es ernst …«

»Ja, und deswegen war er direkt, aber er setzte mir nicht die Pistole auf die Brust, sondern ließ mir Zeit für meine Entscheidung.«

»Bist du mitgegangen?«

»Ja, aber ich war sehr zurückhaltend und stellte mich die ganze Zeit an den Rand. Wir waren eine Truppe von knapp zwanzig Leuten, und ich hatte Angst, dass sie mich nur beäugen wollten. Hat aber keiner getan. Wir unterhielten uns alle nett. Ich fühlte mich wohl. Joseph hat mich gut miteinbezogen. Trotzdem bin ich eher gegangen, ich hatte für solche Situationen ja nicht besonders viel Übung.«

»Wie ging es mit euch weiter, wo fand das nächste Rendezvous statt?«

»Im Kino, glaube ich, ungefähr eine Woche später. Das war mein Vorschlag, ich fand Kino so romantisch.«

»Was habt ihr gesehen?«

»*Gladiator*.«

»Total romantisch …«

»Römische Geschichte hat mich schon immer interessiert, und ich fand damals Russell Crowe sehr aufregend. Aber romantisch war natürlich nur das enge Nebeneinandersitzen. Meine Gedanken waren die ganze Vorstellung über nur bei Joseph. Ich musste den Film später noch mal auf DVD gucken, um zu wissen, worum es eigentlich geht.«

»Dann war es wohl inzwischen mehr als nur kumpelhaft zwischen euch, was?«

»Dieser Mann gefiel mir mit jedem Tag besser. Ich hatte mir immer einen ganzen Kerl gewünscht, der mit beiden Beinen im Leben steht. So einer war er. Er interessierte sich für Politik und für das Leben, er war sich selbst gegenüber ehrlich und realistisch, ging offen mit mir um, brachte mir Respekt und Toleranz entgegen. So viel Toleranz. Joseph ist der toleranteste Mensch, den ich kenne. Er ist nie voreingenommen, er schaut immer zweimal hin, egal, worum es geht. Gleichzeitig ist er genauso verletzlich wie ich. Und trotzdem auch wieder enorm stark ...«

»Das Mädchen ist verliebt ...«

»Wie ich hier rumschwärme, was? Ja, ich bin verliebt. Aber damals habe ich das lange verdrängt. Nach meinen Erfahrungen mit Männern war ich extrem skeptisch: ›Der bleibt eh nicht lange, der ist nur neugierig, wie das so ist mit einer Transsexuellen.‹ Als wir uns öfter sahen und uns langsam näherkamen, habe ich ihn dann gefragt, was ihn eigentlich an mir reizt. Da sagte er ohne Umschweife: ›Denise, ich hab kein Faible für Transsexuelle. Ich sehe dich als Frau, als Mensch, reicht dir das nicht?‹ Ich war gerührt. Es war fast zu schön, um wahr zu sein. Nun spürte ich immer mehr, dass es nicht nur leere Worte waren – so selbstverständlich, wie er mit mir in der Öffentlichkeit umging und zu mir stand, obwohl ich noch nicht komplett war. Warum sonst sollte er dies tun? Sich öffentlich mit mir zeigen, mich in seinen Bekanntenkreis integrieren? Das war mehr als ein flüchtiges Abenteuer.«

»Hast du bei ihm verschämte Blicke bemerkt, mit denen er unterwegs heimlich checkte, ob euch andere Leute anstarren?«

»Gar nicht. Er war einfach anders als alle Bekanntschaften zuvor, die mich immer nur heimlich zu Hause besucht hatten. Für die war ich immer nur der Paradiesvogel, der Farbe in ihr

Leben bringen sollte. Keiner von denen hatte je nach einem Date außerhalb der Wohnung gefragt. Joseph war der erste Mann, der sich mit mir als Frau auf der Straße zeigte, das machte mich stolz. Als wir zum ersten Mal einkaufen gingen, nahm er meine Hand. Das überraschte, überwältigte mich und machte mich sehr glücklich. Da ging nicht nur jemand neben mir, sondern zeigte auch: Wir sind zusammen. Joseph gestand mir seine Gefühle nicht mit Worten, sondern vor allem durch sein Verhalten. Er war für mich da, nahm sich Zeit, hörte mir zu, verbrachte seine Freizeit mit mir … Das bedeutete mir mehr als alle Liebesschwüre.«

»Du klingst immer noch gerührt.«

»Ja, das war ja auch mutig von ihm. Er gab mir ein ganz ungewohntes Gefühl von Normalität. Ich fühlte mich angenommen. Mit jedem Tag legte ich meine Zweifel mehr ab.«

»Wann habt ihr euch das erste Mal geküsst?«

»Ein paar Mal hatten wir uns inzwischen getroffen. Wir saßen zusammen, unterhielten uns innig über unsere Vergangenheit, da sprang der Funke über. Joseph war nicht nur auf Sex aus, das fühlte ich. Was er suchte, war Zärtlichkeit, Verständnis, einen Menschen, mit dem man sich unterhalten kann, der zuhört.«

»Wie hat sich der erste Kuss für dich angefühlt?«

»Befremdlich.«

»Ich dachte, du schwärmst mir jetzt die Ohren voll.«

»Ich war noch gehemmt und dachte die ganze Zeit: ›Ich bin doch noch keine vollwertige Frau, das darf doch noch nicht sein.‹ Aber auch das wurde schöner, als meine Ängste weniger wurden und ich merkte, wie ernst es ihm mit mir ist. Ab da habe ich die Küsse zur Begrüßung und Verabschiedung regelrecht eingefordert. Richtig fallen lassen konnte ich mich allerdings erst nach der OP.«

»Weil du dann endlich eine richtige Frau in seinen Armen warst – so, wie du es dir früher als Mike immer gewünscht hattest?«

»Du hast ja ein gutes Gedächtnis. Ja, Jana, genau so!«

»Hast du ihm deine ganze Geschichte erzählt?«

»Na klar. Nach und nach öffneten wir uns immer mehr voreinander, vertrauten uns alles an. Und trotzdem führte ich am Anfang ein Versteckspiel unter meinem Make-up. Eines Tages wollte er spontan vorbeikommen, aber ich war nicht zurechtgemacht. Da sagte er: ›Bitte bleib so ungeschminkt, lass die Perücke ab. Ich will dich ganz natürlich sehen, so, wie du bist.‹«

»Hast du dich getraut?«

»Erst habe ich protestiert. Meine Haare waren noch ziemlich kurz, und vor der OP war die Schminkerei wie ein Schutz für mich, weil ich mich sonst nicht genug als Frau fühlte. Doch Joseph hatte mir so lieb Mut gemacht, dass ich mich nicht verstecken und keine Fassade schmücken müsse. Ich tat es ihm zuliebe. Als er kam, sagte er nur: ›Du siehst toll aus‹, gab mir einen Kuss, und alles war wie immer. Das war wieder so ein rührender Moment, der mir die Angst vor dem Tag nahm, an dem Joseph das erste Mal bei mir übernachten sollte.«

»Wann war es so weit?«

»Nach einem Monat etwa. Bevor du gleich wieder einhakst: Es passierte nichts, das kam für mich vor der Angleichung nicht infrage. Ich hatte ihm aus ganz praktischen Erwägungen ein Bett bei mir angeboten. Er arbeitete acht Minuten von meiner Wohnung entfernt und sparte so eine Menge Fahrerei. Einmal kam er nach der Spätschicht und hatte am anderen Morgen Frühschicht, da sagte ich, er könne ruhig bei mir übernachten. Aber er hatte keine Sachen zum Wechseln dabei. Am nächsten Tag erschien er mit Schlafanzug und Waschzeug.«

»Und wie war das für dich, als er neben dir lag und du plötzlich so viel Nähe zu einem Menschen hattest?«

»Angenehm, aber ungewohnt. Früher waren meine Bekanntschaften spätestens um Mitternacht verschwunden. Er war der erste Mann, der bei mir blieb und mich sah, wie ich war. Es war mir fremd, dass jemand beim Schlafen neben mir lag. Ich blieb auf Distanz, kroch nicht so dicht an ihn ran. Dafür quatschten wir noch lange. Als ich das Licht ausmachte, fiel Mondlicht ins Zimmer ...«

»... jetzt wird's wirklich romantisch!«

»Zwangsläufig, meine Liebe, ich hatte nämlich keine Gardinen. Ich beobachtete sein Gesicht, als er eingeschlafen war – ich selbst schlief wenig in dieser Nacht. Am nächsten Morgen bin ich ins Bad gehuscht, bevor er wach wurde, und habe dann Kaffee gekocht. Als wir später beim Frühstück saßen, fühlte es sich schon ein bisschen normaler an, dass jemand bei mir war.«

»Und?«

Sie grinst. »Was – und?«

»Habt ihr vor der OP wirklich nie mehr gemacht, als euch geküsst?«

»Na ja ... so nach zwei Monaten ... Aber darüber rede ich nicht.«

»Hey, du hast gesagt, ich darf dich alles fragen.«

»Lass deiner Fantasie einfach freien Lauf ... Aber um die Sache mit wenigen Worten zu beschreiben: Auch ohne mein gewisses Etwas war ja trotzdem einiges möglich. Berührungen, Streicheleinheiten. Es ist ja nicht so, dass ich meinen Schatz auf alles habe warten lassen die ganze Zeit. Da gibt's ja noch andere Praktiken.«

»Schon klar, aber wie seid ihr mit deinem gewissen Etwas umgegangen? Hast du vorher gesagt: ›An der Gürtellinie ist Schluss!‹, oder wie?«

»Ich brauchte da nicht ›Stopp‹ zu sagen. Joseph zeigte generell kein Interesse daran, er steht ja auf Frauen. Mein Etwas war da, aber es spielte für keinen von uns eine Rolle. Da waren wir uns einig.«

»Hattest du nie Angst, dass es beim Schmusen zu … sagen wir … unerwünschten Reaktionen unterhalb der Gürtellinie bei dir kommen könnte?«

»Nein, da hat sich nie was geregt.«

»Hat er je deinen Penis gesehen?«

»Anfangs nicht, erst mit der Zeit wurde ich entspannter und bin auch mal nackt aus dem Bad gekommen. Irgendwann haben wir da kein Geheimnis mehr draus gemacht. Wir redeten auch nichts weg. Der Penis war noch ein Stück von mir, wenn auch kein sehr angenehmes. Kurz: Sexuell war er tabu, optisch nicht.«

»Wann hat dir Joseph gesagt, dass er deinen Weg mit dir weitergeht – bis zur Operation und darüber hinaus?«

»Gar nicht, er ging ihn einfach mit mir, ohne viele Worte darüber zu machen. Er brachte mehr Sachen von sich mit in meine Wohnung. Irgendwann blieb er ganz. Ich genoss seine Gegenwart Tag für Tag. Wir waren ein Jahr zusammen, als er mit mir zur Operation fuhr. Im Jahr darauf bin ich zu ihm nach Schifferstadt gezogen.«

»Und Joseph hat wirklich keinen einzigen Tag ein Problem mit deiner Vergangenheit gehabt?«

»Das musst du ihn schon selbst fragen. Warte, ich hole ihn gleich mal.« Sie ruft laut durchs Haus. »Schatzi, Jana will da was von dir wissen. Hast du kurz Zeit?«

Ein mulmiges Gefühl mogelt sich in meinen Bauch. »Stopp mal, Denise … Redet er denn so offen mit mir darüber? Nicht, dass es ihm unangenehm ist.«

»Glaub ich nicht, Joseph sagt eh nur, was er möchte. Warte, ich reich den Hörer gleich mal weiter.«

Der Ehemann

»ALLES AN IHR IST SO WEIBLICH«

Ehemann Joseph (57) über seine Gefühle für Denise –
ein Plädoyer für Liebe, Mut und Toleranz

Ich habe eigentlich gar keine Lust, mich zu rechtfertigen. Warum sollte ich? Bestimmt gibt es ein paar Leute, die Dinge denken wie: Wer mit einer Transsexuellen zusammen ist, der ist bestimmt irgendwie pervers oder schwul. Aber weißt du was? Wenn jemand solche Vorurteile hat, dann kann ich es eh nicht ändern – und dann muss ich mich auch nicht damit beschäftigen.

Als ich Denise damals auf der Straße traf, dachte ich nur: »Was für eine schöne Frau.« Ich wollte sie kennenlernen, bin ihr ins Café gefolgt. Als ich neben ihr Platz nahm und sie auf einen Kaffee einlud, da hat sie mich scheu angelächelt. Fast so, als hätte ich sie mit etwas völlig Abwegigem überrascht.

Ich habe mich in ihre Augen verliebt. Sie hat so schöne, so unheimlich tiefe Augen. Die sind so klar, so offen, so ehrlich. Was ich darin gesehen habe, hat mir gefallen. Es war etwas Verletzliches darin.

Wir waren wie Seelenverwandte, verstanden uns von Anfang an sehr gut und sprachen offen. Als mir auffiel, dass an ihr etwas anders ist, habe ich sie einfach danach gefragt. Sie hat mir gleich erzählt, dass sie transsexuell ist. Es hat mich null gestört, ich dachte auch nicht groß darüber nach. Es war schlicht und ergreifend angenehm mit ihr, es lag etwas in der Luft zwischen uns, und nach dieser einen Stunde wusste ich: Diese Frau willst du wiedersehen.

Mag sein, dass ich mehr Verständnis aufbringe als viele andere. Ein guter Freund von mir hat einmal gesagt: »Joseph, mit deiner Toleranz bist du der Zeit um zweihundert Jahre voraus!« Ich hatte schon immer einen Gerechtigkeitsfimmel. Seit ich Denise kenne, stört es mich noch mehr, wenn Menschen in Schablonen gepresst werden. Nehmen wir die Geschlechterrolle: Mädchen – na klar, die müssen rosa Sachen tragen und mit Puppen spielen. Jungs ziehen was Blaues an und spielen mit Autos. Das ist geistige Gewalt, so kann sich kein Mensch als das entwickeln, was er in sich trägt. Aber dieses Recht hat er, ob es den Eltern passt oder nicht. Ich fände es eh am schönsten, wenn man im Ausweis »männlich« oder »weiblich« durch »Mensch« ersetzen würde.

Ich habe mich nie angepasst. Es ist mir bis heute wurscht, was andere Leute über mich denken. Was mich ärgert, ist nur dieser begrenzte Horizont, wenn Menschen über Transsexuelle lästern. Die wissen offenbar nicht, wie schwer deren Leben ohnehin schon ist und wie oft sie sich das Leben nehmen.

Wenn jemand unsicher im Umgang ist, das kann ich voll verstehen. Natürlich fange ich hier im Ort auch mal Blicke auf, wenn ich mit meiner Frau unterwegs bin. Aber ich bleibe immer ruhig. Man weiß doch gar nicht, warum die Leute gucken. Vielleicht finden sie ja auch nur die Ohrringe von Denise schön. Das habe ich ihr von Anfang an versucht zu vermitteln. Ich weiß noch, wie unsicher sie war. Vor jedem Treffen hat sie sich stundenlang geschminkt, immer hatte sie Angst, dass ich sie zu männlich finden könnte. Wie oft habe ich ihr gesagt, dass sie gar nicht so viel Schminke braucht, dass eine anständige Feuchtigkeitscreme und einmal Haare kämmen reicht, wenn wir ausgehen. Das sage ich

ihr heute noch: »Sei, wie du bist.« Inzwischen ist sie viel entspannter geworden, auch wenn sie nie ganz ohne Make-up auf
die Straße geht.

Zurück zu unserem Kennenlernen. Nach unserem ersten Treffen hatte ich Sehnsucht, wollte Denise wiedersehen. Ich habe
nicht gezögert, sondern rief sie einfach an. Seitdem haben wir
jeden Tag telefoniert. Das machen wir übrigens bis heute. Ich
klingle tagsüber mindestens ein Mal von der Arbeit aus durch,
will wissen, wie es ihr geht, was sie macht und was es Neues
gibt.

Aus unserer Sympathie ist schnell Liebe geworden. Uns ver-
binden viele Dinge. Wir beide haben durch unsere Biographie
viel Respekt vor Menschen, die anders sind. Wir tragen beide
Narben aus der Vergangenheit auf unserer Seele, die wir nur
langsam voreinander preisgegeben haben. Ich bin eher ruhig,
habe anfangs wenig erzählt. Denise redet sehr viel, wie die meisten Frauen. Als sie Vertrauen zu mir gefasst hatte, sprudelte ihre
Geschichte förmlich aus ihr heraus. Mir gefiel, dass sie trotz allem so witzig und gut drauf war. Immer wieder aufstehen – das
ist auch mein Lebensmotto.

Die Kollegen und Kumpels haben beim Billard super reagiert.
Ich habe keine Berührungsängste bemerkt. Der einzige Kommen-
tar war: »Das ist typisch für dich, dass du dich über alle Vorurteile hinwegsetzt und so zu ihr stehst.« Für mich ist das selbstverständlich, ich denke darüber nicht so viel nach.

Ich habe mich in einen wundervollen Menschen verliebt. Bei
Denise kann ich so sein, wie ich bin, muss mich nie verstellen.
Sie versteht einfach, wie wir Männer ticken, und erfüllt mir meine Wünsche ohne viel Tamtam. Es passte auf Anhieb zwischen
uns.

Ich habe nie etwas anderes als eine Frau in ihr gesehen. Ich
fand von Anfang an alles an ihr weiblich: ihr Aussehen, ihre

Stimme, ihre Bewegungen, die ganze Art, ihre hunderttausend Handtaschen, die vierzig Paar hochhackige Schuhe, von denen die meisten unbequem sind, und sogar diese niedliche gespielte Eifersucht, wenn ich auf der Straße mal eine andere Frau anschaue. Deswegen bin ich nie auf die Idee gekommen, sie mir als Mann vorzustellen, ich habe auch nie nach Bildern von früher gefragt. Diese Zeit ist vorbei, dieser Abschnitt ihres Lebens ist Vergangenheit.

Dass ihr Penis am Anfang noch da war, das hat mich nie gestört. Zuerst war Denise diesbezüglich extrem zurückhaltend. Sie hat ihn richtig vor mir versteckt. Irgendwann hat sich das normalisiert. Ich fand es nicht schlimm, dass wir mit dem Sex warten mussten. Das stand nie im Vordergrund. Außerdem gibt es ja viele Arten, einen Mann glücklich zu machen.

Es gab keinen einzigen Moment, in dem ich gezweifelt hätte, ob ich bei ihr bleibe. Aus heutiger Sicht hätte ich sie auch nicht verlassen, wenn sie noch kalte Füße bekommen und auf die OP verzichtet hätte.

Als wir nach der Angleichung das erste Mal miteinander geschlafen haben, war das ein besonders inniger Moment. Rein von der Anatomie her habe ich keinen Unterschied bemerkt. Klar hatte sie Angst, dass etwas kaputtgehen könnte. Da ist man natürlich vorsichtiger und achtet mehr auf die Reaktionen. Aber es funktionierte problemlos. Wir haben heute ein gutes Sexleben. Und wir sind auch sonst ein ganz normales Paar. Das Wort »transsexuell« hat eigentlich keine Bedeutung mehr für uns.

Ich habe sie geheiratet, weil ich sie liebe, aber auch, weil ich wusste, wie wichtig ihr das ist. Ich hätte das nicht gebraucht, für mich ist eine Ehe kein Gütesiegel. Doch ich wollte ihr mit dieser Geste zeigen, dass sie meine Frau ist – auch auf dem Papier. Außerdem finde ich es schön, dass mein Name nun auch in ihrem Ausweis steht.

Ich konnte in den letzten Jahren zuschauen, wie sie immer noch weiblicher wurde. Dennoch weiß ich: Ganz wird ihre Vergangenheit sie wohl nie loslassen. Und darunter leidet sie sicherlich. Manchmal zieht sich Denise zurück, ist sehr ruhig und nachdenklich. Ich baue sie dann am besten auf, indem ich ganz normal zu ihr bin. Ich bin positiv, kämpferisch, vorwärts gewandt.

Falls sie es irgendwann bereuen sollte, dass sie diesen Weg gegangen ist, und versuchen würde, einiges rückgängig machen zu lassen – ich würde trotzdem zu ihr halten. Vorausgesetzt, sie versinkt nicht in Selbstmitleid, sondern bleibt der liebenswerte Mensch, der sie ist.

Wenn wir von unserer Zukunft träumen, sind wir in Gedanken in einem Haus am Meer. Irgendwann, vielleicht wenn ich Rentner bin, wollen wir Schifferstadt verlassen und in den Norden ziehen. Nach Schweden, Dänemark oder einfach Rostock. Ich will einen Segelschein machen und mit Denise am Strand spazieren gehen. Die Hauptsache ist, wir bleiben beide gesund. Verstehen werden wir uns immer. Da habe ich keine Bedenken.

AB DEM 22. JULI 2000 HEISST MIKE DENISE

Sag mal, warum heißt du eigentlich nicht Chantal?« Sie verschluckt sich nach meiner Frage an ihrem Apfelsaft und hustet eine Weile. Es klingt fast schon besorgniserregend. »Alles okay bei dir, Denise?«

»Jaja«, sagt sie prustend. »Wie kommst du denn auf Chantal?«

»Transsexuelle nennen sich im Internet oft Chantal.«

»Manchmal auch Georgette, Priscilla oder Grace ...«

»Warum gebt ihr euch bloß immer so abgefahrene Namen?«

»Hey, tun wir doch gar nicht alle. Es gibt auch Evas oder Nadjas. Ich bin kein Fan von diesen Kunstnamen. Aber genauso gibt es auch Transsexuelle, die was Besonderes darstellen wollen. Die hoffen wahrscheinlich, je exotischer der Name, desto größer ist die Entschädigung für all die Jahre, in denen sie als Mann leben mussten.«

»Aber du wolltest nicht Chantal heißen.«

»Nein. Das wäre mir viel zu pseudodivamäßig gewesen. Findest du, dass ich wie eine Diva aussehe?«

»Ich hab dich ja erst ein Mal gesehen. Auf jeden Fall bist du ein ziemliches Mädchen mit all deinen bunten E-Mails, deinen vielen Klamotten und deinem riesigen Nagellack-Sortiment. Du hast viel mehr Zeug als ich. Aber nee – eine Diva bist du eher nicht.«

»Ach, Jana, danke!«

»Oh, bitte. War das schon ein Kompliment für dich?«

»Das schönste, das du mir machen konntest. Ich wollte immer nur eine normale Frau mit Klasse sein, aber nie eine bunte, abgedrehte Diva.«

»Und ich dachte immer, da stehen Transsexuelle drauf. Siehste, wieder ein Vorurteil beseitigt. Aber los jetzt: Warum heißt du Denise? Warum nicht Michaela? Oder Meike? Das wäre näher an Mike drangeblieben.«

»Warum hätte ich näher an Mike dranbleiben sollen?«

Stimmt. Denkfehler. Aber interessante Frage eigentlich. »Mochtest du Mike denn gar nicht? Hast du ihn etwa gehasst?«

»Nein, nie. Mike ist so ein schöner Jungenname und als Person wird er immer ein Teil von mir bleiben und nie etwas Abgespaltenes sein. Er konnte doch am wenigsten dafür, dass die Natur ihm diesen Streich gespielt hatte. Manchmal tat er mir leid, wenn er so litt. Heute bewundere ich ihn nur noch, weil er den Mut aufbrachte, einen harten, steinigen Weg zu gehen, statt sich aus Angst weiter durch sein falsches Leben zu quälen. Trotzdem: Als es in die entscheidende Phase der Angleichung ging, wollte ich auch beim Namen einen Bruch mit meiner Vergangenheit als Mann. Nun habe ich mir bei der Wahl ehrlich gesagt gar nicht so viele Gedanken gemacht, wie du dir das vielleicht vorstellst. Ich wollte einen möglichst normalen Namen, der trotzdem fraulich klingt. Plötzlich war Denise in meinem Kopf. Klang gut und interessant durch das verschluckte E am Ende. Aber trotzdem nicht zu überkandidelt. Ich habe überlegt: Kennst du jemanden, der so heißt? Weckt Denise irgendwelche Erinnerungen an Schulkameraden, Bekannte, Models, Schauspieler oder andere Transsexuelle? Mir fiel niemand ein. Das war gut, mein neuer Name sollte unbelastet sein und nicht abgegriffen. Also hab ich beschlossen: Den nehme ich!«

»Und das war der Tag X, ab dem du dich selbst nur noch Denise genannt hast?«

»Ja, das war ulkig am Anfang, auch für mich. Aber auch schön und befreiend.«

»Und wann war das?«

»An meinem dreiunddreißigsten Geburtstag, dem 18. September 1998, an dem ich mich als transsexuell geoutet habe.«

»Und am nächsten Tag bist du zu deinen Freunden hin und hast gesagt: ›Hey Leute, ab sofort bin ich für euch nur noch Denise!‹? Oder wie?«

»Ich hatte doch damals keine Freunde mehr, Jana. Für Kollegen war das bestimmt komisch am Anfang, manche Bekannte haben sich auch in der ersten Zeit richtig darum gedrückt, mich direkt anzusprechen. Weißt du, so, als ob du das Du angeboten kriegst und aus lauter Unsicherheit nur in der Man-Form fragst. Manchmal musste ich darüber richtig lachen, aber ich hatte Verständnis.«

»Aber die, die du nach dem Tag deines Outings kennengelernt hast, denen hast du von Anfang an gesagt, dass du Denise heißt?«

»Genauso lief das, ja.«

»Auch Joseph?«

»Vor allem Joseph!«

»Und wie ging das bei den Behörden?«

»Es war ein ganz, ganz langer Kampf, bis ich meinen ersten Ausweis als Frau bekommen habe. Das hat fast zwei Jahre gedauert. Diese Übergangszeit war hart. Stell dir mal vor: Du siehst seit Monaten aus wie eine Frau, du fühlst dich seit Jahren wie eine Frau, aber in deinem Ausweis steht immer noch ein Männername. Du hast schon lange das Gefühl, das passt nicht mehr.

Wenn du in eine Polizeikontrolle kommst, wird es kompliziert. Dann darfst du dich erst mal erklären, als Wesen zwischen den Geschlechtern. Dabei versuchst du möglichst locker und freundlich zu bleiben, weil du ja weißt, dass es für die anderen noch schwerer zu verstehen ist als für dich, was da gerade mit dir passiert. Du versuchst, den Spott in ihren Augen nicht zu sehen. Und auch nicht die Neugierde, auf die du gerade gar keine Lust hast, weil es nachts um drei ist, du aus der Disco kommst und nur in dein Bett willst. Du versuchst einfach, über diese Blicke hinwegzusehen und diese Fragen zu schlucken. So wie Leidensgenossinnen in dieser Phase schlucken, wenn sie in den Urlaub fliegen wollen und am Flughafen ihren Reisepass rüberreichen, in dem immer noch dieses kleine M wie male oder männlich steht, obwohl in ihrem Koffer nur Bikinis und Röcke liegen. Man schluckt, wenn zwei Angestellte lautstark über diese Diskrepanz diskutieren, während da zwanzig Leute in der Schlange hinter einem warten. Man schluckt, wenn einen Frauenhände bei der Sicherheitskontrolle abtasten und zwischen den Beinen stoppen, wo noch ist, was bei Frauen nicht hingehört. Ach, in so einer Übergangszeit erleben Transsexuelle zig kleine peinliche Momente, für die man Nerven wie Drahtseile braucht.«

»Eigentlich erstaunlich, dass du so ein optimistischer Mensch geblieben bist bei so vielen Schikanen.«

»Oh, ich hatte transsexuelle Bekannte, die haben noch ganz andere Dinge erlebt. Eine musste mal für eine Nacht ins Gefängnis. Sie war da in eine blöde Streiterei hineingeraten, nichts Schlimmes, aber es hat sie halt erwischt. Sie war damals schon sehr weit auf ihrem Weg als Frau, sah sehr weiblich aus, nannte sich schon längst Susi*. Aber die Beamten haben sie natürlich – sie war ja noch nicht operiert – in den Männerknast gesteckt. Das war übel. Die anderen Insassen haben sie die ganze Nacht fertiggemacht, was sie für eine Tunte sei. Sie haben an ihren Haaren gezogen, ihr zwischen die Beine gefasst und gegrölt. Das muss die Hölle gewesen sein.«

»Ist es immer so, dass man überall als Mann behandelt wird, bis man operiert ist?«

»Nein, nicht immer, das ist reine Willkür der jeweiligen Ein-
richtung. Aber meiner Erfahrung nach behandeln dich die meisten bis nach der OP wirklich als Mann.«

»Zurück zu deinem Ausweis. Sag mal, wie läuft so eine Namensänderung eigentlich ab? Dein Psychologe hat erklärt, dass
es bei der Frauwerdung vor der ›großen Lösung‹ der Personenstandsänderung erst mal die ›kleine Lösung‹ der Vornamensänderung gibt.«

»Richtig, Jana, du kennst dich ja inzwischen perfekt aus – wir
sollten zusammen eine Transsexuellen-Beratungsstelle aufma-
chen! Aber mehrere von meiner Sorte verkraftest du wahrscheinlich nicht, oder?«

»Ganz ehrlich: Ich verkrafte dich und dein Leben besser, als
ich gedacht hätte. Natürlich fühlt es sich komisch an, sich Abend
für Abend in dich hineinzuversetzen. Wenn du von früher erzählst, sehe ich dich vor meinem geistigen Auge als Mann. Wenn
du mir heute erzählst, wie ich meine Nudelsoße kochen soll oder
wie du meditierst, dann habe ich eine Frau am Telefon. Das ist
merkwürdig. Nicht unangenehm oder absonderlich, nur schwer
zu kombinieren im Kopf.«

»Ich weiß. Das geht vielen mit uns so. Die meisten sind so irritiert davon, dass sie den Kontakt lieber ganz meiden. So intensiv
wie du hat sich noch nie jemand mit mir auseinandergesetzt. Na
ja, außer Joseph natürlich.«

»Danke schön. Das ist ganz lieb von dir. Darf ich dir auch
mal was gestehen? Als wir uns das erste Mal bei dir zu Hause
getroffen haben, da habe ich den ganzen Nachmittag krampfhaft
versucht herauszufinden, ob ich in dir nun einen Mann oder eine
Frau sehe. Heute denke ich darüber gar nicht mehr nach, heute
sehe ich nur noch den Menschen in dir.«

Gerührtes Schweigen. Ich breche es als Erste.

»Wo waren wir? Neuer Ausweis! Wie ging das?«

»Oh, das war eine Odyssee. Als dieser einjährige Alltagstest hinter mir lag, haben mir meine beiden Psychologen jeweils ein Gutachten ausgestellt und bestätigt, dass aus ihrer Sicht nichts gegen eine Vornamensänderung spricht. Beide Schriftstücke mussten beim Vormundschaftsgericht eingereicht werden, um erst mal eine Genehmigung dafür zu kriegen.«

»Vormundschaftsgericht?«

»Ja, grausam, was? Als ob ich nicht ganz dicht wäre. So wirst du auch meistens behandelt, es kostet echt Kraft, deine Außenwelt zu überzeugen, dass du als Transsexuelle normal in der Birne bist. Jedenfalls hab ich den Antrag im Februar 2000 gestellt. Nach ein paar Monaten hatte ich den Bescheid im Briefkasten und bin damit zum Einwohnermeldeamt gegangen, um meinen ersten Ausweis als Denise zu beantragen und damit den Namenswechsel offiziell zu machen.«

»Das war bestimmt ein unangenehmer Termin, den Damen vom Amt zu erklären, was du willst, oder?«

»Ziemlich, ja. Ich habe der Sachbearbeiterin den Beschluss und meinen alten Ausweis auf den Tisch gelegt, kurz mein Anliegen erklärt und Platz genommen. Die hat wie ein aufgescheuchtes Huhn auf die Unterlagen geguckt, dann wieder zu mir, dann wieder auf das alte Passfoto, das einen Mann zeigte. Die war fertig mit der Welt. Als ihr Schweigen länger als eine Minute zu dauern drohte, habe ich versucht, ihr die Hemmungen zu nehmen, und höflich gefragt, ob es ein Problem gäbe, ob ich noch was erklären soll.«

»Und sie?«

»Sie schüttelte den Kopf und ging erst mal zu einer Kollegin. Die beiden haben getuschelt, abwechselnd zu mir rübergeschaut, in einem Ordner nachgeschlagen. Mir kam das ewig vor, denn am Nachbartisch saßen zwei junge Männer, die mich die ganze Zeit höhnisch angafften. Als die Dame endlich zurückkam, fragte sie laut: ›Äh, wollen Sie auch die Geschlechtsangleichung machen?‹«

»Wie einfühlsam.«

»Ja. Ich habe mit fester Stimme gefragt, was das für eine Rolle spiele.«

»Und? Was spielte das für eine Rolle? Im Ausweis steht das Geschlecht doch gar nicht drin.«

»Eben. Aber im Reisepass. Da stand bei mir nach wie vor ein M. Das durfte erst nach der Operation geändert werden.«

»Na ja, verständlich.«

»Klar, verständlich. Es war auf jeden Fall ein total festlicher Moment, als ich den Antrag schließlich unterschrieben habe. Das erste Mal offiziell als Denise! Hat gut geklappt, fühlte sich gar nicht fremd an.«

»Gib es zu, du hattest zu Hause geübt.«

»Schon gut: Ja!«

Sie lacht ihr stolzes Lachen. Es klingt wie bei einer Ehefrau, die von ihrer ersten Unterschrift beim Standesamt erzählt.

»Das hat sich auch so angefühlt«, verteidigt sich Denise. »Und ich kann das beurteilen, ich bin ja schließlich verheiratet!«

»Dazu kommen wir noch! Wann hast du ihn bekommen, deinen neuen, deinen ersten Ausweis als Denise?«

»Er wurde am 22. Juli 2000 ausgestellt, fast ein Jahr vor meiner OP. Eine Woche später hab ich ihn abgeholt.«

»Hast du den noch? Ich würde zu gern mal dein erstes Passbild als Frau sehen.«

Es surrt bei ihr im Hintergrund. Ein Scanner.

»Hast du deinen Computer an? Ich maile dir was. Da fehlt aber 'ne Ecke. Nach der Hochzeit mit Joseph habe ich ja schon wieder einen neuen Ausweis bekommen, deswegen wurde der hier ungültig gemacht. Die vom Amt wollten ihn vernichten, aber so hart erkämpfte Dokumente gebe ich nicht mehr her.«

»Hast ja auch lange genug drauf gewartet.«

Pling. E-Mail für mich. Pling. Anhang angeklickt. Wow. Von dem Ausweis blicken verletzliche Augen aus einem zarten Gesicht.

»Du bist hübsch. Aber du siehst traurig aus …«

»Traurig? Findest du? Ist mir noch nie aufgefallen. Aber nach der ganzen Bürokratie kein Wunder …«, sagt sie, scheinbar unbekümmert. »Dafür, dass es mein erstes Passbild als Frau ist, war ich eigentlich sehr zufrieden. Die Haare sind echt!«

»Keine Perücke mehr?«

»Nein. Alles meins!«

»Warst du aufgeregt, als du den Ausweis abholen durftest?«

»Und wie. Es war ein eher kühler Tag. Ich hatte mir ein blaues Kostüm angezogen und einen Mantel darüber. Joseph hatte sich extra freigenommen und begleitete mich zum Einwohnermeldeamt von Mannheim. Wir gingen die fünf Minuten von meiner Wohnung dorthin zu Fuß. Mir war extrem feierlich zumute. Ich hatte richtig Herzklopfen, als die Dame mir das Ding überreichte. Danach habe ich minutenlang nur gegrinst. Wir waren noch nicht wieder draußen, da sagte Joseph: ›Ich lade dich zum Essen ein. Das muss gefeiert werden.‹ Wir gingen in unser Stammcafé.«

»Und wie lange ist dein neuer Ausweis dort in der Handtasche geblieben?«

Sie lacht. »Keine zwei Minuten. Ich musste ihn immer wieder rausholen und anschauen. Bis Joseph lachend sagte: ›Nun lass ihn doch einfach auf dem Tisch liegen.‹«

»Süß. Da warst du bestimmt total stolz.«

»Und wie. Das war, als ob man gerade die Pubertät hinter sich gelassen hat, seinen ersten Personalausweis kriegt und sich danach sofort viel erwachsener fühlt.«

»Und heute? Steht heute noch irgendwo geschrieben, dass du mal als Mann auf die Welt gekommen bist?«

»Nein. Heute bin ich offiziell und amtlich Frau. Ungefähr ein Jahr nach meiner Operation wurde auch meine Geburtsurkunde geändert – und danach der Reisepass.«

»Moment mal, deine Geburtsurkunde wurde auch geändert? Das ist doch eigentlich ein sehr netter Zug vom Amt, oder? Ich meine, das Geschlecht, mit dem man geboren wurde, kann man ja rückwirkend schlecht ablegen.«

»Das ist gesetzlich so verankert! Aber das war auch wieder ein hartes Stück Arbeit. Noch mehr als beim Ausweis, weil ich für alles zig Formulare, Anträge oder Gutachten brauchte. Nach der geschlechtsangleichenden Operation im Mai 2001 war ich rein anatomisch ja eine Frau. Dafür habe ich auch ein ärztliches Gutachten mitbekommen, um es beim Vormundschaftsgericht vorzulegen und die letzte Änderung in der Geburtsurkunde zu beantragen. Aber die haben sich geweigert, den Eintrag zu ändern, und mich bis zum 3. Juni 2002 weiter als Mann geführt.«

»Warum das?«

»Weil ihnen das eine Gutachten nicht reichte. Zwei weitere Ärzte sollten bestätigen, dass ich ein weibliches Geschlecht habe. Das war nervig. So gern ziehe ich mich ja nun auch nicht vor fremden Leuten aus. Dieser ganze Behördenkram ging unglaublich schleppend voran. Gut, ich war Geduldigsein inzwischen gewöhnt, aber irgendwann nervt es doch mal, wenn ständig neue Anrufe kommen, weil Unterlagen fehlen. Woher soll man wissen, was alles abzugeben ist – es gibt kein Merkblatt für Transsexuelle, du musst dich durch alles allein durchwursteln. Davon mal abgesehen, sind die Gebühren hoch.«

»Leicht hattest du es auf keiner Ebene, was?«

Sie denkt kurz nach. »Na ja, vielleicht ist es ja auch richtig, dass es so kompliziert ist. Es gibt auch Transsexuelle, die sich ihres Weges nicht so sicher sind. Die steigen dann wenigstens schon bei der Namensänderung aus! Denn jeder Behördengang kostet Nerven. Dokumente-Sammel-Nerven, Kopier-Nerven, Er-klär-Nerven, Warte-Nerven … Diesmal musste ich wieder neue Papiere besorgen: Führungszeugnis, Abstammungsurkunde, Staatsangehörigkeitsausweis und die alte Geburtsurkunde.«

»Was ist denn bitte ein Staatsangehörigkeitsausweis?«

»Ja, den musste ich beim Einwohnermeldeamt in Mannheim beantragen, weil den deutschen Behörden ein normaler Ausweis und der Reisepass nicht als Nachweis reichen, dass du wirklich deutscher Staatsbürger bist.«

»Meine Fresse, wie anstrengend.«

»Zu allem Überfluss sollte ich dann auch noch eine richterliche Anhörung über mich ergehen lassen – fast ein Jahr nach meiner operativen Angleichung! Dabei wurde ich tatsächlich gefragt, ob ich mich dem weiblichen Geschlecht zugehörig fühlte.«

»Du hast natürlich Nein gesagt!«

»Hihi, ja genau. Mit Ironie hätte ich das damals vielleicht bes-ser ertragen. Na ja. Es hat dann jedenfalls noch mal drei Monate gedauert, bis ich im Juni den bewilligten Beschluss in der Hand hielt, um beim Einwohnermeldeamt mein neues Geschlecht in die Geburtsurkunde eintragen zu lassen. Ab da galt ich dann endlich auch offiziell als Frau.«

»Der letzte Meilenstein war geschafft.«

»Ach, weißt du, Transsexuelle kommen nie ganz an. Aber ich wusste, dass ich wieder ein Stück weiter war. Dieses Gefühl habe ich tagelang sehr genossen. Endlich hörte die Fragerei bei den Behörden auf. Ich musste keine Angst mehr haben vor pein-lichen Situationen, vor Kontrollen, vor Erklärungen, die keiner verstand. Zum ersten Mal konnte ich wieder unbeschwert ins Ausland fahren – ich war voller Pläne.«

Endlich: Der Tag der Operation

Du hast so viel Mut gebraucht bis hierher, Denise. Aber weißt du, was ich am meisten bewundere? Dass du dich freiwillig unters Messer gelegt hast.«

»Du meinst meine Geschlechtsangleichung?«

»Ja, das ist ja nun nicht gerade eine Augenfaltenstraffung, sondern ein ganz schön schwerer Eingriff. Ich hatte vor ein paar Jahren mal einen Knubbel am Fuß, der musste unter Narkose weggeschnitten werden. Davor habe ich mir schon tagelang in die Hose gemacht. Wie ist das erst, wenn ...«

»Ach Gottchen, du Arme.«

»Na, wer sagt einem denn, dass man auch wirklich aus der Vollnarkose aufwacht und ob man je wieder normal laufen kann und ...«

»Schneckchen, solche Sorgen sind doch total verständlich, die meisten Menschen haben Angst vor OPs, was denkst du, wie viele Leute ich damals schon als Krankenpfleger getröstet habe. Aber ich fand Operationen noch nie schrecklich, genau wie Krankenhäuser. Wahrscheinlich weil ich in einem gearbeitet habe.«

»Aber hattest du denn gar keine Angst?«

»Na klar hatte ich Angst, aber nur davor, dass es Komplikationen geben könnte. Ich habe sogar eine Patientenverfügung gemacht, in der stand, dass ich keine lebensverlängernden Maßnahmen will, falls mir irgendetwas passiert. Vor der Sache selbst hatte ich keinen Schiss. Aber ich war doch auch in einer ganz anderen Situation: Ich war nicht lebensbedrohlich krank und habe mich auch nicht innerlich gegen etwas gewehrt, was andere für mich entschieden hatten oder mir aufzwingen wollten. Es war mein freier Wunsch, und ich bekam durch diese Operation etwas, wonach ich mich seit Jahren gesehnt hatte. Ich konnte kaum erwarten, bis es endlich so weit war.«

»Wo ist es passiert?«

»In München-Bogenhausen.«

»Und konntest du dir den Operateur selbst aussuchen?«

»Ja. Ich hatte mich am Anfang sehr lange umgehört, zu wem man gehen kann. War gar nicht so leicht: Jeder Arzt hat seine eigene Methode, und fast jede Transsexuelle prahlt hinterher, dass ihrer der beste war. Mir war wichtig, wie lange der Arzt schon Männer zu Frauen operiert, ob er sich regelmäßig fortbildet, ob ihm mal schwere Fehler unterlaufen sind und ob ich ein gutes Gefühl bei ihm habe. Ich hatte Gespräche mit zwei Ärzten, mit einem bei mir um die Ecke und mit einer Ärztin in München. Letztlich entschied ich mich für Frau Doktor Spehr. Vielleicht lag es daran, dass sie eine Frau war, aber vor allem gab sie mir von der ersten Sekunde an das Gefühl, dass ich bei ihr in guten Händen bin. Sie hatte jahrzehntelange Erfahrung und wurde in vielen Publikationen gelobt, das hat mich überzeugt.

Ein halbes Jahr vor der Operation bin ich das erste Mal zu ihr gefahren. Sie hat mich untersucht und aufgeklärt, was auf mich zukäme, zu welchen Ärzten ich vorher noch müsse, welche Laborwerte, Röntgenbilder und EKG-Werte ich am Aufnahmetag mitbringen solle, welche Medikamente ich auf keinen Fall nehmen dürfe und so weiter. Sie erklärte mir, wie die Operation abliefe und wie meine neue Scheide aussehen würde. In dem Moment fühlte ich in meinem Bauch eine ganz große Vorfreude, wie ich sie die ganze Zeit noch nie gespürt hatte. Ich war kurz vor dem Ziel! Zum Abschluss legten wir den Termin für meine OP fest: Am 14. Mai 2001, einem Montag, würde es so weit sein.

Zwei Tage vorher sollte ich zur Aufnahme da sein, damit die letzten Vorbereitungen getroffen werden konnten.«

»Kannst du bitte mal ein halbes Jahr überspringen, ich platze vor Neugier! Wie ist das, wenn man zu so einem Termin fährt? Wie hast du dich gefühlt?«

»Ich war schon aufgeregt, doch. Deswegen war ich auch so verdammt froh, dass Joseph mitkam. Als mein Termin feststand, hatte er sich sofort ganz selbstverständlich zwei Wochen Urlaub genommen und ein Hotelzimmer in der Nähe des Krankenhauses gebucht, um mich jederzeit besuchen zu können. Wir wussten ja nicht, wie lange ich dort bleiben müsste, wie schnell alles heilen würde. Samstag früh um sechs standen wir auf. Meine Tasche hatte ich schon am Vorabend gepackt – mit viel zu vielen Kosmetik-Flaschen und viel zu vielen Ersatzklamotten. Ich zog mein lila Stretchkleid an, wir haben kurz gefrühstückt und um sieben ging's los.«

»Deniiiise, ich habe gefragt, wie es dir ging? War dir mulmig, als du ins Auto eingestiegen bist?«

»Nein, nicht mulmig. Das war ein anderes Gefühl. Fast so, als ob ich in den Urlaub fahren und mit einem Geschenk zurückkommen würde.«

»Ohne jeden Zweifel daran, dass du das Richtige tust?«

»Oh, Jana, mir war absolut klar, dass es kein Zurück gibt. Aber das stand auch längst nicht mehr zur Debatte. Ich hatte mich jahrelang mit mir auseinandergesetzt, ich wusste genau, was ich wollte. Beim kleinsten Zweifel wäre ich sofort umgekehrt! Nein, diese Fahrt führte in die Zukunft, die schön sein sollte. Wir fuhren von Mannheim aus direkt in die Chirurgische Klinik München-Bogenhausen. Gegen zehn waren wir dort. Als ich davorstand – in der rechten Hand den Einweisungszettel, an der linken meinen treuen, liebevollen Joseph –, da war mir richtig feierlich zumute. Hier also würde übermorgen mein größter

Wunsch wahr werden, hier würde ich eine vollwertige Frau werden.«

Dann ging's rein, zur Aufnahme, zwanzig Minuten später brachte mich eine freundliche Schwester schon zu meinem Zimmer auf Station II – ein schönes, helles Einzelzimmer mit Balkon ganz am Ende des Ganges, Nummer 220. Vom Fenster aus hatte man einen schönen Blick auf eine große Rasenfläche, ich fühlte mich sofort wohl und habe mich erst mal probehalber auf mein Bett gelegt.«

»Was war das für eine Station?«

»Die Urogenitalchirurgie – da werden Leute behandelt, die Fehlbildungen oder Verletzungen im Genitalbereich haben. Und Transsexuelle, diese Klinik ist nämlich auch auf geschlechtsangleichende Operationen vom Mann zur Frau spezialisiert. Das hab ich auch sofort gespürt. Die Schwestern und Ärzte, das Pflegepersonal, ja sogar die Raumpflegerin, alle waren total einfühlsam und nett. Es gab keine verwunderten Blicke, sie behandelten mich wie einen ganz normalen Menschen und sprachen mich alle sehr respektvoll als Frau an.«

»Und was passierte nach deinem Probeliegen?«

»Die Krankenschwester sagte mir, dass mein Mittagessen aus einer Gemüsebrühe bestehe, nach der ich eine Darmspülung machen solle. Dafür müsse ich drei große Behälter mit einer abführenden Flüssigkeit leeren.«

»Iiihhhh …«

»Halb so wild. Ging ganz schnell, das Zeug hat nur eklig geschmeckt. So salzig. Vorher kam noch die Aufklärung bei der Anästhesistin, die mir vorschlug, in der Nacht vor der OP eine Beruhigungstablette zu nehmen, um einigermaßen ruhig zu schlafen. Als ich gerade auf dem Klo saß, hörte ich in meinem Zimmer ein Klopfen und die beruhigende Stimme von Frau Doktor Spehr, meiner Operateurin. Als ich rauskam, nahm ich zum ersten Mal wahr, wie klein sie eigentlich war und wie energiegeladen sie trotzdem wirkte. Sie machte mir noch einmal deutlich, dass der Eingriff irreversibel ist, und klärte mich über mögliche Komplikationen auf. Es könne neben Verletzungen des Darm- und Harntraktes unter anderem Blutungen und Wundheilstörungen geben. Ich schaute zu Joseph rüber, um ihn mit Blicken zu beruhigen. Dann unterschrieb ich den Aufklärungsbogen und die Einverständniserklärung zur Operation. Sonntag gab es noch ein paar Untersuchungen, am späten Nachmittag bat mich die Krankenschwester, mich im Intimbereich komplett zu rasieren.«

»Die letzte Nacht als Mann. Konntest du überhaupt schlafen?«

»Wider Erwarten … Joseph blieb bei mir, bis die Nachtschwester kam. Ich war nicht sehr gesprächig, denn nun wurde ich doch langsam nervös. Er hielt die ganze Zeit meine Hand und tröstete mich. Das tat gut. Der Fernseher lief nebenbei, ich brauchte so viel Ablenkung wie möglich. Gegen 21 Uhr bekam ich eine Beruhigungstablette. Joseph fragte, ob er bei mir bleiben solle, bis ich eingeschlafen sei. Aber ich wollte, dass er selbst ins Bett kam. Meine OP war ja schon auf kurz nach sieben angesetzt, und er wollte vorher wieder bei mir sein. Er war noch nicht lange zur Tür raus, da lag ich schon wie weggeschossen im Schlaf.«

»Hast du geträumt?«

»Ich glaube nicht. Ich habe in dieser Nacht so gut und tief geschlafen wie noch nie. Bis ich aus weiter Ferne ein resolutes ›Aufwachen‹ von der Schwester hörte. Sofort schoss mir durch den Kopf: ›Heute ist es so weit, endlich.‹ Ich suchte meine Uhr, es war sechs, neben mir hörte ich was von Waschen oder Duschen, Hemd anziehen, dann ins Bett zurück. Ich bin artig ins Bad geschlurft.«

»Das war das letzte Mal, dass du deinen Penis sehen konntest. Hast du ihn noch mal angeguckt oder dich beim Waschen von ihm verabschiedet?«

»Du, ich kannte das Ding ja nun schon über dreißig Jahre, da guckt man nicht mehr so interessiert an sich runter, wenn man sowieso keine Beziehung zu seinem Penis hat. Aber verabschiedet habe ich mich schon. Ich sagte ihm, dass er seinen Zweck nun erfüllt habe, ihm aber ab sofort eine andere Aufgabe zukäme: nämlich ein Teil der Vagina zu sein. Und dazu würde er ja gleich werden. Dann trocknete ich mich ab, zog mein Hemdchen an, haute mich wieder ins Bett und freute mich – darauf, dass ich hier in acht Stunden als vollwertige Frau liegen würde. Und dann war Joseph wieder da und hielt zärtlich meine Hand, bis ich abgeholt wurde. Er lief neben dem Bett her, in dem ich zum Fahrstuhl gerollt wurde. Er sah mich aufmunternd an, als wir nach unten in den OP fuhren. Er küsste mich, als die Tür zum Vorbereitungsraum aufging. Ich rief ihm noch ›Bis später, wird schon alles gut gehen‹ zu, dann wurde ich in meinem Bett durch die Tür geschoben. Es war 7.50 Uhr, als mir die Anästhesistin an meiner rechten Hand einen Zugang legte. Eine Minute später lief das Narkosemittel durch den Schlauch in meinen Arm. Ich war sofort eingeschlafen.«

Die Chirurgin

»Ich habe mich oft gefragt, ob ich der Natur ins Handwerk pfusche«

Christiane Spehr (70) arbeitet als Chirurgin und Urologin an der Klinik München-Bogenhausen und gilt unter den zehn Ärzten, die in Deutschland Geschlechtsangleichungen vornehmen, als Koryphäe. Sie behandelt ausschließlich Mann-zu-Frau-Transsexuelle und hat auch Denise operiert. Hier spricht sie über den Ablauf des Eingriffs, die Nachfrageentwicklung in Deutschland und darüber, wie viele ihrer mehr als sechshundert Patientinnen den Schritt bereut haben.

Wenn eine Patientin zur Operation kommt, dann sehe ich in ihr immer eine Frau. Andernfalls könnte ich diese Arbeit nicht leisten. Neben dem Narkose-Team sind in der Regel drei Ärzte an dem Eingriff beteiligt. Außerdem benötigen wir noch eine instrumentierende und eine zureichende Schwester. Die Patientin ist bereits in Narkose, wenn sie mit gespreizten Beinen auf dem OP-Tisch gelagert wird. Der Eingriff dauert bei mir etwa acht Stunden. Im Groben ist der Ablauf zwar standardisiert. Hinsichtlich Qualität und Details gibt es aber deutliche Unterschiede zwischen den einzelnen Operateuren. Dadurch erklären sich die stark voneinander abweichenden OP-Zeiten.

Meine Technik verläuft stark vereinfacht so: Über einen komplizierten Schnitt am Hodensack, der die Größe der späteren Schamlippen bereits festlegt, werden Hoden und Samenstränge als Erstes entfernt. Danach wird die Penishaut unter Schonung der Gefäßversorgung komplett vom Penisschaft abgetrennt und das offene Ende zugenäht, da diese Haut zur Scheidenauskleidung benötigt wird. Aus der Eichelspitze wird dann die Klitoris gebildet. Damit neben der Durchblutung die volle Empfindungsfähigkeit erhalten bleibt, müssen neben den zuführenden Gefäßen auch alle Nervenäste sorgfältig präpariert werden. Erst danach entferne ich die Penisschwellkörper und kürze die Harnröhre auf weibliche Verhältnisse.

Ich werde immer wieder nach der Prostata gefragt. Die verbleibt aus anatomischen Gründen an ihrem Platz. Andernfalls würde ja die Verbindung zwischen Blase und Harnröhre unterbrochen, und es entstünde ein Urinleck an dieser Stelle. Die Prostata wird durch die Hormonbehandlung jedoch so klein, dass sich die Patientinnen nicht daran stören.

Nun beginnt der schwierigste Teil: die Bildung der Körperhöhle für die neue Scheide. Dazu wird der unsichtbare Spalt zwischen Harnröhre und Prostata einerseits und Dickdarm andererseits vorsichtig aufgedehnt. Man muss dabei so behutsam vorgehen, um Verletzungen der Nachbarorgane zu vermeiden. Die Dickdarmverletzung stellt die meistgefürchtete Komplikation dar und kann unter Umständen für vier oder sechs Wochen einen künstlichen Darmausgang zur Folge haben. Ist der erforderliche Platz von zwölf bis vierzehn Zentimetern Tiefe und gut vier Zentimetern Durchmesser für die Neovagina geschaffen, wird die Scheidenhöhle mit der umgestülpten Penisschafthaut vollständig ausgekleidet. Reicht Letztere nicht aus, so verwende ich ein Transplantat aus der überschüssigen Haut vom Hodensack. Für die Bildung der Schamlippen ist ja nur etwa die Hälfte davon erforderlich.

Zuletzt wird oberhalb vom Scheideneingang die Harnröhren-mündung eingenäht und darüber die Eichelspitze als Klitoris plat-ziert. Die Scheide wird durch einen Stent offen gehalten, und ein fester Verband sorgt dafür, dass er nicht verrutscht. Dieser Stent ist ein Platzhalter, den man sich wie einen weichen Tampon vor-stellen kann. Er wird über einen Zufuhrkanal mit Luft auf Schei-dengröße gefüllt. Er muss zunächst permanent getragen werden. Nach der Entlassung wird er jeden zweiten Tag eine Stunde weni-ger, und schließlich nur noch einmal wöchentlich verwendet, um sicherzustellen, dass die Scheide nicht schrumpft.

Damit alles in Ruhe heilen kann, fließt der Urin etwa eine Wo-che lang über einen Bauchdecken-Katheter ab.

Trotz des großen Eingriffs haben unsere Patientinnen nur wenig Schmerzen. Sie verspüren weniger als nach einer Bauch-operation und sind darüber ebenso erstaunt wie über das Fehlen von abschreckenden Wunden. Die großen Wundflächen liegen ja unter der Haut, äußerlich wirkt alles fast heil und geschlossen, abgesehen von Schwellungen sind nur die mit Metallclips ver-schlossenen Schnitte direkt im Schritt sichtbar. Wir verwenden Wundklammern, da sie bei entsprechender Pflege kaum sichtbare Narben hinterlassen. Die meisten Patientinnen sind darüber aber zunächst bestürzt, weil sie ganz grundlos befürchten, dass die Entfernung der Klammern schmerzt.

Der erste Verbandswechsel findet am zweiten oder dritten Tag nach der OP statt. Beim zweiten Wechsel – so am fünften oder sechsten Tag – wird der Stent erstmals entfernt, und die Pati-entinnen müssen unter meiner Anleitung ihre Scheide selbst mit dem Finger abtasten, um eine Vorstellung von ihrer neuen Anato-mie zu bekommen. So können sie die ungewohnten körperlichen Verhältnisse besser begreifen und gleichzeitig auch kontrollieren, ob die Scheide ihren Vorstellungen entspricht. Peinlich war diese Prozedur noch keiner.

Außerdem müssen sie natürlich lernen, mit dem Stent umzugehen. Besonderen Wert lege ich auf die sorgfältige Hygiene und Pflege des operierten Bereiches. Dazu reicht Wasser zur Reinigung völlig aus. Seife ist falsch, da sie die Bildung von Keimen unterstützt, letztlich auch in der Scheide. Daneben fördert die Verwendung einer speziellen Antinarbencreme sowie einer Salbe, die weibliche Hormone enthält, eine zarte und elastische Scheidenhaut. Eine normale Flora kann durch entsprechende Zäpfchen hergestellt werden.

Ein halbes Jahr nach der Angleichung erkennt man daher bei sachgerechter Pflege kaum einen Unterschied zur normalen weiblichen Scheide. Zu diesem Zeitpunkt wird auch die Korrektur-OP vorgenommen, bei der der Venushügel aufgebaut, die Klitoris mit einem Häutchen versehen und der Damm extrem gekürzt wird. Danach ist das Ergebnis so verblüffend echt, dass sich selbst Gynäkologen täuschen lassen. Trotzdem werden diese Scheiden nicht feucht aus Mangel an Schleimhautdrüsen, so dass für den Geschlechtsverkehr ein Gleitmittel verwendet werden muss.

Ganz brennend interessiert alle Patientinnen ihre künftige Sexualität. Die Operation schafft die Voraussetzung für ein ganz normales weibliches Sexualleben, gibt aber keine Garantie für Orgasmusfähigkeit. Diese wird nämlich über das Gehirn gesteuert und zugelassen. Man kann aber davon ausgehen, dass alle diejenigen, die vorher erregbar waren, dies auch später sind. Bemerkenswert finde ich aber, dass die Patientinnen, die einen männlichen Orgasmus gekannt haben, als Frau »etwas ganz anderes und viel Schöneres« erleben. Es seien auch ganz andere Dinge lustauslösend.

Viele Menschen wollen wissen, wie ich zu diesen Patientinnen gekommen bin. Als ich 1985 die erste Mann-zu-Frau-Angleichung vornahm, musste ich buchstäblich dazu überredet werden. Ich glaubte auch, dies sei ein Einzelfall. Damals hörte ich den Begriff Transsexualität zum ersten Mal, obwohl ich schon zwanzig Jahre im Berufsleben stand. Ich hatte keine Ahnung, worauf ich mich einließ, und wenig Neigung, weitere solcher Eingriffe folgen zu lassen. Auch andere Ärzte hatten kaum Erfahrung im Umgang mit Transsexuellen, und die Betroffenen selbst haben aus Scham vor Entdeckung ihre Andersartigkeit vehement abgewehrt und geheim gehalten – sogar gegenüber ihren Eltern oder anderen Angehörigen. Sie fielen nur auf, wenn sie aus Verzweiflung einen Selbstmordversuch begingen oder psychisch krank wurden.

Insofern glaube ich auch nicht, dass die Zahl der Erkrankungen zugenommen hat. Transsexuelle rücken heute nur mehr in unser Bewusstsein, weil wir durch die Medien häufiger auf sie aufmerksam werden, vor allem aber, weil sich die Betroffenen längst öffentlich machen und die Gesetzgebung dafür gesorgt hat, dass sie weniger diskriminiert werden. Das war vor zwanzig Jahren noch ganz anders. Danach galten sie im besten Fall als exotische oder ausgeflippte Wesen.

Und plötzlich standen etliche davon vor meiner Tür. Ich bin ein neugieriger Mensch und sehr interessiert am Schicksal meiner Patienten. Das ist auch leicht zu verstehen, wenn man vorwiegend Fehlbildungen bei Kindern behandelt. Bei den transsexuellen Patienten hat mich aber das unmenschliche Leid berührt, das sie unverschuldet und natürlich auch ungewollt zu tragen haben. Bewundert habe ich auch oft den Mut und die Entschlossenheit, mit denen viele ihr schweres Los annehmen und meistern. Aber erst, als ich erkannte, welchen wichtigen – wenn nicht sogar wichtigsten – Beitrag die Operation bei der Bewältigung ihrer Probleme leistet, war das Eis gebrochen.

Dennoch habe ich mich oft gefragt, ob ich nicht der Natur ins Handwerk pfusche, und inwieweit man als Arzt dazu berechtigt ist. Und es belastet mich schon, wenn ich an einem Tag in einer vielstündigen Prozedur bei einem missgebildeten Knaben einen

Penis aufbaue, damit er ein normales Leben führen kann – und aus dem gleichen Grund am nächsten Tag einen voll funktionsfähigen Penis abschneiden muss.

Bevor es aber überhaupt zur Operation kommt, müssen alle Auflagen erfüllt sein, die im Transsexuellengesetz festgeschrieben sind. Erst wenn beide Gutachten vorliegen, der Alltagstest bestanden wurde und die Kostenübernahme der Krankenkasse vorliegt, kann die OP geplant werden, deren Kosten bei 10.000 bis 12.000 Euro liegen.

Ich habe in den letzten 22 Jahren über sechshundert Mann-zu-Frau-Transsexuelle operiert. Ich weiß von keiner Patientin, dass sie diesen Schritt bereut hätte. Es gibt aber leider solche Fälle. Daher achte ich darauf, dass die Gutachten von kompetenten Kollegen erstellt werden. Ich nehme mir auch viel Zeit, um selbst überzeugt zu sein, dass kein Weg an der Operation vorbeiführt, denn nicht jede Transsexuelle gewinnt dadurch. Es gibt verschiedene Schweregrade der Erkrankung. Die meisten leiden zwar unsäglich, einige kommen aber auch ohne diesen Eingriff aus. Zum Vergleich möchte ich anführen, dass nur extrem krumme Beine zum Schutz der Gelenke begradigt werden müssen, man mit einer leichten Biegung aber ganz gut zurechtkommt.

Natürlich geht es in dem Informationsgespräch, das ich mit meinen Patientinnen führe, vorrangig um Vorerkrankungen, anatomische Besonderheiten und Risiken im Rahmen der Operation. Die meisten Patientinnen sind mit den chirurgischen Möglichkeiten bestens vertraut. Manchmal muss ich aber absurde Vorstellungen korrigieren, wenn Wünsche nach abnormen Scheidendimensionen vorgetragen werden. Überhaupt lege ich Wert darauf, dass die Lebensperspektive realistisch eingeschätzt wird, eine angemessene Vorstellung darüber besteht, wie sich eine Frau bewegt, darstellt und anzieht – und dass die Patientinnen einer Arbeit nachgehen. Wenngleich es in bestimmten Berufssparten zu Schwierigkeiten kommen kann und manche Arbeitgeber einen transsexuellen Mitarbeiter nicht weiter beschäftigen wollen, so resultiert aus einer Transsexualität generell keine Arbeitsunfähigkeit. Ich werde daher schon nachdenklich, wenn allein das sicher schwerwiegende Lebensproblem hierfür verantwortlich gemacht wird. In der Regel ergeben sich dann nämlich weitere Schwierigkeiten in anderen Lebensbereichen, die präoperativ aus der Welt geschafft werden müssen. Als Chirurgin kann ich nur die körperliche Situation ändern und anpassen. Ihr Leben müssen Transsexuelle – wie andere Menschen auch – selbst bewältigen.

Zum Schluss stellt sich die Frage nach den Operationsergebnissen. 95 Prozent finden ihre Scheide ausreichend tief. Mit einer Ausnahme sind meine Patientinnen auch mit dem äußeren Ergebnis ihres Genitals zufrieden, haben einen Orgasmus und würden den Eingriff jederzeit wiederholen lassen.

GEHVERSUCHE EINER FRAU

Plötzlich hörte ich, wie eine vertraute Stimme meinen Namen rief: ›Hallo, sind Sie wach?‹ Ich versuchte, die Augen zu öffnen, aber meine Lider waren wie aus Blei. Egal, wie sehr ich mich anstrengte, es gelang mir nicht. Wo war ich? Träumte ich? Oder war das hier Wirklichkeit? Und dieses Piepsen um mich herum, woher kam das? Warum lag ich im Bett? Da fuhr diese Stimme fort: ›Wenn Sie wach sind, dann lächeln Sie doch mal!‹ Nun erkannte ich meine Ärztin. ›Hier ist jemand, der Ihnen Guten Tag sagen will.‹ Im selben Moment spürte ich Josephs vertraute Lippen auf meiner Wange. Und auf einmal war ich ganz klar. Das Piepsen stammte von den Geräten im Aufwachraum, in dem ich acht Stunden zuvor für den OP-Saal vorbereitet worden war. Offenbar hatte ich alles überstanden. Ja, die Operation war geschafft. Ich war eine Frau. Jetzt lächelte ich von selbst, dann schlief ich wieder ein. Es war inzwischen 15 Uhr, doch ich wachte in den nächsten Stunden immer nur kurz auf. Die Nachwirkungen der Narkose waren noch zu stark. Als ich auf die Station hochkam, war es schon sechs, und ich war immer noch benommen. Ab und zu nippte ich an einer Tasse kaltem Pfefferminztee oder drückte Josephs Hand, der mir nicht von der Seite wich, bevor ich ermattet zurück auf mein Kissen sank. Richtig denken konnte ich noch nicht. In der Nacht schlief ich schlecht. Einmal drückte ich auf die Klingel, dann kam eine Schwester und gab mir ein Schmerzmittel.«

»Tat es so weh?«

»Im Unterleib gar nicht. Da habe ich bis heute kein einziges Mal Schmerzen verspürt. Es hat zwar in den ersten Tagen mal beim Husten gedrückt, aber sonst war da nichts.«

»Eigentlich erstaunlich bei so einem Eingriff ...«

»Ich glaube, das liegt an der mentalen Einstellung, mit der ich da herangegangen bin. Für mich war die OP eine Rettung, keine Belastung. Das macht sicher viel aus.«

»Und wofür brauchtest du dann die Schmerzmittel?«

»Mir tat die Wirbelsäule weh, ich lag immerhin seit sieben Uhr nur ausgestreckt auf dem Rücken. Normalerweise schlafe ich auf der Seite. Nun war ich in einer Position gefangen. Aufrichten ging nicht, da die Wunde geschont werden musste. Drehen sollte ich mich auch nicht: Ich hatte einen Blasenkatheter, eine Infusionsnadel im Arm, dazu hingen Beutel an meinem Bett, in die dünne Drainage-Schläuche mündeten, durch die in den nächsten Tagen das Wundsekret aus meinem Bauchraum ablaufen sollte. Meine Beine steckten in engen Thrombose-Strümpfen, dazwischen verhüllte der Verband mein neues Geschlecht. Ich kam mir vor wie ein verpacktes Geschenk.«

»Bist du nicht vor Neugier geplatzt? Wann durftest du dein Geschenk das erste Mal auspacken?«

»Am zweiten Tag nach der Operation, glaube ich. Eine Schwester holte mich samt Bett ab. Als ich fragte, wo es hingehe, antwortete sie mit einem Lächeln: ›Jetzt ist großer Verbandswechsel, Frau Doktor Spehr erwartet Sie schon.‹ Nun sollte ich also das erste Mal das Ergebnis der OP sehen und mit meiner Vagina Bekanntschaft schließen. Ehe ich mich so richtig freuen konnte, stand mein Bett schon in einem Zimmer, in dem sich so ein Stuhl mit Beinstützen befand, auf dem Frauen beim Gynäkologen untersucht werden. Die Schwester half mir auf den Stuhl, dann stand schon die Ärztin zwischen meinen Beinen. ›So‹, sagte sie, ›dann wollen wir mal. Ich nehme jetzt den Verband ab, und dann dürfen Sie Hallo sagen.‹ Hallo sagen? Wem denn? Bevor mir dämmerte, wen sie meinte, drückte sie mir schon den Spiegel in die Hand. Ich war aufgeregt, als ich ihn nach unten führte.«

»Erzähl schon, was war das für ein Gefühl für dich? Fandest du dich schön?«

»Ehrlich gesagt: Viel hab ich nicht erkannt. *Er* war nicht mehr da, und das war die größte Freude. Doch ansonsten sah ich erst mal nur eine Menge Klammern, die mich an getackerte Heftseiten erinnerten, ich sah Schwellungen und eine Menge blaugelber Hämatome. Etwas tiefer strahlte sie mich dann an: meine Vagina. Doch es war wenig Zeit, mir darüber Gedanken zu machen. Denn ich bekam gleich einen Kurzunterricht zur neuen Anatomie. ›Da wären die Schamlippen, dort der Scheideneingang, weiter oben die Klitoris…‹ Ich folgte den Erklärungen, ja, alles war an seinem Platz, doch es erstaunte mich trotzdem unendlich. Das da unten, das war jetzt wirklich ich. Ich hätte laut jubeln können. Nur: Was steckte da unten für ein merkwürdiges Teil in mir drin? ›Das ist Ihr Stent, der Ihre Vagina offen hält‹, erklärte Frau Doktor Spehr, ›mit dem werden Sie noch oft genug das Vergnügen haben.‹ Sie kontrollierte, ob er gut saß, und kündigte dabei an, dass sie beim nächsten Mal zeigen würde, wie ich ihn benutzen müsse. Dann wurde mir ein neuer Verband angelegt und ich kam zurück aufs Zimmer.

Nach diesem Ausflug war ich ganz schön k.o. Kein Wunder, ich hatte ja seit der Darmspülung nichts Festes mehr gegessen. Als ich wieder etwas bekam, war ich so glücklich. Dabei war es Schonkost, meine Verdauung musste ja erst mal auf Trab kommen, aber nichts war mir heiliger als diese Brühe. Sie wurde in den nächsten Tagen langsam durch festere Mahlzeiten ersetzt. Jede Steigerung signalisierte mir, dass mein Heilungsprozess voranging. Genau wie die Besuche der Pfleger und Schwestern, die regelmäßig kamen, um Fieber, Puls und Blutdruck zu messen oder den Urinbeutel zu leeren, und mich Schritt für Schritt von den Schläuchen befreiten. Ich jubilierte innerlich, wenn die Frau Doktorin nach der Visite mit zufriedener Miene den Raum verließ. Alles lief perfekt, ohne eine Komplikation. Zwischendurch kreiste ich brav mit meinen Beinen und machte Atemübungen, um die Lunge mit frischem Sauerstoff zu füllen, damit mein Kreislauf in Schwung kam und ich bei dem vielen Liegen nicht noch eine Lungenentzündung bekam.«

»Wann durftest du aufstehen?«

»So am dritten Tag. Als die Schwester mein Bett machte, brachte ich mich vorsichtig in die Senkrechte und wackelte ins Bad. Mir war noch schwindelig, das Laufen fiel schwer, aber ich hatte das dringende Bedürfnis, mich zu waschen, um diese Mischung aus Desinfektionsmitteln und Körpergeruch loszuwerden. Und während ich auf diesem kleinen Hocker saß, hatte ich das Gefühl, ich würde mit dem Waschlappen die letzten Reste meines alten Ichs abwischen. Danach war ich wie neugeboren. Zwei Tage später war ich stabil genug, um mein Zimmer zu verlassen. Ich erkundete den Flur auf der Station, um Kontakt zu Gleichgesinnten zu bekommen. Schon ein Zimmer weiter lagen zwei operierte transsexuelle Frauen, die kurz vor ihrer Entlassung standen. Eine jüngere kam später in mein Zimmer. Wir alle tauschten natürlich gleich unsere Erfahrungen aus, das tat gut, dadurch hatte ich das Gefühl, nicht allein zu sein. Na, und Joseph kam ja sowieso jeden Tag.«

»Wie schnell warst du wieder fit?«

»So nach einer Woche ging ich schon allein zum Verbandswechsel im Erdgeschoss. Die Schwellungen und die blauen Flecken gingen zurück, ich konnte wieder normal zur Toilette. Du glaubst ja gar nicht, was das für ein Erfolgserlebnis ist, das erste Mal ohne Blasenkatheter … Entgegen aller Ängste funktionierte es auf Anhieb, als wäre ich nie anders aufs Klo gegangen. Anfangs war da ein leichtes Brennen, aber das gab sich schnell. Schwerer lernte ich, wie man mit dem Stent umgeht. Anfangs war er mein ständiger Begleiter, dann wurden die Abstände größer, ich trug ihn nur noch nachts und nach einem halben Jahr gar nicht mehr.«

»War es sehr schmerzhaft, ihn das erste Mal einzuführen?«

»Es war ja noch alles taub, so spürte ich nicht viel. Es tat eigentlich nie richtig weh, nur hatte ich totale Angst, etwas kaputt zu machen, und traute mich kaum, dieses Hilfsgerät in mich reinzudrücken. Ich schätze, so fühlt sich das für junge Mädchen an, wenn sie das erste Mal einen Tampon benutzen. Als wäre alles zu eng ... Zwei Wochen später stolzierte ich schon täglich als glückliches, zufriedenes Mädchen über die Station und hoffte bei jeder Visite, dass ich heim darf.«

»Und, wann war es so weit?«

»Am sechzehnten Tag musste ich das letzte Mal auf den Frauenarztstuhl, um mir die restlichen Klammern entfernen zu lassen, die mich so lange zusammengehalten hatten. Ängstlich biss ich die Zähne zusammen und versuchte, mir zur Ablenkung wieder meine Lieblingssituation vorzustellen: wie ich als Vollweib strahlend durch Mannheims Straßen lief. Doch es kniff gemein. Dann sagte Frau Doktor Spehr endlich: ›Fertig, Sie haben es geschafft.‹ Mit einem Blick in den Spiegel überzeugte ich mich noch einmal von meinem angeglichenen Unterleib, von meinem endlich vollwertigen Körper und dachte: ›Ja. Nun bin ich komplett.‹

Die Ärztin klärte mich noch über die Nachsorge auf und darüber, wie ich mit meinem neuen Geschlecht umgehen müsse, wie ich es pflegen solle, wie belastbar es sei und wie oft ich künftig zum Frauenarzt müsse, der nun mein Ansprechpartner sei. In einem halben Jahr etwa solle ich mich zu einer kleinen Nachoperation vorstellen. Der Damm sei noch zu lang, es fehle auch ein Venushügel und bei Bedarf könnten die Schamlippen korrigiert werden. Dann bekam ich meinen Entlassungsbrief in die Hand und verabschiedete mich von dieser Frau, die alles so souverän und glanzvoll gemeistert hatte. Ich spürte eine tiefe Dankbarkeit. Draußen fiel ich Joseph um den Hals, meinem treuen Wegbegleiter, der die ganze Zeit über mich gewacht und mich getröstet hatte. Ich verabschiedete mich vom Pflegepersonal und den anderen Transsexuellen.

Und dann standen wir auch schon draußen. Es war ein schöner Tag, die Sonne schien mich begrüßen zu wollen, sie strahlte fast so, als wolle sie mir sagen: ›So, Denise, das Leben hat dich wieder.‹ Hand in Hand lief ich mit Joseph zum Auto. Kurz bevor ich einstieg, drehte ich mich noch einmal um und schaute dankbar auf die Klinik, die ich über zwei Wochen zuvor als körperlicher Mann betreten und nun als vollwertige Frau verlassen hatte. Ich glaube, das war der größte und stolzeste Moment meines Lebens.«

Wir atmen zeitgleich aus. Bei ihr klingt es, als hätte sie eine Fuhre Steine geschleppt und gerade eben abgeladen.

Und plötzlich ist mir selbst ganz feierlich zumute.

RÜCKFAHRT INS LEBEN

Vier Stunden später war sie zu Hause in Mannheim angekommen. Hatte mit einem Lächeln ihre Wohnungstür aufgeschlossen, den kleinen Koffer auf ihr Bett gelegt, ihn geöffnet und den Inhalt in die Waschmaschine gelegt. Dann machte sie sich daran, die Wohnung zu lüften, die Post durchzusehen, die Blumen zu gießen, Kaffee für sich und Joseph aufzusetzen, einen Einkaufszettel zu schreiben, Staub zu saugen ...

»Sag mal, war das nicht alles gleich ein bisschen viel für dich?«, frage ich in ihre Aufzählungen hinein.

»Ach, ich wollte mich nicht aufs Bett schmeißen und die Kranke spielen«, antwortet sie in einem Ton, als wäre sie damals nur kurz bei der Fußpflege gewesen. »Stattdessen stürzte ich mich lieber in die Alltagspflichten. Aber mein Kreislauf erinnerte mich schnell daran, dass meine Operation erst zwei Wochen zurücklag. Es half nichts: Ein bisschen musste ich mich noch schonen. Joseph nahm mir viel ab, er ging erst drei Tage später wieder arbeiten.«

»Als er zur ersten Schicht los ist – bist du da sofort vor den Spiegel gerannt?«

»Nein, warum?«

»Na, um dich endlich mal in Ruhe anzuschauen – wo du das erste Mal allein mit dir als Frau warst ...«

»Nö, hab ich nicht. Vor Joseph hatte ich gar keine Hemmungen mehr. Und angeguckt hatte ich mich auch schon im Krankenhaus, da waren ja nicht rund um die Uhr Leute um mich. Endgültig beurteilen konnte ich das Werk eh noch nicht, das musste erst mal alles heilen.«

»War halt noch Baustelle!«

»Ja, Baustelle.«

Sie lacht, und ich staune. Dass sie irgendwann mal an einen Punkt kommen würde, an dem sie so locker über ihren Unterleib reden kann, hätte sie vor ein paar Jahren wahrscheinlich selbst nicht gedacht.

»Was mich in den ersten Tagen zu Hause viel mehr beschäftigte als meine neue Optik, war die Tatsache, dass kein Arzt oder Pfleger mehr in der Nähe war. Nun war ich auf mich gestellt. Ich machte mir Sorgen, ob ich alles richtig machte, bei der Intimpflege und so.«

»Lernt man so was nicht im Krankenhaus? Kleine Mädchen kriegen von ihrer Mutter beigebracht, wie man sich richtig wäscht. Woher weiß eine Transsexuelle, wie man das macht?«

»Sicher kriegst du nach der OP ein paar Erklärungen, aber hey, ich habe mal den Beruf des Krankenpflegers gelernt, so was weiß ich selbst, dazu mussten sie mir nichts sagen. Trotzdem blieb aber die Angst vor Infektionen. Am Anfang habe ich es ziemlich übertrieben, bin nach jedem Toilettenbesuch in die Badewanne gestiegen, um auch wirklich sauber zu sein. Beim Waschen habe ich im wahrsten Sinne des Wortes erst mal begriffen, wie anders ich nun war. Das da zwischen meinen Beinen fühlte sich noch ein bisschen verwirrend neu an – aber so unglaublich richtig. Das Einzige, was daran störte, war der Fremdkörper, der da heraus-ragte und der einfach nicht mein Freund werden wollte. Ich hatte in München zwar gelernt, wie ich den Stent benutze. Aber das Einsetzen war mir immer noch unangenehm.«

»Wie oft musstest du diese Prozedur denn wiederholen?«

»Mehrfach am Tag. Man muss ihn vor jedem Urinieren raus-nehmen. Penibel wie ich war, tat ich danach jedes Mal ein Antiseptikum drauf, bevor ich ihn mir wieder reinschob. Jedes Mal hatte ich Angst, er könne irgendwo in mir verschwinden und ich bekäme ihn nie wieder raus. Ich hasste diese Prozedur. Aber ich wusste, dass sie wichtig war. Also half nur Zähnezusammenbeißen. Gegen mein neues Hochgefühl als Frau kam das alles sowieso nicht an. Der größte Teil meines Weges war geschafft, ich fühlte mich weiblich und innerlich zufrieden. Schritt für Schritt rückten die angenehmeren Fragen in den Vordergrund.«

»Zum Beispiel?«

»Erst mal zwei Monate lang: Welches eng anliegende Kleid ziehe ich heute an? Und dann: Wie trägt sich eine Jeans wohl ohne dieses Ding da unten?«

»Und wie trägt sie sich?«

»Angenehm!«·

»Vorher etwa nicht?«

»Nee, da musste ich immer diese Beule zwischen den Beinen verstecken.«

»Wie hast du das eigentlich gemacht?«

»Auf die sanfte Art: Einfach im Hängezustand fest in einer besonders engen Unterhose verpackt.«

»Und das war sanft? Wie ging dann erst die harte Variante?«

»Manche Transsexuelle kleben sich ihren Penis so heftig mit Pflaster ab, dass er blau wird.«

»Das will ich mir jetzt lieber nicht vorstellen.«

»Da passieren die dollsten Dinger.«

»Dinger ist gut in dem Zusammenhang.«

Denise lacht. »Ja, auch in diesem Punkt war die Angleichung eine Befreiung.«

»Was hast du so gemacht, die erste Zeit zu Hause? Hattest du Mühe, dich wieder in den Alltag einzufinden?«

»Nein, gar nicht. Mein Alltag bestand ja erst mal nur daraus, Ärzte abzuklappern. Zum Hausarzt, dann noch ein paar Gespräche mit meinem Therapeuten, der mich beim Einleben in meiner neuen Rolle und bei der Rückkehr an den Arbeitsplatz unterstützen sollte, außerdem zum Gynäkologen ...«

»Entschuldige, wenn ich dich unterbreche. Gehen Transsexuelle also tatsächlich zum Frauenarzt?«

»Na klar, wohin denn sonst? Da musste ich schon eine Woche nach meiner Rückkehr hin. Mein Therapeut hatte mir die Adresse einer erfahrenen Gynäkologin in Mannheim gegeben, die sich mit Transsexuellen auskennt.«

»Warst du stolz, als du das erste Mal unter Frauen im Wartezimmer gesessen hast?«

»Ehrlich gesagt: Das Thema Frauenarzt empfand ich noch nie als tolle Errungenschaft. Die erste Untersuchung habe ich sogar als ziemlich unangenehm in Erinnerung.«

»Was fandest du denn so furchtbar?«

»Wie man sich entblößen muss ... Dieser Stuhl, auf den du dich mit gespreizten Beinen legst, während jemand vor dir sitzt und kalte Instrumente in dich reinsteckt ... Das ist schon eine Erniedrigung. Männer haben ja keine Ahnung, was Frauen alles auf sich nehmen.«

»Ach komm, da gewöhnt man sich doch dran.«

»Ich nicht. Ich bin damit durch.«

»Aber einmal im Jahr gehst du schon zur Kontrolle hin, oder?«

»Nein. Muss ich auch nicht. Du schon, ihr biologischen Frauen habt Schleimhäute, ihr habt Eierstöcke, ihr habt eine Gebärmutter. Das habe ich doch alles nicht, also was soll schon passieren? Das Einzige, was mit fünfzig mal wichtig wird, ist eine Mammografie, weil ich durch die weiblichen Hormone genauso Brustkrebs bekommen kann wie andere Frauen.«

»Und du hast nach der OP nie Probleme gehabt – so rein körperlich? Oder auch seelisch?«

»Nein. Ich weiß, dass es solche Fälle gibt. Aber die müssen einen schlechten Arzt gehabt haben oder waren psychisch instabil. Manche müssen zig Mal nachoperiert werden. Ich hatte nach sieben Monaten nur die übliche kleine Korrektur-Operation. Es kann nicht weiter dramatisch gewesen sein – ich weiß nicht mal mehr, was gemacht wurde.«

»Auf jeden Fall war es sicher erst mal dein letzter Besuch in einem Krankenhaus, oder?«

»Fast. Zwei Jahre nach der Operation, am 5. Mai 2003, bin ich noch mal freiwillig in eins zurück.«

»Freiwillig – das klingt nach Schönheits-OP ...«

»Wenn du das so nennen willst ... Ich war ja nie so richtig zufrieden gewesen mit meinen Brüsten. Sie waren nicht das Wichtigste. Aber jetzt, wo ich mein richtiges Geschlecht hatte und der versprochene Wachstumsschub trotz Entfernung der Hoden nicht mehr kam, da habe ich ein bisschen nachgeholfen.«

»Silikon?«

»Gel-Kissen.«

»Warum waren dir große Brüste so wichtig?«

»Weil sie für mich zur Weiblichkeit dazugehören.«

»Es gibt auch Frauen mit kleinen Brüsten.«

»Sicher, und eine biologische Frau nimmt das vielleicht eher an. Wir Transsexuellen haben dieses Selbstbewusstsein nicht immer, viele fühlen sich in diesem Punkt gleich doppelt benachteiligt. Bei mir kam hinzu, dass ich durch die vielen Liegestütze früher ein sehr kräftiges Kreuz hatte, gegen das meine Mini-Brust geradezu lächerlich wirkte. Ich wollte keine Riesenbrüste. Aber normale Größe sollte schon sein.«

»Wo hast du das machen lassen?«

»In Mannheim gibt es einen erfahrenen Plastischen Chirurgen: Doktor Solz. Der ist bekannt, er hat kürzlich bei diesem Lorenzo das Kinn gemacht.«

»Lory Glory, die schräge Transsexuelle aus *Deutschland sucht den Superstar*?«

»Genau. Schräg finde ich sie nicht, sie hat sich ja nun zur Transsexualität bekannt und wird sich auch äußerlich normalisieren, wie die meisten. Aber es gibt genug bunte Vögel, die selbstdarstellerisch mit Federboas in Vormittags-Talkshows herumsitzen und ein unrealistisches Bild von uns verbreiten. Genau wie Dragqueens oder Transvestiten, die oft mit uns in einen Topf geworfen werden. Das ärgert mich, aber darüber haben wir uns ja bereits unterhalten. Bei diesem Arzt jedenfalls fühlte ich mich schon beim ersten Beratungsgespräch in guten Händen. Wir waren uns schnell einig, dass auf jeder Seite 250 Gramm rein sollten.«

»Wie sucht man das denn aus?«

»Ganz einfach: Dir werden verschieden große Beutel angehalten, und du vergleichst im Spiegel. Dann wird angezeichnet, wo was hinsoll. Bei dem Eingriff selbst bekam ich Vollnarkose. Dann wurde ein kleiner Schnitt unter der Achsel gemacht, nicht größer als ein Zentimeter, ein Implantat eingeführt und zwischen Haut und meinem eigenen Brustgewebe fixiert. Fertig. Hält mindestens zehn Jahre, manche werden auch damit alt.«

»Kosten?«

»4.000 oder 5.000 Euro. Musste ich alles selbst bezahlen. Zum Glück hatte ich Ersparnisse.«

»Warst du gleich zufrieden mit dem Ergebnis?«

»Sehr. Als ich aufwachte, war alles geschwollen. Die Haut spannte und ich hatte einen Muskelkater, aua, dagegen war die große OP nichts. Ich trug noch einen Spezial-BH, aber was ich durch dieses Korsett sah, gefiel mir. Sie standen schön. Nach der OP fühlte ich mich endlich rundherum wohl – ob im Kleid, im Pullover oder nackt. Nach zwei Tagen Klinik durfte ich heim. Und nach zehn Tagen war es dann so weit.«

»Was denn?«

»Ich habe geheiratet.«

Ein Tonfall wie aus *Pretty Woman* ist plötzlich in ihre Stimme gerutscht. Und Stolz.

»Mit der Hochzeit ging wohl ein Traum für dich in Erfüllung, was?«

Sie zögert. »Ich habe Hochzeiten eigentlich nie als einzig wahren Liebesbeweis gesehen, wie viele das tun. Aber seit ich rundum Frau war, kamen Gedanken an das Gefühl einer Familie, an Kinder und an Heirat. Kinder fielen für mich aus. Aber heiraten? Das erschien mir als i-Tüpfelchen meines neuen Glücks, wie eine letzte Bestätigung, dass ich in meiner neuen Rolle angekommen war. Vorsichtig fragte ich Joseph, wie er so über das Thema denkt. Er meinte, ihm sei das nicht wichtig, er stünde auch so zu mir. Ich wollte ihm nicht die Pistole auf die Brust setzen.«

»Heute bist du Ehefrau. Wer hat den Antrag gemacht?«

»So einen klassischen Antrag gab es gar nicht. Wir haben den Entschluss Weihnachten 2003 gefasst – ganz romantisch beim Stollenessen. Wir sprachen wieder mal über unsere Vergangenheit, darüber, was wir beide bereits erlebt hatten. Dabei kamen wir noch mal auf das Thema Heirat zu sprechen. Während Joseph seinen Standpunkt wiederholte, sah ich mich schon ganz in Weiß dem Traualtar entgegenlaufen. Da fragte ich ihn einfach, ob er mich nicht heiraten wolle. Er sagte Ja, ich fiel ihm um den Hals. Wir einigten uns auf Mai. Der Mai war unser Monat. Im Mai waren wir frisch verliebt durch die Gegend gelaufen, im Mai hatte Joseph Geburtstag, ich meine Angleichung und die Brust-OP gehabt. Los ging es mit der Planung.«

»Punkt eins?«

»Ich bin erst mal zum Standesamt in Schifferstadt und habe gefragt, ob ich als Transsexuelle spezielle Unterlagen bräuchte. Die Dame hat mich angeguckt wie ein Alien, bevor sie mir erklärte, dass ich eine Abstammungsurkunde aus meinem Geburtsort besorgen müsse. Als ich später mit Joseph wiederkam, um das Aufgebot zu bestellen, nahm sie mich zur Seite und sagte streng: ›Sie wissen, dass Sie Ihren Mann vor der Eheschließung aufklären müssen, dass Sie mal ein Mann waren, oder?‹ Mich traf der Schlag. Ja, was dachte die denn? Ich war kurz davor, Kampfhormone auszustoßen, als sie halb entschuldigend erklärte, dass ihre Frage nur zum Schutz des Mannes sei. Es habe Fälle gegeben, wo die Ehe annulliert werden musste, weil der Mann erst nach der Hochzeit erfuhr, dass seine Frau mal in einem männlichen Körper gesteckt hatte, und damit nicht klarkam. Nee, das hätte ich mit Joseph nie gemacht. Er war über alles informiert, als wir am 16. Mai geheiratet haben.«

»Wie war dieser Tag für dich?«

»Toll. Alles lief wie am Schnürchen. Ich hatte das Fernsehteam von damals eingeladen. Sie drehten den ganzen Tag.«

»Und wieder die Frauenfrage: Was hattest du an?«

»Ein gelbes Kostüm ...«

»Hattest du nicht von Weiß geträumt?«

»Ach, Gelb passte viel besser. Ich bin doch so ein Farbenmensch. Gelb symbolisiert für mich Sonne, Lebendigkeit, Leichtigkeit, Reife. Das passte! Joseph hatte einen roten Blazer und eine helle Stoffhose an. Richtig hübsch sah mein Mann aus, wie immer. Das Standesamt hier ist sehr schön, ein altes Fachwerkhaus. Ich habe so gestrahlt, als Joseph mir den Ring ansteckte. Ein ganz schmaler mit zwei Farben: Gold mit Weißgold, in der Mitte steckte ein Steinchen. Dann haben wir uns geküsst. Es war so schöööööööön.«

»Und danach ...«

»... haben wir ein bisschen gefeiert. Wenn es nach mir und Joseph gegangen wäre, wären wir beide nur für uns allein geblieben. Wir wollten kein Tamtam, kein Essen im Lokal. Wir haben gemütlich Kaffee getrunken und abends mit ein paar Freunden von Joseph im Garten gegrillt. Meine Mutter hatte mir bei den Vorbereitungen geholfen. Als die Gratulanten da waren, kamen mir doch die Tränen. Ich merkte, dass mir meine eigenen Freunde von damals fehlten. Der Kontakt war abgebrochen. Ich hatte mit meinem alten Leben abgeschlossen. Auch in diesem Punkt. Aber das tat auch weh.«

»Schade, dass niemand übrig blieb. Wenigstens war deine Mutter dabei. Wie versteht ihr euch heute?«

»Gut. Aber auch das hat sich erst entwickelt. Es gab Zeiten, da hatten wir gar keinen Kontakt. Ich brauchte diesen Abstand, um die Vergangenheit zu verarbeiten und zu mir selbst zu finden. Heute sehen wir uns zwar auch nicht so oft. Das liegt daran, dass wir einfach zu lange eigene Wege gegangen sind. Aber dafür haben wir beide endlich einen Schlussstrich unter unsere Vergangenheit gezogen. Das war wie eine Reinigung. Letzten Sonntag hat sie Joseph und mich eingeladen und Couscous für uns gekocht. Das fand ich sehr nett. Heute können wir sogar Klamotten tauschen. Ich werde meiner Mutter immer hoch anrechnen, dass sie mich von Anfang an als Denise angenommen hat.«

»Weil wir gerade bei der Vergangenheit sind: Was ist eigentlich aus deinem Job im Krankenhaus geworden?«

»Ich habe bis nach meiner Operation darum gekämpft, dass ich aus der Rufzentrale versetzt werde. Doch sie boten mir nichts an. Eines Tages saß ich beim Betriebsrat. Wir suchten mal wieder nach einer Lösung. Es konnte doch nicht sein, dass sich in diesem großen Haus keine einzige Möglichkeit findet. Nach einigem Hin und Her sagte ich zu Frau Ludwig*: ›Lassen Sie mich doch einfach auf meine Station zurück.‹ Da antwortete sie, ich solle meinen Traum begraben, ich sei dort nicht erwünscht. Das saß. Solche Vorurteile mitten im Krankenhaus! Daran hatte ich eine Weile zu knabbern. Irgendwann überlegte ich, ob ich mir einen

Rechtsanwalt nehmen sollte. Aber ich hatte weder Beweise dafür, dass ich gemobbt wurde, noch Geld. Und wollte ich mich wirklich bei Kollegen einklagen, die mir nicht mal Gelegenheit für ein Gespräch gaben? Schließlich stimmte ich der Auflösung meines Vertrages für Ende 2001 zu.«

Sechs Jahre ohne Job. Denise' Therapeut hatte gesagt, dass sich die 130 Patienten, die er in den letzten 25 Jahren betreut hatte, nach ihrer Angleichung beruflich sehr unterschiedlich entwickelt hätten. Viele hätten ungeahnte Karrieren gemacht und seien als Wissenschaftler, Politiker oder Geschäftsführer neu durchgestartet. Es gäbe jedoch auch viele, die würden sich durch den jahrelangen Kampf gegen den eigenen Körper und die gesellschaftliche Diskriminierung irgendwann so erschöpft fühlen, dass die Kraft für das richtige Leben nicht mehr reiche.

Ich überlege, ob ich Denise mit dieser Auskunft konfrontieren soll, als sie schon hastig hinterherschiebt: »Aber untätig war ich seitdem nicht. Ich habe eine Umschulung zur Lehrkraft für Pflegeberufe gemacht – zweieinhalb Jahre lang. Bin morgens um fünf aufgestanden und nach Mannheim gefahren, habe jedes Wochenende gebüffelt, mit 1,6 abgeschlossen – aber alles umsonst.«

»Wieso umsonst?«

»Ich habe auch mit dem neuen Abschluss keine richtige Arbeit gefunden. Eine Weile hatte ich einen Minijob bei der Bahn. Aber da fühlte ich mich nicht wohl und verdiente am Ende nicht mal 5,50 Euro pro Stunde. Aber jetzt habe ich endlich das Richtige entdeckt, das zu mir passt. Eine neue Ausbildung, aber das verrate ich dir erst, wenn es klappt.«

»Oh, ich drücke dir die Daumen. Mit den alten Kollegen hattest du nie mehr Kontakt?«

»Sagen wir: sehr lange nicht. Vor ein paar Tagen hatte ich auf einmal das dringende Bedürfnis, sie wieder mal zu hören, und rief einfach auf der Station an …«

»Woher kam dein plötzliches Interesse?«

»Ich glaube, da hast du mich drauf gebracht. Als wir neulich so geredet haben, dachte ich: ›Mensch, vielleicht ist es ja auch gar nicht so, dass die alle nichts von mir wissen wollen, und vielleicht hat sich ja die Unsicherheit mir gegenüber längst gelegt.‹ Ich hatte gleich meine ehemalige Vorgesetzte dran und merkte, dass ich mich freute. Sie war sehr nett, aber es war gerade Dienstübergabe und sie versprach, mich zurückzurufen. Darauf warte ich heute noch, das ist schade.

Ich habe wenig wahre Freunde, seit ich zur Frau geworden bin. Einerseits sage ich mir: ›Es soll so sein, lass die Vergangenheit ruhen, da kommt auch wieder was Neues.‹ Andererseits bemerke ich langsam, dass ich manche Lücke gern schließen würde. Dass mir vertraute Menschen fehlen. Deswegen habe ich angefangen, zu den wichtigsten wieder Kontakt zu suchen.

Mit meiner Schulfreundin Betti schreibe ich seit einiger Zeit Mails oder telefoniere. Sie hält mich auf dem Laufenden, was in meiner Heimat los ist. Manchmal tauschen wir Kochrezepte. Darüber bin ich glücklich. Und ich kriege auch wieder Lust, Musik zu machen. Ich spüre, dass ich nun so weit bin, dass ich als Frau fertig bin und wieder Kraft für andere Dinge habe. Weißt du, Jana, ich habe oft gelesen, dass man als Transsexuelle vier bis sechs Jahre braucht, bis man sich nach der Angleichung wieder dem normalen Leben zuwenden kann. So geht es mir anscheinend auch.«

Sechs Jahre Leben ohne normales Leben. Ganz schön lang. Für sie offenbar nicht. Oder doch? Es sind immer neue Fragen, die offen bleiben werden. Aber ich muss morgen früh raus.

»Telefonieren wir bald wieder?«

»Klar. Melde dich einfach. Ich bin ja da.«

»Mach ich. Schlaf schön.«

»Du auch.«

Dienstreise, drei Tage Schweigen. Dann kommt eine Mail von Denise: »Vermisse deine Anwesenheit am Telefon.«

Nur ein Satz – doch er trifft mich ins Herz. Weil er zeigt, wie nah ich ihr nach 22 Telefonaten bin.

Und was ist jetzt mit Sex?

Ja, und?« Alle haben den gleichen neugierigen Blick, wenn ich Freunden erzähle, mit wem ich in letzter Zeit so oft telefoniere. Um sich kurz zu räuspern, bevor die Neugier siegt. »Also hat sie auch Sex? Mit ihrem Mann? Funktioniert das wirklich?«

Tja – funktioniert das wirklich? Es war fast die erste Frage, die ich mir stellte, als ich Denise im letzten Sommer so verliebt mit ihrem Ehemann Joseph in ihrer Gartenlaube sitzen sah. Und dennoch eine, die ich damals nicht stellte, weil sie mir zu platt vorkam. Weil diese Frage für jemanden mit dieser Vergangenheit und diesen Sorgen sicher eine der nebensächlichsten ist. Am Anfang unserer Telefonate hatte ich sie nachholen wollen. Doch es hatte wieder nicht gepasst. Ob ich mit Denise heute über Sex reden kann?

»Ich hab kein Problem damit, was willst du wissen?«, fragt sie, als würden wir uns seit Jahren kennen.

»Wann hat Joseph dich eigentlich das erste Mal richtig nackt gesehen?«, fange ich vorsichtig an.

»Ungefähr einen Monat nach der Operation. Ich weiß noch, dass ich sofort gefragt habe, wie ich aussehe. Er sagte: ›Schatz, jede Frau ist anders gebaut. Aber wenn es dich beruhigt, ich sehe keinen Unterschied.‹«

»Und habt ihr dann …«

»Ob wir gleich Sex hatten? Nein. Das dauerte noch. Obwohl ich mich so darauf gefreut habe.«

»Durftest du nicht eher? Wegen der Wunden?«

»Das war nicht das Problem. Wenn du keine Komplikationen hast, darfst du es schon vier Wochen nach dem Eingriff langsam probieren. Bei mir war ja alles glatt gelaufen. Trotzdem hatte ich immer noch Sorge, dass etwas einreißen oder ich eine Infektion kriegen könnte. Außerdem hatte ich Angst, weil ich vorher fast nur schlechte Erfahrungen mit Sex gemacht hatte. Wenn du als Kind missbraucht wurdest und als Transsexuelle nur bindungsscheue Männer mit merkwürdigen, exotischen Vorlieben triffst, dann ist das Thema schmerzbelastet. Ich hatte keine Lust mehr, ständig auf das außergewöhnliche Sexobjekt reduziert zu werden. Das hatte einfach zu weh getan.«

»Eigentlich erstaunlich, dass du dich überhaupt noch auf einen Mann einlassen konntest!«

»Ja, aber weißt du, zum Glück habe ich nie die Hoffnung verloren, dass es noch andere Männer geben muss, die mich ganz als Mensch sehen. Solche wie Joseph.«

»Wie hast du deine Angst vor dem ersten Mal besiegt?«

»Durch Reden. Erst mal hat mich meine Gynäkologin sehr beruhigt. Die hat immer gesagt: ›Denise, machen Sie sich keine Gedanken, da kann nichts passieren, Sie spüren ganz von allein, was Sie alles dürfen und ob sich das gut anfühlt.‹ Am meisten aber hat mir Joseph geholfen. Ihn hat es viel Zeit und Geduld gekostet, er war unglaublich verständnisvoll und hat gewartet, bis ich in der Lage war, richtig mit ihm zu schlafen. Das war eigentlich mit das Wichtigste für mich: dass er so behutsam war, nicht nur aus Trieb, sondern aus Liebe mit mir ins Bett wollte. Auf keinen Fall hätte ich mir vorstellen können, sofort nach dem Heilungsprozess loszulegen. Nee, das wäre gar nicht gegangen.«

»Euer erstes Mal – wann war das?«

»Ein Datum weiß ich nicht. Vielleicht so zwei Monate nach meiner OP.«

»Was hat an diesem Tag gesiegt – deine Neugier oder die Lust?«

»Es war der Wunsch, mich endlich als körperliche Frau ganz einem Mann hinzugeben – so, wie ich es mir in den letzten Jahren in meiner Fantasie vorgestellt hatte. Sicher war da viel Neugier dabei.«

»Na klar, du wolltest endlich deine Sexualität finden. Aber hast du kein körperliches Brennen danach gespürt?«

»Nein, da bin ich ehrlich. Das habe ich nicht. Dafür gab es einfach viel zu viele Dinge, die wichtiger waren. Wie zum Beispiel die Tatsache, dass ich mich endlich vor Joseph ausziehen konnte, ohne immer etwas von mir verstecken zu müssen.«

»War das nicht total rührend? Ich meine, du warst Mitte dreißig und hast das erste Mal ganz nackt und ohne Scham im richtigen Körper mit einem geliebten Menschen zusammen im Bett gelegen.«

»Ja, das war …« Kurzes Schweigen in der Leitung. Es klingt nachdenklich, aber Nachdenklichkeit ist heute nicht dran.

»Wo ist es passiert?«

»Zu Hause im Bett.«

»Habt ihr es euch vorher ausgemalt, wie es sein würde?«

»Nein, haben wir nicht. Joseph und ich sind in einem Alter, wo wir über so was nicht mehr so viel reden müssen. Wir müssen uns nichts beweisen. Wir wollten es einfach probieren.«

»Habt ihr es euch besonders schön gemacht?«

»Nein, wir haben jetzt keine Zeremonie veranstaltet oder uns irgendwie groß darauf vorbereitet. Wir hatten einfach das Bedürfnis, miteinander zu schlafen, uns sexuell zu entdecken. Der Rest kam ganz spontan. Joseph war sehr vorsichtig, wir nahmen uns viel Zeit. Er ging mit seiner Liebe und Toleranz sehr auf mich ein, passte immer auf, dass er mir nicht weh tat oder mich verletzte.«

»Und war deine Angst berechtigt? Ich meine, hattest du Schmerzen dabei oder irgendwelche anderen Beschwerden?«

»Gar nicht. Hatte ich bis heute nicht. Ich bin wirklich null eingeschränkt, darf alles machen. Wie jede Frau. Da kann nichts mehr kaputtgehen. Die Angst hat sich schnell gelegt.«

»Das heißt, ihr konntet auf Anhieb ganz normal, also wie andere Paare auch ...?«

»Konnten wir. Es passte alles gleich sehr gut ineinander, wenn du das meinst. Es gibt nur eine Sache, die ich vorher machen muss. Wir ›Neu-Frauen‹ besitzen ja keine feuchte Schleimhaut da unten. Deswegen müssen wir uns vor dem Akt gut eincremen, am besten mit einem wasserlöslichen Gleitgel. Aber das ist auch alles.«

»Und äähmmm ... Hast du denn auch was davon, so lusttechnisch, wenn ihr ...?«

»Du meinst, ob ich da unten empfindsam bin? Nun – das hatten sie mir vor der OP im Krankenhaus zumindest in Aussicht gestellt. Dass die Nerven erhalten bleiben, dass meine Eichel zur Klitoris angepasst wird, dass ich genauso wie vorher Lust spüren kann. Leider stimmt das nicht ganz. Ich habe beim ersten Mal fast überhaupt nichts gespürt. Ein Dreivierteljahr lang nach der Operation war alles wie taub.«

»Warst du da nicht furchtbar enttäuscht?«

»Da ich nicht sehr viel erwartet hatte und schon gar nichts erhofft – nein. Ich war sogar trotzdem sehr zufrieden, weil ich dem Weiblichen wieder einen Schritt näher gekommen bin. Wenn auch erst mal nur körperlich.«

»Klingt merkwürdig bescheiden ...«

»Ich weiß. Aber ich habe gelernt, geduldig zu sein, zu warten, wie sich Dinge entwickeln. Und zum Glück wurde meine Vagina auch sensibler. Bis heute lerne ich meinen Körper und mein neues Geschlecht Stück für Stück besser kennen. Fast wie ein junges

Mädchen, das sich langsam entdeckt. Ich denke, die Lust kommt mit der Zeit auch noch.«

»Moment, heißt das, dass du diese richtig große Lust bis heute nicht mehr empfunden hast?«

»Ja, das ist leider so. Ich bin aber sicher, dass es an meiner Psyche liegt. Es geht eben nicht wie mit einem Schalter, den man eben mal auf Frausein umschalten kann. Weißt du, als ich körperlich noch Mann war, lief Sex total mechanisch ab. Nach der Devise ›geil und Abhilfe schaffen‹. Fast wie in der Tierwelt. Ich habe meist nur schnell meinen Trieb befriedigt – allein. Plötzlich war da ein Mann, mit dem ich das teilen durfte, und dazu spielten dann noch Gefühle mit. So einen liebevollen Austausch wie mit Joseph habe ich vorher ja nie kennengelernt. Ich musste erst mal lernen, Gefühle zu zeigen. Was es heißt, sich fallen zu lassen, auf jemanden einzugehen, Rücksicht zu nehmen, Geduld aufzubringen, tolerant zu sein, zu weinen, zu lachen, zu trösten, sich hinzugeben. Genauso musste ich lernen, dass ich als Frau nicht nur rein mechanisch ausgelegt bin. Anfangs dachte ich immer: Verdammt, dieses Lustgefühl muss doch kommen, so wie damals. Aber von dieser Illusion habe ich mich schnell verabschiedet. Und mir gesagt: Das ist eben der altbekannte Unterschied zwischen Mann und Frau, dass sich ein Mann schnell stimulieren kann, während die Frau mehr körperliche Zuwendung wie Streicheln und Liebkosen braucht. Hat aber bestimmt ein Jahr gedauert, bis ich mich von meinen alten Empfindungen und Erfahrungen als Mann gelöst und das Neue so akzeptiert habe, wie es war.«

»Entschuldige, Denise, aber das ist Quatsch, das ist kein normaler Mann-Frau-Unterschied. Frauen haben durchaus Lustgefühle, nicht alle wollen vorher immer stundenlang gestreichelt werden. Wie kannst du so lange hinnehmen, dass du so wenig spürst? Ich meine: Vielleicht ist ja bei der Operation was schiefgegangen?«

»Was soll ich machen, ich habe keine Vergleichswerte, wie sich das bei einer Frau anzufühlen hat. Ich habe ehrlich gesagt von einigen Transsexuellen gehört, die ihr volles sexuelles Empfinden nicht wiedererlangt haben. Aber ich nehme das ja auch nicht einfach so hin. Ich arbeite daran, meinen Körper weiter zu entdecken. Ich bin schon sehr viel empfindlicher und sensibler geworden, kann mich besser fallen lassen.«

»Kopftraining?«

»Eben nicht, der Kopf muss raus bei der Sache. Man muss lernen, sich fallen zu lassen und sich Gefühle zu genehmigen. Heute spüre ich erogene Zonen, die ich früher nie wahrgenommen habe. Ich versuche, die Lust selbst wiederzufinden. Lege mich in die Badewanne, streichele mich und merke, dass sich da Gefühle in mir aufbauen. Dieser Fortschritt macht mich glücklich. Ich brauche wohl einfach Geduld. Man wird eben nicht operiert, und alles ist sofort toll. Man wird nicht nur körperlich zur Frau, sondern auch durch den Alltag, in dem man sich entwickelt. Auf jeden Fall ist unser Sex viel offener geworden.«

»Hattest du je einen Orgasmus?«

Sie denkt nach. Das Schweigen scheint Minuten zu dauern. »Nein«, gibt sie dann zu. Ihre Stimme klingt bedrückt. »Einen Orgasmus, wie ich ihn als Mann erleben durfte, hatte ich seit der Operation nicht mehr. Auch nicht dieses happy Einschlafgefühl danach.«

»Schade. Habt ihr trotzdem oft Sex?«

»Mindestens jeden Tag.«

»Wow. Wirst du denn nicht jedes Mal schmerzlich daran erinnert, dass du etwas verloren hast?«

»Ja, schon, aber es ist ja auch toll, wenn ich Joseph glücklich machen kann. Das genieße ich sehr.«

»Könnte mir vorstellen, er genießt es auch, dass du aus eigener Erfahrung weißt, was einen Mann körperlich glücklich macht, oder? Ich meine: Ein kleiner Heimvorteil gegenüber anderen Frauen ist es ja durchaus.«

»Na klar! Ich weiß genau, wie ein Mann tickt und dass er manchmal auch einfach Sex zur Entspannung braucht, ohne viel drum herum zu reden. Dieses Verständnis kann ich aufbringen.«

»Aber es geht doch auch um dich, Denise. Hast du denn nie das Gefühl, dass du für dein Leben als Frau deine Lust opfern musstest?«

Sie wird ernst. Denkt eine Weile nach. Holt tief Luft. »Da ist was dran«, sagt sie leise. »Aber mir war es wichtiger, dass ich körperlich angeglichen bin, dass ich komplett wie eine Frau aussehe, ganz normal schwimmen gehen kann oder in die Sauna – ohne dass mich die Leute anstarren. Aber natürlich hatte ich auch manchmal schon meine Depri-Phasen und meine Zweifel …«

»Mein Gott, Denise … Das hast du ja noch nie gesagt …«

»Ja, aber lass uns das ein anderes Mal besprechen.«

Als sie auflegt, bleiben viele Fragen.

»DIE BESTE ENTSCHEIDUNG MEINES LEBENS«

Wenn man ihr diese eine Frage stellen könnte, ob sie ihre Metamorphose zur Frau je bereut hat – was wohl würde sie darauf antworten? Schon bei dem Gedanken daran spüre ich Unsicherheit aufkommen. Darf ich diese Überlegung überhaupt aufbringen, wenn ich nicht schuld sein will, falls sich der Hauch eines Zweifels irgendwann in ihr verfestigt?

Bis hierher gab es kaum Fragen, die wir ausgelassen haben. Bis auf diese eine – und die hat sie nun selbst aufgebracht. Wir kommen nicht daran vorbei.

Als sie den Hörer abnimmt, muss ich niesen. »Nanu, bist du krank?«, fragt sie sofort.

»Kleine Erkältung nur, hoffe ich.«

»Nimm ein heißes Bad. Lass dir einen Tee kochen, lüfte das Schlafzimmer gut durch und ...«

»Jaja, mach ich, Frau Krankenschwester.«

Für einen Moment überlege ich, ob ihre Stimme heute anders klingt.

»Alles in Ordnung, Denise?«

»Geht so.«

»Was ist los?«

»Ach, ich habe vom Arbeitsamt die Zusage für eine Weiterbildung zur Heilpraktikerin für Psychotherapie bekommen und ...«

»Aber das ist doch wunderbar!«

Aufatmen. Alltagssorgen nur.

»Ja, fand ich auch. Ich lerne schon wie eine Verrückte, wiederhole die ganze Anatomie, damit ich schneller einsteigen kann. Aber jetzt hat sich der Anfangstermin zum dritten Mal verschoben, weil Unterlagen fehlen.«

»Das wird schon, Kopf hoch. Es ist ein Anfang, bald wirst du wieder arbeiten. Das Leben hat dich zurück.«

»Wird auch Zeit«, sagt sie nachdenklich. »Das ist mir durch unsere Telefonate klar geworden.«

»Lust auf ein kleines Spiel, mit dem wir Bilanz ziehen?«, frage ich.

Ihre Stimmung hebt sich sofort. »Ein Spiel? Was denn für ein Spiel?«, fragt sie neugierig. »Klar, fang an.«

»Ich sag dir ein Stichwort, du darfst nur mit ganz wenigen Worten antworten!«

Sie lacht. »Ich würde aber lieber in langen, langen Sätzen …«

»Verboten! Also: Was wurde aus deinem roten Stretchrock, mit dem alles begann?«

»Den habe ich nach sechs Jahren in die Altkleidersammlung gegeben. Er war einfach nicht mehr modern.«

»Und aus deiner Perücke?«

»Bis vor kurzem hatte sie einen Ehrenplatz in unserem antiken Wohnzimmerschrank, und ich hatte mir fest vorgenommen, sie nie wegzugeben, weil so viele Erinnerungen daran hängen. Doch nun hat eine Bekannte Krebs und bekommt Chemotherapie. Ich weiß, wie wichtig der Schutz der Haare für eine Frau ist. Also habe ich sie ihr geborgt.«

»Das ist wirklich nett von dir. Und hast du noch diese Camouflage?«

»Die liegt in meiner Schminkschatztruhe. Ist bestimmt längst abgelaufen. Muss gleich mal gucken gehen.«

»Benutzt du sie gar nicht mehr?«

»Nein. Ich bin viel selbstbewusster geworden. Früher bin ich ja nie ohne Schminke raus. Heute traue ich mich das langsam. Vorhin waren wir im Solarium, da habe ich mir für den Weg nur eine Mütze aufgesetzt.«

»Das ist ein großer Fortschritt für dich, stimmt's?«

»Ja, aber das weißt du ja. Wenn du allerdings irgendwann mal mit mir ausgehen willst, dann melde dich lieber zwei Stunden vorher an. Besser noch: einen Tag vorher ... Trotzdem: Ich bin lockerer geworden, seit ich meine Generalprobe hatte.«

»Generalprobe?«

»Nackig in die Öffentlichkeit.«

»Hilfe!«

»Im Juli 2005 haben wir Urlaub in Hooksiel an der Nordsee gemacht. Wir mieteten für zwei Wochen ein Haus, fuhren Rad, gingen spazieren. Dort kannte mich keiner von früher, ich habe mich unwahrscheinlich befreit gefühlt. Und so wagte ich mich das erste Mal mit meinem neuen Körper an den FKK-Strand. Ich wollte es wissen: Wie werde ich wahrgenommen? Gucken die Leute mich anders an als andere Frauen? Fühle ich mich wohl?«

»Und? Test gelungen?«

»Total. Ich ging als Frau durch, absolut. Ich konnte einfach so in der Sonne liegen und in den blauen Himmel gucken wie jede Frau. Es gab keine verächtlichen oder irritierten Blicke, wenn ich mit Joseph zum Wasser gegangen bin. Das war schön. Nur als ich die Fotos sah, dachte ich: Was läuft denn da für eine Tonne herum? Ich muss dringend abnehmen! In zehn Jahren von Größe 38 auf 42 – das geht gar nicht. Aber mit solchen Problemen kämpfen ja viele Frauen.«

»Und heute im Alltag? Wie akzeptiert fühlst du dich in der Gesellschaft?«

»Sagen wir: Ich versuche, das gar nicht mehr bis ins letzte Detail zu ergründen. Sicher spüre ich immer wieder mal Vorurteile oder fragende Blicke. Aber ich muss jeden akzeptieren, der mit mir nicht klarkommt oder mich ignoriert.«

»Das sagst du so großzügig, dabei ist es sicher ganz schön schwer. Weil es dadurch ja nie aufhört, dass du dich ausgegrenzt fühlst, oder?«

»Ich habe gelernt, damit umzugehen. Ich nehme es niemandem übel. Ich versuche es zu verstehen, wenn Leute irritiert sind.«

»Gute Einstellung! Aber unser Spiel schleift etwas. Nächste Frage: Guckst du dir manchmal noch Fotos aus deiner Zeit als Mike an?«

»Nur, wenn eine gewisse Jana aus Hamburg anruft und fragt, ob ich ihr was mailen kann.«

»Das heißt, du hast heute abgeschlossen mit ihm?«

»Das heißt nur, dass ich diese Zeit hinter mir gelassen habe. Es gibt keinen Abschluss, die letzten Jahre waren ein fließender Übergang. Natürlich ist Denise mir heute näher, aber Mike begegnet mir jeden Tag. Gar nicht mal nur äußerlich. Das, was er erlebt hat, Positives wie Negatives, das hat mich doch erst zu dem gemacht, was ich heute bin.«

»Er begegnet dir jeden Tag?«

»Na klar. Er ist ja kein anderer Mensch, sondern nur in Denise übergegangen. Die beiden sind mehr zusammengerückt, sie nehmen sich nicht mehr gegenseitig Platz weg.«

»Was erinnert dich an ihn?«

»Manchmal, wenn ich in den Spiegel gucke, dann sehe ich den Unterschied nicht so. Wie viel ist er, wie viel bin ich?«

»Hast du trotzdem das Gefühl, dass du jetzt angekommen bist in deinem Körper?«

Sie überlegt. Vielleicht einen Tick zu lange. »Das zumindest würde ich schon sagen. Ich sehe mich auch nicht mehr als Transsexuelle, sondern nur noch als Frau, die ihren Alltag gefunden hat. Ich kann heute Hosen tragen, ohne das Gefühl zu haben:

›Jetzt bist du wieder Mike‹. Ich teile heute Mimik und Gestik immer weniger in männlich oder weiblich ein, versuche, mich nicht ständig zu bewerten, sondern einfach ich selbst zu sein. Aber ich würde nie behaupten, dass dieser Prozess der Frauwerdung abgeschlossen ist. Das wird er wohl nie sein, dazu ist es zu kompliziert.«

»Darf ich mal ganz gemein sein?«

»Aber nur kurz!«

»Was macht dich sicher, dass du heute eine Frau bist und nicht nur ein kastrierter Mann?«

»Das ist doch keine gemeine Frage, die ist doch aus deiner Sicht völlig berechtigt. Aber schau mich an …«

»Geht gerade schlecht …«

»Aber du hast mich neulich besucht, hast mich gesehen. Sieht so ein Mann aus? Ich bin zufrieden mit meinem weiblichen Körper, mit meiner Körbchengröße 80 C, mit meinem langen Haar, das ich stylen kann, wie ich will. Es stimmt: Genetisch bin ich keine Frau. Aber ich fühle mich allemal so. Und heute lebe ich auch so. Das reicht mir. Und die paar Kleinigkeiten, die mich jetzt noch stören, mit denen kann ich leben.«

»Welche Kleinigkeiten sind das denn?«

»Mein Adamsapfel beispielsweise, der wird nie weggehen, egal, wie lange ich Hormone schlucke. Aber den lasse ich trotzdem nicht wegmachen. Und dann meine großen Hände. Mit denen habe ich lange gehadert. Aber neulich beim Kaffeetrinken fiel mir bei meiner Mutter wieder auf, dass sie die gleichen Hände hat – so richtige Wurstfinger. Da war ich sofort versöhnt. Jede Frau hat eben auch männliche Attribute. Sicher hätte ich auch gern eine höhere Stimme. Aber deswegen lasse ich bestimmt keinen Arzt an meinen Stimmbändern herumschnippeln. Ich lebe damit. Und ich verbessere andere Leute nicht mehr, die mich am Telefon als Mann ansprechen. Früher hat mich das angekratzt. Heute stecke ich da keine Energie mehr rein. Neulich war unser Internet-anschluss kaputt und ich musste einen Techniker anrufen. Ich meldete mich wie immer nur mit meinem Nachnamen und er sagte ständig ›Herr‹ zu mir. Ich dachte nur: Wenn er meint … Er wollte mir ja nichts Böses, ich hörte mich für ihn eben so an.«

»Fühlst du dich biologischen Frauen gegenüber benachtei-ligt?«

»Ich bin nicht neidisch auf sie, aber natürlich wäre ich rück-wirkend betrachtet selbst gern wie sie zur Welt gekommen. Denn eine Sache vermisse ich ganz doll: dass ich keine Kinder kriegen kann. Ich mag Kinder, hätte gerne eigene gehabt. Aber ich bin deswegen nicht unzufrieden. Ich bin dankbar, wie es heute ist. Trotzdem kann ich natürlich nicht verhindern, dass manchmal diese Gedanken hochkommen, ob das alles so richtig war.«

Einen besseren Moment werde ich vielleicht nie wieder finden, um sie zu fragen, ob sie das alles je bereut hat. Jetzt oder nie.

»Du warst dir also nicht immer sicher?«

»Eigentlich schon. Doch manchmal fühle ich mich einsam, und dann muss ich an die schönen Zeiten denken, die Mike erlebt hat. Er hatte in den Schwulenclubs so viele Bekannte, er konnte seine Kreativität ausleben. Wie gut es am Ende als DJ, Tänzer und Musikproduzent für ihn lief, vielleicht wäre er sogar Unterwäschemodel geworden … Das ist alles kaputtgegangen.«

»Du darfst aber nicht vergessen, dass du deswegen so viel auf der Piste warst, weil du vor dir selbst weggerannt bist oder dich ablenken wolltest.«

»Da hast du natürlich recht, und das sage ich mir auch im-mer wieder. Wegrennen brauche ich heute wirklich nicht mehr. Ich habe nicht mehr das Gefühl, ständig etwas zu verpassen, ich kann endlich ich selbst sein. Aber es ist schon komisch. Nun, wo ich körperlich komplett bin und einen wunderbaren Mann habe, da gibt es so viel anderes nicht mehr, was dieses Leben schön machen könnte. An ganz wenigen Tagen fühlt es sich schon mal wie eine leere Hülle an.«

»Was denkst du, warum das so ist?«

»Vielleicht, weil ich als Denise viel weniger erlebt habe als zu meiner Zeit als Mike. Ich bin ja geradezu häuslich geworden.«

Stimmt, sie war immer zu Hause – egal, wann ich in den letzten Wochen angerufen habe, Arbeitslosigkeit hin oder her.

»Was meinst du, Jana, wenn ich so viel geopfert habe, dann muss es doch richtig gewesen sein, oder?«

Wie soll ich diese Frage beantworten?

»Entscheidungen sind oft ambivalent. Aber ich glaube, das ist bei dir, wie wenn man mit seinem Freund Schluss macht. Man weiß, dass es nicht mehr passt. Aber wenn er weg ist, vermisst man das Zusammensein mit ihm doch ab und zu. Du hast dich so lange geprüft. Und du darfst nicht vergessen, wie sehr du dich mit der Entscheidung gequält hast!«

»Ja, das weiß ich ja. Ich habe Denise noch gar nicht richtig gelebt. Überlege mal, es sind ja gerade mal zehn Jahre vergangen seit meinem Outing. Jetzt muss ich Denise erst mal die Chance geben, selbst schöne Dinge zu erleben. Es liegt jetzt an mir, was aus ihr zu machen. Verstehst du, was ich meine?«

»Sehr gut sogar.«

»Ich habe mir immer gewünscht, dass nach der Operation alles toll sein wird. Aber so läuft das nicht. Nicht mal, wenn man glücklich verheiratet ist. Ich darf nicht erwarten, dass alles perfekt ist, nur weil ich operiert und verheiratet bin. Ich muss auch Geduld mit mir haben, mich immer wieder neu aufrichten und vorangehen in meinem Leben als Frau. Ich muss es schaffen, wieder zu arbeiten, meine Lust zu finden, Hobbys zu pflegen … Ob die Entscheidung wirklich richtig war, werden erst die nächsten Jahre zeigen.«

»Und was würdest du tun, wenn du irgendwann doch einmal feststellen solltest, dass ...?«

»... dass es doch ein Fehler war?«

»Ja, das meinte ich.«

»Ausgeschlossen! Wenn du mich heute fragst, ob ich meinen Weg noch mal gehen würde, dann antworte ich dir mit einem lauten Ja! Ich habe den Schritt nie bereut. Es war die beste Entscheidung meines Lebens. Aber natürlich kann und werde ich dir nicht schwören, dass sich dieses Gefühl nicht irgendwann mal ändern könnte. Und bevor ich dann an dieser Erkenntnis zugrunde gehe, würde ich sicher versuchen, alle Veränderungen an mir so weit wie möglich rückgängig zu machen. Ich würde mir die Brüste abnehmen lassen, mit den Hormonen aufhören ... Ein Implantat für den Penis bräuchte ich nicht unbedingt. Doch wie gesagt: Das ist absolut kein Thema, über das ich nachdenke.«

»Aber falls es doch einmal so weit kommen sollte, dann tu mir bitte einen Gefallen.«

»Welchen?«

»Ruf mich an.«

WIR DANKEN

Dr. Christiane Spehr, Dr. Henner Will, Dr. Rüdiger Vonderbeck, Prof. Dr. Christian Raulin und Dr. Hermann Solz, Marlis K., Betti und Joseph – für die fachliche Beratung, ihre Erinnerungen oder den Mut, ihre Gedanken mit uns zu teilen. Der Birthler-Behörde in Magdeburg – für den schnellen Einblick in die Stasi-Akte. Julia Rector, Walter Rhein und Dagmar Mendel – für wunderbare Fotos. Dem Team vom Schwarzkopf & Schwarzkopf Verlag, insbesondere Oliver Schwarzkopf und Nadine Landeck – für die perfekte Zusammenarbeit.

DENISE DANKT

Meinen Ärzten – weil Sie mir geholfen haben, der Mensch zu werden, der ich bin. Joseph – weil du mich immer berätst, mir Respekt und Verständnis entgegenbringst und für mich da bist. Du bist mein Mann, mein bester Freund, ich liebe dich. Meiner Familie und Betti – weil ihr mich als Denise annehmt. Dir, Jana – weil du so viel Zeit und Energie für dieses Buch aufgebracht hast und dabei ein wichtiger Mensch in meinem Leben geworden bist.

JANA DANKT

Alex Cohrs, dem geduldigsten Textchef dieser Erde – für deine Korrekturen, deine Ideen, deine Liebe, deine Spaghetti, dein Zurückstecken und für dein »Darf ich mit in die Talkshow?«. Tina Kopperschmidt – für kreative Rotwein-Abende am Anfang, Sushi- und Power-Infusionen in der Mitte und dein geschätztes Sprachgefühl am Ende. Ronny – für deine Gedanken und geistigen Lockerungsübungen. Meiner wundervollen Familie und meinen Freunden, insbesondere Kathrin – für euer Interesse, eure Motivation und euer Verständnis für besetzte Leitungen. Christian Personn und Klaus Kämpfe-Burghardt – für die Unterstützung und den Rat. Und dir, Denise – für dein Vertrauen.

ALLES, WAS FAMILIE IST

Die neue Vielfalt: Patchwork-, Wahl- und Regenbogenfamilien –
Porträts, Interviews, Protokolle und Reportagen

Das Buch »Alles, was Familie ist« wagt eine komplette Neudefinition des Familienbegriffs und stellt Modelle einer modernen Lebensweisenpolitik zur Diskussion. Nicht einfach nur trocken und theoretisch: In spannenden Porträts, Reportagen und Interviews präsentieren die Autoren völlig unterschiedliche Lebensmodelle, die in keine der alten Schubladen passen. »Alles, was Familie ist« ist Lesebuch und Ratgeber in einem.

»›Alles, was Familie ist‹ ermutigt dazu, selbstbewusst neue Wege bei der Familiengründung zu gehen. Ein umfangreicher Serviceteil bietet Adressen von Wohnprojekten, Vereinen und Selbsthilfegruppen.«

Lübecker Stadtzeitung

»Das unterhaltsame und erhellende Buch ist bei vielen Familien zu Gast und ihre Unterschiedlichkeiten könnten größer und schillernder nicht sein. Ein Nachschlagebuch, ein Lesebuch mit einzelnen, teils munter und anrührend erzählten Kapiteln verschiedener Autoren und ein umfassender Gesamteindruck zum Thema Familie heute.« *literatur.de*

Micha Schulze & Christian Scheuß
ALLES, WAS FAMILIE IST
Die neue Vielfalt: Patchwork-, Wahl- und Regenbogenfamilien

336 Seiten, Taschenbuch
ISBN 978-3-89602-744-3
9,90 Euro

MEIN ERSTES MAL

Frauen aus vier Generationen erzählen –
Über ein halbes Jahrhundert erzählte Sexual- und Sozialgeschichte

Noch bis Ende der sechziger Jahre war Sex ein Tabuthema. Seitdem hat sich die Sexualmoral zwar sehr verändert, doch bis heute zerbrechen sich Mädchen den Kopf darüber, ob »er« der Richtige ist und wann der richtige Zeitpunkt fürs erste Mal gekommen ist.

Jutta Vey sprach mit Frauen unterschiedlichster Herkunft und Bildung. Jede erzählt vor dem Hintergrund des jeweils herrschenden Zeitgeistes ihre persönliche Geschichte: wie sie erzogen wurde, was sie vor dem ersten Mal über Sexualität wusste, wie sie es erlebt hat.

»Mein erstes Mal« lebt von der Offenheit der Frauen und macht anhand der sehr privaten Protokolle die Veränderungen der Sexualmoral im Verlauf der letzten siebzig Jahre deutlich. Das Buch zeigt aber auch Kontinuitäten auf, wo man sie nicht erwartet hätte.

»Es ging um Sex, Liebe, Zärtlichkeit. In meinem Universum drehte sich alles um Jungs. Ich war fast 15. Ein pummeliger Teenager, der sich in diesem heißen Sommer nur für eins interessierte: es endlich hinter sich zu bringen. Es war wie eine Aufgabe, die ich mir gestellt hatte: Ich will jetzt keine Jungfrau mehr sein!«

Jutta Vey
MEIN ERSTES MAL
Frauen aus vier Generationen erzählen

280 Seiten, Taschenbuch
ISBN 978-3-89602-818-1
9,90 Euro

ICH WILL LEIDENSCHAFT

Geschichten von 30-Jährigen
über Lust und Liebe

Geschichten von 30-Jährigen über Liebe und Lust. Weil Sex erst ab 30 richtig gut ist. Niemand will auf ihn verzichten: Sex. Auch wenn gerade keine Beziehung gelebt wird. In diesem Buch erzählen Frauen und Männer zwischen 30 und 40, wie sie ihre sinnlichen Bedürfnisse stillen.

»Simone Schmollack ist unterschiedlichen Lebensentwürfen auf der Spur. Die Autorin hat Frauen und Männer getroffen, die mit seltener Offenheit das erzählen, was meist nur die beste Freundin oder der beste Freund zu hören bekommt.«   *Neue Osnabrücker Zeitung*

»Was das Buch auszeichnet, ist seine Intensität.«   *Freies Wort*

»Mit 27 Menschen (Singles und Paare) hat die Berlinerin über ihr Intimstes gesprochen – herausgekommen sind offene Bekenntnisse auf 400 Seiten. Ich will Leidenschaft – ein erotisches, kluges Buch.«

Berliner Kurier

Simone Schmollack
ICH WILL LEIDENSCHAFT
Geschichten von 30-Jährigen über Lust und Liebe

400 Seiten, Taschenbuch
ISBN 3-89602-837-2
ca. 12,90 Euro

SEXMYTHEN

Zwischen Illusion und Realität –
Klaus Fieseler enthüllt in seinem Buch moderne Sexmythen

Männer können immer und haben mehr Lust auf Sex als Frauen. Dagegen ist Frauen die Beziehung wichtiger – aber ihr Orgasmus ist gewaltig. Singles haben aufregenderen Sex als Paare. Und in einer guten Beziehung gibt es auch guten Sex, sonst stimmt irgendetwas nicht ... oder?

»Der Psychologe Klaus Fieseler wollte das genauer untersuchen und begab sich deswegen auf offizielle ›Spannermission‹. In zahlreichen Gesprächen und Interviews verschaffte er sich einen Überblick über die intimsten Momente deutscher Liebespaare, saß praktisch in Gedanken mit auf der Bettkante. Das Ergebnis ist ein Buch mit dem schönen Titel ›Sexmythen – Zwischen Illusion und Realität‹, das mit den gängigen Klischees aufräumen will.«   *bild.de*

»Klaus Fieseler enthüllt in seinem Buch moderne Sexmythen und zeigt verständlich und unterhaltsam, wie diese Vorstellungen und Erwartungen unser Denken, Fühlen und Handeln beeinflussen.«

Schweriner Volkszeitung

Klaus Fieseler
SEXMYTHEN
Zwischen Illusion und Realität

224 Seiten, Taschenbuch
ISBN 978-3-89602-772-6
9,90 Euro

KUCKUCKSKINDER, KUCKUCKSELTERN

Väter, Mütter und Kinder brechen ihr Schweigen

Die Existenz eines Kuckuckskindes gilt bis heute als eines der best-gehüteten Geheimnisse in Familien. Darüber zu sprechen kommt einem Verrat gleich: an der Person, die man »betrogen« hat, weil man ihr das Kuckuckskind als das eigene »untergeschoben« hat, an sich selbst, weil man mit diesem »Betrug« von Anfang an gelebt hat, und am Kuckucks-kind, weil man ihm verschwiegen hat, dass der ihm bekannte Vater nicht der leibliche ist – oder die Mutter nicht die biologische Mutter.

Simone Schmollack lässt in ihrem Buch Kuckuckskinder und Kuckuckseltern zu Wort kommen. Behutsam nähert sie sich dem emo-tional brisanten Thema und bringt die Beteiligten dazu, offen über ihre Gefühle und Gedanken zu sprechen.

»Der Mann, dessen Namen ich da schwarz auf weiß las, in meiner Ge-burtsurkunde, dieser Mann ist mein Vater. Mein biologischer Vater. Derjenige, der mir zur Hälfte seine Gene geschenkt hatte. Dann war also auch der, den ich bis eben noch als meinen Vater kannte, nur der Ehe-mann meiner Mutter. Volltreffer, das hatte gesessen. Und was nun?«

Simone Schmollack
KUCKUCKSKINDER, KUCKUCKSELTERN
Väter, Mütter und Kinder brechen ihr Schweigen

280 Seiten, Taschenbuch
ISBN 978-3-89602-817-4
9,90 Euro

DEUTSCH-DEUTSCHE BEZIEHUNGEN

Geschichten von der Liebe zwischen Ost und West

Nirgendwo zeigt sich die deutsch-deutsche Vereinigung so deutlich wie in der Liebe, in keinem anderem Bereich werden Konflikte und Übereinstimmungen deutlicher spürbar als in einer Zweierbeziehung.

»Zwei Dauerthemen auf einmal: die Liebe und die Beziehungen zwischen Ost und West. Auch 15 Jahre nach der deutschen Vereinigung sorgen Beziehungskisten für Gesprächsstoff, es besteht ganz offensichtlich nach wie vor reichlich Bedarf. Simone Schmollack hat folglich ein ganzes Buch zum Thema gemacht. Wie das ist, wenn Partner aus Ost und West es miteinander versuchen, wie die Liebe kommt oder geht oder mit welchen Vorurteilen man ringt, das beschreibt dieses Buch.«
Das Magazin

»Die Berlinerin hat darüber geschrieben, was passiert, wenn Ossis Wessis lieben und umgekehrt. Spannend ist das immer. Zum Teil bieten sich dem Leser Einblicke in das Ost-West-Verhältnis, die keine soziologische Untersuchung so anschaulich vermitteln könnte.« *Ostthüringer Zeitung*

Simone Schmollack
DEUTSCH-DEUTSCHE BEZIEHUNGEN
Geschichten von der Liebe zwischen Ost und West

256 Seiten, Taschenbuch
ISBN 978-3-89602-673-6
9,90 Euro

DIE AUTORIN

Jana Henschel (35) volontierte an der Axel-Springer-Journalistenschule und schrieb unter anderem für *Bild* und *Die Welt*. Heute ist sie Chefreporterin bei *Frau von Heute*. Sie lebt und arbeitet in Hamburg.

HINWEIS

Die mit * gekennzeichneten Namen wurden geändert.

Jana Henschel & Denise Cline
TELEFONATE MIT DENISE
Eine Transsexuelle erzählt ihr Leben
ISBN 978-3-89602-820-4

Lektorat: Nadine Landeck
Covergestaltung: Natalie Reed

BILDNACHWEIS

Titelfotos: Julia Rector (großes Foto) | Walter Rhein (kleines Foto). Bildteil: Dagmar Mendel: S. VI unten, VII oben u. unten links; Julia Rector: S. VII unten rechts, VIII; Walter Rhein: S. II, III; alle übrigen Fotos: privat.

KATALOG

Wir senden Ihnen gern kostenlos unseren Katalog
Schwarzkopf & Schwarzkopf Verlag GmbH | Abt. Service
Kastanienallee 32 | 10435 Berlin
Telefon: 030 – 44 33 63 00 | Fax: 030 – 44 33 63 044

INTERNET | E-MAIL

www.schwarzkopf-schwarzkopf.de
info@schwarzkopf-schwarzkopf.de